广西壮族自治区语言文字工作委员会审定

智能测试版

普通话培训与测试

PUTONGHUA PEIXUN YU CESHI

主　　编　卞成林

副 主 编　陈　卫　张　跃　彭云帆

编委会成员　杨红华　张晓勤　隋　雯　何建明

吕嵩崧　黄文毅　张　华　王永娟

梁传海　许　铭　余晓华

广西教育出版社

南宁

图书在版编目（CIP）数据

普通话培训与测试：智能测试版 / 卞成林主编. —2 版. —南宁：广西教育出版社，2009.10（2023.8 重印）
ISBN 978-7-5435-3928-0

Ⅰ.①普… Ⅱ.①卞… Ⅲ.①普通话—水平考试—自学参考资料 Ⅳ.①H102

中国版本图书馆 CIP 数据核字(2018)第 133319 号

出 版 人：石立民
出版发行：广西教育出版社
地　　址：广西南宁市鲤湾路 8 号　　邮政编码：530022
电　　话：0771-5865797
本社网址：http://www.gxeph.com
电子信箱：gxeph@vip.163.com
印　　刷：广西万泰印务有限公司
开　　本：890mm×1240mm　1/32
印　　张：9.75
字　　数：230 千字
版　　次：2009 年 10 月第 2 版
印　　次：2023 年 8 月第 64 次印刷
书　　号：ISBN 978-7-5435-3928-0
定　　价：21.00 元

序

广西地处我国华南经济圈、西南经济圈，以及东盟经济圈的结合部，是中国与东盟、泛北部湾经济合作、大湄公河次区域经济合作、中越“两廊一圈”合作、泛珠三角区域合作、西南合作等多区域合作的交汇点。随着广西北部湾经济区开放开发纳入国家战略，广西在国际国内区域合作中的战略地位和作用日益凸显，对外开放事业呈现出迅猛发展的良好态势。在建立中国—东盟自由贸易区和推进泛珠三角区域合作中，广西作为连接中国西南、华南、中南和东盟大市场的枢纽和实施双向开放的桥梁和基地，正在成为沟通中国内地与东盟各国最便捷、综合效益最佳的国际大通道，为泛珠各方提供交流合作的新平台、投资发展的新基地、共同开拓面向东盟的合作新空间。广西对外开放合作的深入发展以及广西自身的国际化进程的迅速加快，对统一的语言和规范的语言使用提出了更高的要求。

广西世居民族有12个，除了汉族、回族使用汉语，其他各民族都有自己的本族语言，有的民族甚至使用多种语言。目前所知的广西的民族语言有壮语、勉语、布努语、拉珈语、苗语、侗语、仫佬语、毛南语、京语、彝语、水语、仡佬语等，且各种语言中的方言土语十分复杂。广西汉语方言同样相当复杂，北方方言、粤方言、湘方言、客家方言、闽方言等7大方言中的5种汇聚于此，且各方言的次方言及土语难以统计。语言的复杂、文化的多元呼唤公共交际语，这是历史与现实都证明了的。自古而今,“古平话”、官话等曾经在广西这块多姿多彩的土地上起着沟通、交流的作用;而今,责无旁贷地承担起这一职能的,便是普通话。随着经济的快速发展,人口流动的加速,各民族之间交流往来的日益增多和深入,各族人民越来越深刻地意识到普通话在经济社会生活中的重要地位,意识到普通话对经济发展、民族团结的重要作用。

独特的区位优势、开放的格局、多种语言文化的交汇,这一切还有赖于语言在其中所起的沟通、交流作用;对接东盟,走向世界,需要普通话积极主动地参与。历史就这样给了普通话一个千载难逢的机遇,一个在国际经济社会交往中承担更大任务、承载更多信息的机遇。

作为一个国家来说,民众能否顺畅交流,还是一个关系到国家和民族凝聚力的问题,一个不容忽视的问题。因此,大力推广普通话,努力形成以普通话为主体、多语言多方言和谐并存、良性互动的语言发展态势,从而构建和谐语言环境,这不仅体现了我国各民族之间平等、团结、互助、和谐的社会主义民族关系,也体现了我国是一个统一的多民族大家庭,各民族共同繁荣发展的事实。

作为国家通用语言,普通话在整个国家和民族的融合、社会的发展中所做出的贡献毋庸置疑。国家推广普通话的目标是最终使全国人民能够实现顺畅交流,为和谐社会的构建打好语言基础。我们必须进一步提高全体公民的语言规范意识和推普参与意识,促进普通话推广工作不断向纵深发展。在建设中国特色社会主义的进程中,进一步克服语言隔阂,促进社会交往,维系民族团结,促进经济、政治、文化又好又快地发展。

广西语言复杂,要想有效地开展普通话教学、训练及水平测试工作,没有针对广西人的推普教材是万万不能的。语言学理论及无数事实都已雄辩地证明,运用科学理论、有针对性的、切合地方实际的普通话教材是推广普通话的重要保证,是推广普通话的基础工程,是切实提高普通话水平的有效手段。

自上世纪末始,广西的语言学工作者即着力于开发切合地方实际的教材,编写适应广西需要、针对广西实际的普通话培训及普通话水平测试辅导教材。最初为1998年初由广西教育系统普通话水平测试领导小组办公室组织编写、未公开出版的《普通话水平测试指南(广西适用本)》;同年9月,自治区语言文字工作办公室组织编写的《普通话水平测试指南》由广西教育出版社出版;再之后有自治区语委组织审定,由广西教育出版社于2004年出版的《普通话培训与测试》。这三本教材均与当时广西推广普通话的工作紧密配合,依据国家语委制定的《普通话水平测试大纲》要求,紧密结合广西实际,组织了区内相关的语言工作者编写而成,对广西普通话推广、训练、教学及水平测试起到了很好的作用,它们的出现,对广西普通话水平的整体提高起到了难以估量的作用。可以说,广西推广普通话工作有今天的成就,这几本教材功不可没。

由于自2008年始,广西逐渐推行计算机辅助普通话水平测试,加之测试内容的修订,原有教材中的部分内容已不能适应新形势的要求。近几年广西语言基础及应用研究的一些新成果的不断涌现,为广西普通话教学的理论增添了新的视野和内容，为教材的编写提供了一些新的理论和语言事实的支撑。因此，普通话教材的重新编写势在必行。

本教材的编写以教育部、国家语委2003年印发的《普通话水平测试大纲》为标准，以构建和谐语言环境为目标，以广西人学说普通话和十多年来广西普通话水平测试中的常见语言问题为依据，强调学习者对知识体系的自我建构，着重提高学习者学说普通话的能力和水平。教材充分吸收了语言学界特别是广西语言学界近年来的研究成果，紧密联系广西人学说普通话的语言事实，吸收了前几本教材的成果和经验，并集思广益，强调结合广西实际，使教材有着很强的针对性和实用性。也正因如此，我们有理由对其在今后的普通话教学、训练、科研、推广及水平测试中的作用寄予更大的期待。

希望本教材在构建和谐语言环境、建设和谐社会中做出应有的贡献！是为序。

编者

2009年9月

目录

第一章　普通话语音训练

第二章　普通话词汇和语法的规范

第一章　普通话语音训练

普通话是指以北京语音为标准音，以北方话为基础方言，以典范的现代白话文著作为语法规范的现代汉民族共同语，它是我国汉族各方言地区和我国各民族之间用于交际的通用语言。

任何一种语言都由语音、词汇、语法构成，语言学习必须兼顾这三个要素。不过，词汇、语法的学习可以通过书面进行，而语音的学习则必须通过一定的口耳训练。因此，普通话训练，首要的是训练以北京语音为标准的语音，借助普通话语音系统知识掌握普通话口头表达方式，以适应口头交际的需要。

普通话语音训练首先从发音和正音两个方面进行，之后是语流训练。发音，就是在普通话语音知识指导下对音素、字词的准确发音；最好了解普通话语音系统有什么样的基本要素，一方面模仿并巩固准确的发音，一方面纠正因方言或民族语言影响而产生的偏离普通话的语音习惯，尽快去掉发音错误和发音缺陷。正音，就是通过学习和记忆，掌握词语的正确读音，可以运用本教材介绍的一些规律性方法，借助词典把成类地记忆字音与重点记忆个别难点音相结合，并多联系字形、词义和词的用法进行对比记忆。本章从发音和正音两个角度，对普通话的声母、韵母、声调、音节和音变五个部分进行语音训练。

第一节　声　母

一、普通话的声母

声母是指音节开头的辅音。没有辅音开头的音节称为零声母音节。普通话的声母包括零声母在内共22个，其中21个是辅音声母，即b、p、m、f、d、t、n、l、g、k、h、j、q、x、zh、ch、sh、r、z、c、s。

声母的发音有“本音”和“呼读音”两种。完全按照辅音的发音原理发出的声母的读音叫“本音”。由于声母中多数是声带不振动的清辅音,不便于称说,所以在教学中常常在声母的后边加上一个元音,实际是组成了一个音节,用来说明声母的发音,这就是“呼读音”。声母呼读音的发音规律见下。

第一,在 b、p、m、f 后面加上元音 o,读成“bo(玻)、po(坡)、mo(摸)、fo(佛)”。

第二,在 d、t、n、l、g、k、h 后面加上元音 e,读成“de(得)、te(特)、ne(讷)、le(勒)、ge(哥)、ke(科)、he(喝)”。

第三,在 j、q、x 的后面加上元音 i,读成“ji(基)、qi(欺)、xi(希)”。

第四,在 zh、ch、sh、r 的后面加上舌尖后元音-i,读成“zhi(知)、chi(吃)、shi(诗)、ri(日)”。

第五,在 z、c、s 的后面加上舌尖前元音-i,读成“zi(资)、ci(雌)、si(思)”。

学习普通话语音,除了呼读音之外,重点要掌握声母的本音,因为只有用本音跟韵母相拼,才能拼得准确。

(一) 辅音声母

普通话 21 个辅音声母发音的不同是由发音部位和发音方法不同造成的。

发音部位是指辅音发音时,气流受到阻碍的位置。按照发音部位,普通话的 21 个声母可以划分为双唇音、唇齿音、舌尖中音、舌根音、舌面音、舌尖后音、舌尖前音七类。有时为了排列方便,把双唇音和唇齿音合为一类,称为“唇音”。

发音方法指的是发辅音声母时喉头、口腔和鼻腔阻碍或者节制气流的方式和状况。它需要从阻碍方式、声带是否振动、气流的强弱三个方面来观察。

阻碍方式——发音时气流受到阻碍和破除阻碍的方式。根据这些方式,可将 21 个声母划分为塞音、擦音、塞擦音、鼻音和边音五种。

声带是否振动——发声母的本音时,有的声带振动,有的声带不振动。根据声带是否振动,可将声母划分出清音和浊音两类。声带振动的是浊音,不振动的是清音。普通话声母中除 m、n、l、r 四个是浊音外,其余全是清音。

气流的强弱——根据发音时呼出气流的强弱,可把普通话中的塞音、塞擦音声母划分为不送气音和送气音两类。

综合上述分类,可以将普通话 21 个辅音声母列成下表。

发音方法 发音部位	塞音		塞擦音		鼻音	擦音		边音
	清音				浊音	清音	浊音	浊音
	不送气	送气	不送气	送气				
双唇音	b	p			m			
唇齿音						f		
舌尖中音	d	t			n			l
舌根音	g	k			(ng)	h		
舌面音			j	q		x		
舌尖后音			zh	ch		sh	r	
舌尖前音			z	c		s		

注:ng 在普通话中只作韵尾,不作声母,在某些方言中则可作声母。

(二) 零声母

普通话中,以 a、o、e、i、u、ü 等元音起头的音节没有辅音声母,我们习惯称之为零声母,如"爱 ài""欧 ōu""恩 ēn""饿 è"都是零声母音节。汉语拼音中 y、w 两个字母只出现在零声母音节的开头,但它们不是声母,而是起隔开音节作用的字母。如"阳 yáng""问 wèn""院 yuàn"这 3 个音节实际上是 iang、uen、üan,也是零声母音节。严格地说,这些元音起头的音节在发音时仍然带有轻微的摩擦成分,在语音学上称为半元音。汉语拼音方案规定用 y、w 加在 i、u、ü 开头的音节前或替代 i、u、ü,这既是一种书写时的隔音符号,在发音上也多少起了一些提示有半元音存在的作用。

二、声母辨正

各地方言或民族语言的声母同普通话的声母不尽相同，尤其是广西，既属民族地区，又是南方方言区，语言复杂，广西各方言和民族语言的声母跟普通话声母之间有或大或小的差异。下面针对广西各种汉语方言和民族语言的声母与普通话声母的主要差异进行辨正。

(一) z、c、s **与** zh、ch、sh **的分辨及练习**

z、c、s 发音时，由于舌尖平伸顶住上齿背，俗称“平舌音声母”；zh、ch、sh 发音时，由于舌尖上翘顶住硬腭前部，俗称“翘舌音声母”。广西所有的方言和民族语言中都没有翘舌音声母，所以，分辨平翘舌音声母是广西人提高普通话水平的重点之一。

广西人学习普通话碰到平翘舌音声母时，会出现三种情况：一是没有翘舌音，把翘舌音一律读成了平舌音，例如“自 zì 愿”和“志 zhì 愿”读成一个样；二是平翘相混，例如“宿舍 sùshè”读成 shùsè；三是翘舌不到位。前两种情况属于语音有错误，后一种情况属于语音有缺陷。

要准确分辨平翘舌音声母，得从发音、记忆、练习三个方面加强训练。

1. 发音要领

发 z、c、s 时，上下齿对齐，舌尖平伸抵住上齿背；发 zh、ch、sh 时，上下齿也对齐，舌尖上举接触或接近硬腭最前部(上牙床后面)，见下列发音对比图。

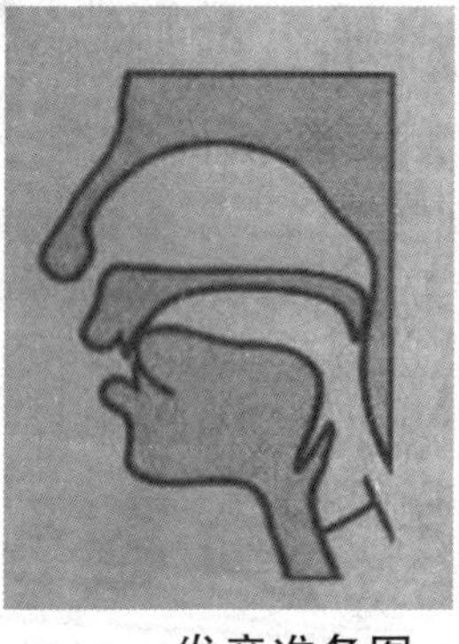

z、c、s **发音准备图**

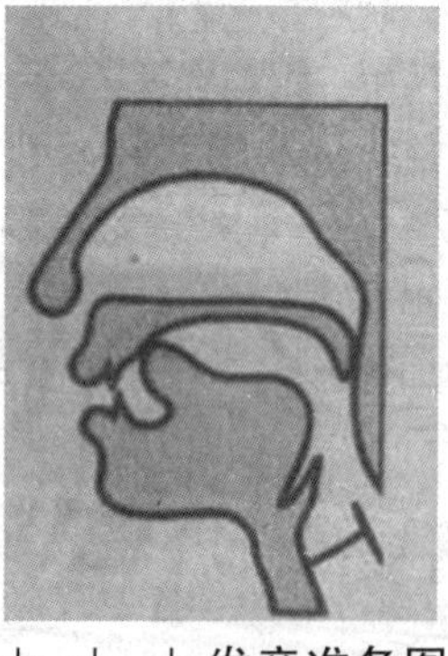

zh、ch、sh **发音准备图**

2. 记忆方法

分辨平翘舌音声母的方法很多，这里只介绍两种最行之有效的方法。

(1)类推法——这是利用声旁进行类推的方法，此法具有事半功倍的效果。例如(括号内是例外字)：

占 zh——沾粘毡站战(钻 z)

少 sh——沙纱砂莎裟鲨/ch——抄钞吵炒

叟 s——搜艘嗖馊飕(瘦 sh)

曹 c——槽嘈艚漕/z——遭糟

(2)对比法——这是将读音相似、只是声母有平翘之别的字词放在一起对比记忆，以加深印象的良好方法。可以有多种对比。

近音对比(写在前面的是平舌音声母，写在后面的是翘舌音声母)：

邹—周　栽—摘　杂—扎　紫—纸　早—找　在—债

资源—支援　阻力—主力　自愿—志愿　仿造—仿照

疵—吃　词—池　此—耻　刺—赤　凑—臭

从来—重来　推辞—推迟　鱼刺—鱼翅　粗糙—出操

酸—闩　岑—陈　俗—熟　扫—少　苏—输

桑叶—商业　搜集—收集　三角—山脚　散光—闪光

近形对比(将书写形体相近的字拿来对比)：

祟 suì—崇 chóng　洒 sǎ—晒 shài　遂 suì—逐 zhú

促 cù—捉 zhuō　嗽 sòu—漱 shù　撒 sǎ—撤 chè

蓑 suō—衰 shuāi　责 zé—债 zhài

特殊对比(这是指不能根据偏旁进行类推的对比)：

占 zhàn—钻 zuàn　串 chuàn—窜 cuàn

仓 cāng—创 chuàng　疮 chuāng

束 shù—速 sù　侍 shì—寺 sì　察 chá—擦嚓 cā

刍 chú—邹 zōu　参 cān—掺 chān　朔 shuò—塑溯 sù

以上两种方法还可以结合起来，先类推后对比，效果更佳。例如：

①{宗 z—综棕踪鬃粽；中 zh—钟盅忠衷肿仲种}　②{仓 c—沧舱苍伧；昌 ch—倡猖菖娼鲳唱}

3. 练习

(1)平、翘舌音声母对比练习

z—zh 杂志 zázhì—渣滓 zhā · zǐ　栽花 zāihuā—摘花 zhāihuā

祖父 zǔfù—嘱咐 zhǔ · fù　资助 zīzhù—支柱 zhīzhù

砸门 zámén—闸门 zhámén　最低 zuìdī—坠地 zhuìdì

灶头 zàotou—兆头 zhàotou　暂时 zànshí—战士 zhànshì

自立 zìlì—智力 zhìlì　赠书 zèngshū—证书 zhèngshū

c—ch 木材 mùcái—木柴 mùchái　自此 zìcǐ—支持 zhīchí

擦手 cāshǒu—插手 chāshǒu　曾经 céngjīng—成精 chéngjīng

岑溪 Cénxī—晨曦 chénxī　匆忙 cōngmáng—充满 chōngmǎn

粗布 cūbù—初步 chūbù　祠堂 cítáng—池塘 chítáng

促动 cùdòng—触动 chùdòng　乱草 luàncǎo—乱吵 luànchǎo

s—sh 私人 sīrén—诗人 shīrén　司长 sīzhǎng—师长 shīzhǎng

四季 sìjì—事迹 shìjì　僧人 sēngrén—生人 shēngrén

苏轼 Sū Shì—舒适 shūshì　速度 sùdù—束缚 shùfù

肃立 sùlì—树立 shùlì　上诉 shàngsù—上述 shàngshù

肆意 sìyì—示意 shìyì　村庄 cūnzhuāng—春装 chūnzhuāng

(2)翘舌音声母词语练习

zh 展示 zhǎnshì　战术 zhànshù　折射 zhéshè　侦察 zhēnchá

珍珠 zhēnzhū　征收 zhēngshōu　正式 zhèngshì　证实 zhèngshí

政治 zhèngzhì　症状 zhèngzhuàng　支撑 zhīchēng　直至 zhízhì

只是 zhǐshì　指示 zhǐshì　制止 zhìzhǐ　致使 zhìshǐ

忠实 zhōngshí　终身 zhōngshēn　中枢 zhōngshū　重视 zhòngshì

种植 zhòngzhí　周转 zhōuzhuǎn　主持 zhǔchí　助手 zhùshǒu

住宅 zhùzhái　注射 zhùshè　专制 zhuānzhì　转身 zhuǎnshēn

装饰 zhuāngshì　追逐 zhuīzhú

ch 产值 chǎnzhí　阐述 chǎnshù　长城 chángchéng　尝试 chángshì

常识 chángshí　超出 chāochū　潮湿 cháoshī　车站 chēzhàn

陈述 chénshù　沉重 chénzhòng　成熟 chéngshú　诚实 chéngshí

城市 chéngshì　程式 chéngshì　承受 chéngshòu　充实 chōngshí

出售 chūshòu　初中 chūzhōng　穿着 chuānzhuó　传说 chuánshuō
船长 chuánzhǎng　创伤 chuāngshāng　垂直 chuízhí

sh　山水 shānshuǐ　闪烁 shǎnshuò　上涨 shàngzhǎng　少数 shǎoshù
设施 shèshī　伸手 shēnshǒu　深沉 shēnchén　审查 shěnchá
甚至 shènzhì　慎重 shènzhòng　生产 shēngchǎn　牲畜 shēngchù
师长 shīzhǎng　时常 shícháng　实质 shízhì　始终 shǐzhōng
事实 shìshí　试制 shìzhì　逝世 shìshì　手势 shǒushì
首长 shǒuzhǎng　受伤 shòushāng　舒适 shūshì　输出 shūchū
树种 shùzhǒng　数值 shùzhí　税收 shuìshōu

(3)平、翘舌音声母词语练习

杂志 zázhì　在场 zàichǎng　在职 zàizhí　暂时 zànshí
赞成 zànchéng　遭受 zāoshòu　早晨 zǎochen　增值 zēngzhí
资产 zīchǎn　自恃 zìshì　自治 zìzhì　宗旨 zōngzhǐ
总之 zǒngzhī　阻止 zǔzhǐ　组织 zǔzhī　嘴唇 zuǐchún
最终 zuìzhōng　尊重 zūnzhòng　遵守 zūnshǒu　作者 zuòzhě
坐镇 zuòzhèn　擦拭 cāshì　财政 cáizhèng　才智 cáizhì
参照 cānzhào　餐桌 cānzhuō　仓储 cāngchǔ　操场 cāochǎng
草种 cǎozhǒng　侧重 cèzhòng　辞职 cízhí　词缀 cízhuì
磁场 cíchǎng　丛书 cóngshū　促使 cùshǐ　凑数 còushù
促成 cùchéng　措施 cuòshī　挫折 cuòzhé　赛场 sàichǎng
散沙 sǎnshā　散失 sànshī　丧失 sàngshī　扫除 sǎochú
思潮 sīcháo　私事 sīshì　丝织 sīzhī　松弛 sōngchí
俗称 súchēng　素质 sùzhì　宿舍 sùshè　酸胀 suānzhàng
虽说 suīshuō　随时 suíshí　损伤 sǔnshāng　损失 sǔnshī
所属 suǒshǔ　摘自 zhāizì　斩仓 zhǎncāng　站次 zhàncì
赈灾 zhènzāi　正在 zhèngzài　真丝 zhēnsī　政策 zhèngcè
指责 zhǐzé　至此 zhìcǐ　制作 zhìzuò　质子 zhìzǐ
骤增 zhòuzēng　中层 zhōngcéng　贮藏 zhùcáng　著作 zhùzuò
转载 zhuǎnzǎi　壮族 zhuàngzú　准则 zhǔnzé　差错 chācuò
插座 chāzuò　掺杂 chānzá　拆散 chāisàn　场租 chǎngzū
超速 chāosù　沉醉 chénzuì　沉思 chénsī　称赞 chēngzàn

成材 chéngcái　充足 chōngzú　筹措 chóucuò　出色 chūsè
储存 chǔcún　处所 chùsuǒ　穿凿 chuānzáo　创造 chuàngzào
纯粹 chúncuì　赏赐 shǎngcì　上层 shàngcéng　涉足 shèzú
身材 shēncái　神色 shénsè　肾脏 shènzàng　生存 shēngcún
深邃 shēnsuì　绳索 shéngsuǒ　识字 shízì　实在 shízài
世俗 shìsú　氏族 shìzú　收缩 shōusuō　手册 shǒucè
输送 shūsòng　蔬菜 shūcài　数字 shùzì

(4)平、翘舌音声母短语练习

自身素质 zìshēn sùzhì　尊重事实 zūnzhòng shìshí
众所周知 zhòng suǒ zhōu zhī　制造数字 zhìzào shùzì
增产增收 zēng chǎn zēng shōu　种族歧视 zhǒngzú qíshì
出租场所 chūzū chǎngsuǒ　粗制滥造 cū zhì làn zào
垂死挣扎 chuí sǐ zhēngzhá　财政赤字 cáizhèng chìzì
蚕食政策 cánshí zhèngcè　草率从事 cǎoshuài cóngshì
神气十足 shénqì shízú　伤风败俗 shāngfēng bàisú
深思熟虑 shēn sī shú lǜ　输送人才 shūsòng réncái
水平测试 shuǐpíng cèshì　私人财产 sīrén cáichǎn
似是而非 sì shì ér fēi　四处搜索 sìchù sōusuǒ
收藏蔬菜 shōucáng shūcài　汽车总站 qìchē zǒng zhàn
广西壮族自治区 Guǎngxī Zhuàngzú Zìzhìqū

(5)绕口令练习

zhè shì cán nà shì chán cán cháng zài sāng yè li cáng chán cáng
这是蚕,那是蝉,蚕常在桑叶里藏,蝉藏
zài zǎo shù·shàng chàng
在枣树上唱。

(6)平、翘舌音声母句子练习

·shàng zú chǐ shēn rén cǎi shàng·
①大街上的积雪足有一尺多深,人踩上去,脚底下发
chū zhī zhī shēng zi zài rén zhì
出咯吱咯吱的响声。一群群孩子在雪地里堆雪人,掷雪球儿。
shēng shù zhī ·shàng zhèn
那欢乐的叫喊声,把树枝上的雪都震落下来了。(作品2

号《第一场雪》)

zài zhèng shì zhī shí zhè róng shù zài
②现在 正 是 枝繁叶茂的时节。这棵榕 树好像在把它的
shēng zhǎn shì cù zài cù
全部 生 命力 展 示给我们看。那么多的绿叶,一簇堆在另一簇的
shàng cuì sè zài shǎn
上 面,不留一点儿缝隙。翠绿的颜色明亮地在我们的眼前 闪 耀,
sì shù yè · shàng shēng zài chàn zhè
似乎每一片树 叶 上 都有一个新的 生 命在 颤 动,这美丽的
shù
南国的树!(作品 18 号《鸟的天堂》)

（二）r **的辨音及练习**

r 也是翘舌声母,凡是没有翘舌音声母的汉语方言人或民族语言人,在念 r 声母字时,会出现两种情况。一种是发音不到位,即舌尖上翘靠前,听起来翘舌色彩不明显,这是发音有缺陷;另一种是发音错误,即舌尖没有指向硬腭最前端,听感上毫无卷舌色彩,把 r 发成了像 i 的读音。例如把“扰 rǎo”发成 yǎo,“让 ràng”发成 yàng,“日 rì”发成 yì,“人 rén”发成 yín,“润 rùn”发成 yùn,“容 róng”发成 yóng。还有一些地方把 r 声母念成 l 声母,例如“然 rán”发成 lán,“人 rén”发成 lén,“肉 ròu”发成 lòu 等。

1. 发音要领

r 的发音部位与 sh 相同,都是舌尖上举接近硬腭前部。可以从 sh 入手练习发 r:拉长声音发 sh,气流不断,sh 后半部分即是 r 的发音。r 与 sh 的发音方法区别在于:r 发音时声带振动,sh 发音时声带不振动。

2. 记忆方法

普通话中读 r 声母的字不多,常用字只有 50 多个,可以采用声旁类推的办法来帮助记忆,也可以对个别字重点记忆。例如:

然—燃 染 嚷—瓤攘壤 让 饶—绕娆 扰 惹 热 人—认 仁 刃 忍韧纫仞 壬—任妊荏饪 扔—仍 日 容—溶熔蓉榕 戎 绒 融 荣—嵘 冗 茸 柔—揉糅蹂鞣 肉 如—茹 儒—蠕 汝 乳 入 辱—褥蓐 软 阮 瑞 蕊 锐 芮 睿 闰—润 若 弱

3. 练习

(1) r 声母对比练习

日 rì—益 yì	肉 ròu—又 yòu	容 róng—颙 yóng
让 ràng—样 yàng	扰 rǎo—咬 yǎo	润 rùn—运 yùn
柔 róu—由 yóu	嚷 rǎng—痒 yǎng	入 rù—录 lù
然 rán—岩 yán	染 rǎn—掩 yǎn	绕 rào—要 yào
热 rè—叶 yè	仍 réng—营 yíng	瓤 ráng—羊 yáng
荣 róng—永 yǒng		

(2) r 声母词语练习

燃烧 ránshāo	染色 rǎnsè	让座 ràngzuò	饶恕 ráoshù
扰乱 rǎoluàn	绕远 ràoyuǎn	热忱 rèchén	人身 rénshēn
仁慈 réncí	忍受 rěnshòu	认真 rènzhēn	任职 rènzhí
妊娠 rènshēn	韧带 rèndài	仍然 réngrán	日常 rìcháng
荣誉 róngyù	容忍 róngrěn	榕树 róngshù	融资 róngzī
冗长 rǒngcháng	柔软 róuruǎn	肉食 ròushí	如此 rúcǐ
儒家 rújiā	乳汁 rǔzhī	入赘 rùzhuì	软弱 ruǎnruò
若是 ruòshì	睿智 ruìzhì	润色 rùnsè	惹事 rěshì
瑞士 ruìshì	敏锐 mǐnruì	缠绕 chánrào	花蕊 huāruǐ
妖娆 yāoráo	浸染 jìnrǎn	炽热 chìrè	诸如 zhūrú

(3) 绕口令练习

Ruǎn Xiǎo rèn zài dà róng shù · xià zuò róu ruǎn tǐ cāo Xiǎo rèn de mèi mei
阮小韧在大榕树下做柔软体操，小韧的妹妹
Xiǎo ruǐ rào zhe róng shù bēn pǎo shǒu li bào zhe · gè róng wá wa zuǐ li dà rǎng
小蕊绕着榕树奔跑，手里抱着个绒娃娃，嘴里大嚷
dà jiào zhēn rè nao Xiǎo rèn ràng Xiǎo ruǐ bié sāo rǎo zì jǐ Xiǎo ruǐ què rēng le
大叫真热闹。小韧让小蕊别骚扰自己，小蕊却扔了
wá wa fā pí qi rén cí de jiě jie cuō zhe shǒu bù zhī rú hé shì hǎo táo qì de mèi
娃娃发脾气。仁慈的姐姐搓着手不知如何是好，淘气的妹
mei róu zhe yǎn jing xiào mī mī Xiǎo rèn shí pò le Xiǎo ruǐ de guǐ jì kǒu li hǎn
妹揉着眼睛笑眯眯。小韧识破了小蕊的诡计，口里喊
zhe wǒ ráo bù liǎo nǐ shǒu què gāo gāo jǔ zhe jiǔ jiǔ méi zòu xià · qù
着："我饶不了你！"手却高高举着久久没揍下去。

(4)r 的句子练习

①俗话说,"瑞(ruì)雪兆丰年"。这个话有充分的科学根据,并不是一句迷信的成语。寒冬大雪,可以冻死一部分越冬的害虫;融(róng)化了的水渗进土层深处,又能供应庄稼生长的需要。(作品 2 号《第一场雪》)

②爸爸等于给我一个谜语,这谜语比课本上的"日(rì)历挂在墙壁,一天撕去一页,使我心里着急"和"一寸光阴一寸金,寸金难买寸光阴"还让(ràng)我感到可怕;也比作文本上的"光阴似箭,日(rì)月如(rú)梭"更让(ràng)我觉得有一种说不出的滋味。(作品 6 号《和时间赛跑》)

(三) n 与 l 的分辨及练习

受母语影响,有些方言区人说普通话时,声母 n 与 l 常分辨不清。主要有两种情况。一种是 n、l 相混,例如"男子"与"篮子"同音,"连累"与"年内"同音;另一种是读不准 n 和 l 的字音,即发 n 声母字时有口音色彩,发 l 声母字时有鼻音色彩。广西桂林方言区存在这种情况。

1. 发音要领

n 是鼻音,l 是边音。要想准确分辨 n、l 声母字的读音,需要先学会发出纯粹的鼻音和边音。根据由易到难的学习规律,应当先学发边音 l。发 l 时,口腔稍张大一些,让舌尖上举靠近上齿龈的后部,然后迅速离开。练习时,可以捏着鼻子体验不让气流从鼻腔通过的感觉;也可以加上元音 a,轻松地连续发 lalala、lalala、lalala,体会口音的发音色彩。

发 n 时,口腔不要张得太大,舌尖上举紧抵上齿龈的后部,持续稍长时间,待到气流从鼻腔通过后,舌尖才离开上齿龈的后部。也可以加上元音 a 练习,但要稍显吃力地、一音一顿地发 na、na、na,体会鼻音的发音色彩。

2. 记忆方法

先区分和记住简单的独体字,然后利用下面的《n、l 声旁类推字表》帮助记忆。

n、l 声旁类推字表

n—

那—nǎ 哪;nà 那,娜;nuó 挪

乃—nǎi 乃,奶

奈—nài 奈;nà 捺

南—nán 南,喃,楠;nǎn 蝻

脑—nǎo 恼,脑,瑙

内—nèi 内;nè 讷;nà 呐,钠,衲

尼—ní 尼,泥,呢

倪—ní 倪,霓

念—niǎn 捻;niàn 念

捏—niē 捏;niè 涅

聂—niè 聂,蹑

宁—níng 宁(~静),拧,咛,狞;nìng 宁(~可),泞

纽—niū 妞;niǔ 扭,纽,钮

农—nóng 农,浓,脓

奴—nú 奴,孥,驽;nǔ 努;nù 怒

诺—nuò 诺;nì 匿

懦—nuò 懦,糯

虐—nüè 虐,疟

l—

剌—lǎ 喇;là 剌,辣,瘌

腊—là 腊,蜡;liè 猎

赖—lài 赖,癞,籁;lǎn 懒

兰—lán 兰,拦,栏;làn 烂

蓝—lán 蓝,篮;làn 滥

览—lǎn 览,揽,缆,榄

劳—lāo 捞;láo 劳,痨;lào 涝

乐—lè 乐;lì 砾

雷—léi 雷,擂,镭;lěi 蕾

垒—lěi 垒

累—lèi 累;luó 骡,螺
离—lí 离,篱,璃
里—lí 厘,狸;lǐ 里,理,鲤;liàng 量
利—lí 梨,犁;lì 利,俐,痢
立—lì 立,粒,笠;lā 拉,垃,啦
力—lì 力,荔;liè 劣;lèi 肋;lè 勒
历—lì 历,沥
厉—lì 厉,励
连—lián 连,莲;liàn 链
廉—lián 廉,镰,濂
脸—liǎn 敛,脸;liàn 殓
炼—liàn 练,炼
恋—liàn 恋;luán 孪,鸾,滦,栾,峦,娈
良—liáng 良,粮;láng 郎,廊,狼,琅,榔,螂;lǎng 朗;làng 浪
梁—liáng 梁,粱
凉—liáng 凉;liàng 谅,晾;lüè 掠
两—liǎng 两,俩(伎~);liàng 辆;liǎ 俩(咱~)
列—liě 咧;liè 列,裂,烈;lì 例
林—lín 林,淋,琳,霖;lán 婪
鳞—lín 磷,鳞,嶙,麟
菱—líng 凌,陵,菱;léng 棱
令—líng 伶,铃,玲,羚,聆,龄,蛉,零,苓;lǐng 领,岭;lìng 令;
　　lěng 冷;lín 邻;lián 怜
留—liū 溜;liú 留,榴,镏,瘤;liù 遛
流—liú 流,琉,硫
柳—liǔ 柳;liáo 聊
龙—lóng 龙,咙,笼,聋;lǒng 拢,陇,垄
隆—lóng 隆,窿,癃
娄—lóu 娄,喽,楼;lǒu 搂,篓;lǚ 缕,屡
卢—lú 卢,泸,庐,芦,炉,颅,轳;lǘ 驴
鲁—lǔ 鲁,橹

录—lù 录，禄，渌；lǜ 绿，氯

鹿—lù 鹿，辘

路—lù 路，露，鹭

戮—lù 戮

仑—lūn 抡；lún 仑，伦，沦，轮；lùn 论

罗—luó 罗，锣，箩，萝，逻

洛—luò 洛，络，骆，落；lào 烙，酪；lüè 略

吕—lǚ 吕，侣，铝

虑—lǜ 虑，滤

3. 练习

(1) n、l 声母对比练习

无奈 wúnài—无赖 wúlài

干娘 gānniáng—干粮 gān · liáng

老农 lǎonóng—老龙 lǎolóng

年内 niánnèi—连累 liánlei

宁静 níngjìng—临近 línjìn

纽带 niǔdài—柳带 liǔdài

难住 nánzhù—拦住 lánzhù

允诺 yǔnnuò—陨落 yǔnluò

怒容 nùróng—鹿茸 lùróng

内人 nèi · rén—泪人 lèirén

虐待 nüèdài—略带 lüèdài

闹灾 nàozāi—涝灾 làozāi

男队 nánduì—蓝队 lánduì

油腻 yóunì—游历 yóulì

(2) n、l 声母词语练习

l—l	拉拢 lālǒng	来临 láilín	劳累 láolèi	老练 lǎoliàn
	勒令 lèlìng	磊落 lěiluò	理论 lǐlùn	力量 lì · liàng
	联络 liánluò	嘹亮 liáoliàng	料理 liàolǐ	流露 liúlù
	邻里 línlǐ	林立 línlì	玲珑 línglóng	凌乱 língluàn
	笼络 lǒngluò	罗列 luóliè	伦理 lúnlǐ	轮流 lúnliú
n—n	奶牛 nǎiniú	男女 nánnǚ	南宁 Nánníng	恼怒 nǎonù
	能耐 néngnài	农奴 nóngnú	泥泞 nínìng	袅娜 niǎonuó
n—l	哪里 nǎ · lǐ	内陆 nèilù	嫩绿 nènlǜ	尼龙 nílóng
	年龄 niánlíng	农历 nónglì	奴隶 núlì	暖流 nuǎnliú
l—n	来年 láinián	烂泥 lànní	老娘 lǎoniáng	冷暖 lěngnuǎn
	龙女 lóngnǚ	落难 luònàn	流年 liúnián	遛鸟 liùniǎo

(3) 绕口令练习

nán lǚ kè chuān zhe lán shàng yī nǚ lǚ kè chuān zhe ní shàng yī
男旅客穿着蓝上衣,女旅客穿着呢上衣,
nán lǚ kè fú zhe tí lán zi de lǎo dà niáng nǚ lǚ kè lǐng zhe ná lóng zi
男旅客扶着提篮子的老大娘,女旅客领着拿笼子
de xiǎo nán háir
的小男孩儿。

(4)n 与 l 的句子练习

nóng liàng lù
①出差在外,在一农家借宿一夜,天放亮时又踏上一段新路。
lǎo dà · niáng chū · lái ná nǚ
一阵积水响,老大娘追出来,拿着一把她女儿的小花伞:
nà le níng
"带上……"看她那慈祥的目光,霎时,我像是听见了母亲的叮咛。(作品 7 号《轻轻的一声叮咛》)

niǎo le làng
②小鸟给远航生活蒙上了一层浪漫色调。返航时,人们爱不
liàn liàn niǎo le
释手,恋恋不舍地想把它带到异乡。可小鸟憔悴了,给水,不喝!
liàng le
喂肉,不吃!油亮的羽毛失去了光泽。(作品 11 号《可爱的小鸟》)

(四) f 与 h 的分辨及练习

广西桂林以北的方言区还存在把 h 念成 f 的情况,例如把"工会 huì"说成"公费 fèi",把"开花 huā"说成"开发 fā"。粤方言区人说普通话时也有混淆 f 和 h 声母字的情况。

1. 发音要领

f 是唇齿音声母,发音时上齿接近下唇,气流从唇齿之间的空隙中挤出摩擦成声。h 是舌根音声母,发音时,阻碍气流的部位是舌根和软腭。

分辨不清 f 和 h 声母字的人,并不是发不好这两个声母,也不是所有 f、h 声母字都分不清,而是往往把它们弄混。解决这个问题并不难,需要记住的是,只有当 h 跟以 u 开头的韵母相拼时才会误读成 f,而且还少了韵头 u,例如"坏 huài"读成 fài,"欢 huān"读成 fān,"慌 huāng"读成 fāng 等。因此,在分辨 f、h 声母时,遇上凡韵母是以 u 开

头的音节时(除单元音韵母 u 外),声母一定是 h,此时发音,要有气流从喉头呼出的明显感觉,同时嘴唇要拢圆(因为 u 是圆唇元音),便可避免上齿接近下唇发成 f 了。

2. 记忆方法

可用对比和类推两种方法来分辨 f、h 声母。

对比法:分辨不清 f 和 h 声母的通常是下面 8 对音节,可先对比分辨这 8 对音节,并体会 f、h 的发音口形。

fú 服——hú 湖　　fó 佛——huó 活

fā 发——huā 花　　fàn 泛——huàn 换

fāng 方——huāng 慌　　fēi 飞——huī 灰

fēn 分——hūn 昏　　fēng 风——hōng 轰

类推法:利用下面《f、h 声旁类推字表》来帮助记忆。

f、h 声旁类推字表

f—

发—fā 发;fà 发;fèi 废

乏—fá 乏;fàn 泛

伐—fá 伐,筏,阀

番—fān 番,翻

凡—fān 帆;fán 凡,矾

反—fǎn 反,返;fàn 饭,贩

方—fāng 方,芳;fáng 防,妨,房,肪;fǎng 仿,访,纺;fàng 放

非—fēi 非,菲,啡,扉,绯;fěi 诽,匪;fèi 痱

分—fēn 分,芬,吩,纷;fěn 粉;fèn 份,忿

峰—fēng 峰,蜂,锋,烽;féng 逢,缝

风—fēng 风,枫,疯;fěng 讽

夫—fū 夫,肤,麸;fú 扶,芙

伏—fú 伏,茯,袱

孚—fū 孵;fú 孚,俘,浮

福—fú 福,幅,辐,蝠;fù 副,富

甫—fū 敷;fǔ 甫,辅;fù 傅,缚

复—fù 复,腹,馥,覆

父—fǔ 斧,釜;fù 父

付—fú 符;fǔ 府,俯,腑,腐;fù 付,附,咐

h—

禾—hé 禾,和

红—hóng 红,虹,鸿

洪—hōng 哄(~动);hóng 洪;hǒng 哄(~骗);hòng 哄(起~)

乎—hū 乎,呼

忽—hū 忽,惚

胡—hú 胡,湖,葫,糊,蝴

狐—hú 弧,狐

虎—hǔ 虎,唬,琥

户—hù 户,护,沪,戽

化—huā 花,哗(~啦);huá 华,哗(喧~),铧;huà 化,华(姓);huò 货

怀—huái 怀;huài 坏

淮—huái 淮;huì 汇

还—huán 还,环

涣—huàn 涣,换,唤,焕,痪

荒—huāng 荒,慌;huǎng 谎

皇—huáng 皇,惶,蝗,煌,隍,徨,凰

黄—huáng 黄,磺,潢,簧

晃—huǎng 晃(~眼),恍,幌;huàng 晃(~荡)

挥—huī 挥,辉,晖;hún 浑

灰—huī 灰,诙,恢

回—huí 回,蛔,茴;huái 徊

悔—huǐ 悔;huì 晦,诲

惠—huì 惠,蕙

会—huì 会,绘,烩,荟

彗—huì 彗,慧

昏—hūn 昏,婚,阍

混—hún 混(~蛋),馄;hùn 混(~合)

活—huó 活;huà 话

火—huǒ 火,伙

或—huò 或,惑

3. 练习

(1)f、h 声母对比练习

浮水 fúshuǐ—湖水 húshuǐ　　花费 huāfèi—花卉 huāhuì

幅度 fúdù—弧度 húdù　　法力 fǎlì—华丽 huálì

犯病 fànbìng—患病 huànbìng　　分钱 fēnqián—婚前 hūnqián

船夫 chuánfū—传呼 chuánhū　　发展 fāzhǎn—花展 huāzhǎn

发还 fāhuán—花环 huāhuán　　公费 gōngfèi—工会 gōnghuì

(2))f、h 声母词语练习

h(hu)—h(hu)

呼唤 hūhuàn　欢呼 huānhū　惶惑 huánghuò　黄昏 huánghūn

谎话 huǎnghuà　恍惚 huǎnghū　辉煌 huīhuáng　回环 huíhuán

毁坏 huǐhuài　绘画 huìhuà

f—h(hu)

发火 fāhuǒ　繁华 fánhuá　反悔 fǎnhuǐ　返还 fǎnhuán

防护 fánghù　分化 fēnhuà　凤凰 fènghuáng　奉还 fènghuán

复活 fùhuó　附会 fùhuì

h(hu)—f

花粉 huāfěn　化肥 huàféi　焕发 huànfā　荒废 huāngfèi

黄蜂 huángfēng　恢复 huīfù　会费 huìfèi　混纺 hùnfǎng

伙房 huǒfáng　祸福 huòfú

(3)f 和 h 的绕口令练习

Xiǎofēi xué lǐ fà Xiǎohuī xué lǐ huà lǐ fà bú shì lǐ huà lǐ huà
小菲学理发,小辉学理化。理发不是理化,理化
yě bú shì lǐ fà xué huì le lǐ fà bù yí dìng huì lǐ huà xué huì le lǐ
也不是理发。学会了理发不一定会理化,学会了理
huà yě bù yí dìng huì lǐ fà
化也不一定会理发。

(4)f 和 h 的句子练习

huà fēngfù huì
莫高窟壁画的内容丰富多彩,有的是描绘古代劳动人民打猎、

捕鱼、耕田、收割的情景，有的是描绘(huì)人们奏乐、舞蹈、演杂技的场面，还有的是描绘(huì)大自然的美丽风(fēng)光。其中最引人注目的是飞(fēi)天。壁画(huà)上的飞(fēi)天，有的臂挎花(huā)篮，采摘鲜花(huā)；有的反(fǎn)弹琵琶，轻拨银弦；有的倒悬身子，自天而降；有的彩带飘拂(fú)，漫天遨游；有的舒展着双臂，翩翩起舞。看着这些精美动人的壁画(huà)，就像走进了灿烂辉煌(huīhuáng)的艺术殿堂。（作品 23 号《莫高窟》）

（五）"j、q、x""z、c、s""g、k、h"**等的分辨及练习**

广西不同方言不同语言的人说普通话遇到 j、q、x 声母字时，发音存在以下三个问题。

第一，将"j、q、x""z、c、s""zh、ch、sh"三套声母合为一套。例如把"自己 zìjǐ"说成 jìjǐ，把"机缘 jīyuán""资源 zīyuán""支援 zhīyuán"三个词都发成了 jīyuán，这是把 j、z、zh 合为 j；把"瓷器 cíqì"说成 qíqì，"气质 qìzhì""刺字 cìzì""赤字 chìzì"三个词都发成了 qìjì，这是把 q、c、ch 合为 q，把 zh 和 z 合为 j；又如把"私自 sīzì"说成 xījì，"实习 shíxí"说成 xíxí，是把 x、s、sh 合成 x。说粤方言（白话）和部分说湘方言（兴安、全州、灌阳话）的人会存在这个问题。

第二，将 j、q、x 读成了 g、k、h。例如"加强 jiāqiáng"说成 giākiáng，这是把 j 发成 g、把 q 发成 k；"宪法 xiànfǎ"说成 hiànfǎ，这是把 x 发成了 h。这是部分说桂柳话、客家话和壮话的人存在的问题。

第三，发 j、q、x 的字音时，舌尖没有放到下齿龈，而是抬到上齿龈或上齿背，成了一种接近舌尖声母 z、c、s 的"尖音"。

上面第一、第二种情况是发音有错误，第三种情况是发音有缺陷。

1. 发音要领

j、q、x 是舌面音声母，发音时，舌尖下垂接近下齿背，j、q 的舌面前部隆起，大面积地贴紧硬腭前部，x 的舌面前部接近硬腭前部。可用 j、q、x 与 i 相拼的方法来练习发音，并且嘴角刻意向两边展开，要有紧张感。

z、c、s 和 zh、ch、sh 是舌尖音声母。发 z、c、s 时，舌尖平伸抵住或接近上齿背;发 zh、ch、sh 时,舌尖上翘顶住或接近硬腭前部。发这两组声母时,嘴角轻松张开,没有紧张感。g、k、h 是舌根音声母,发音时,舌根抬起靠近软腭。见下列发音对比图。

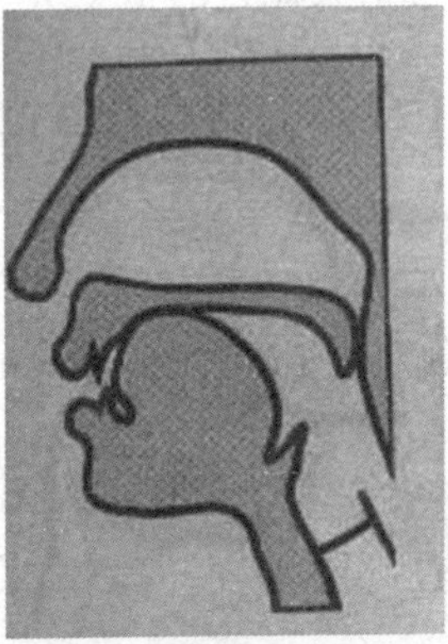

j、q、x 发音准备图

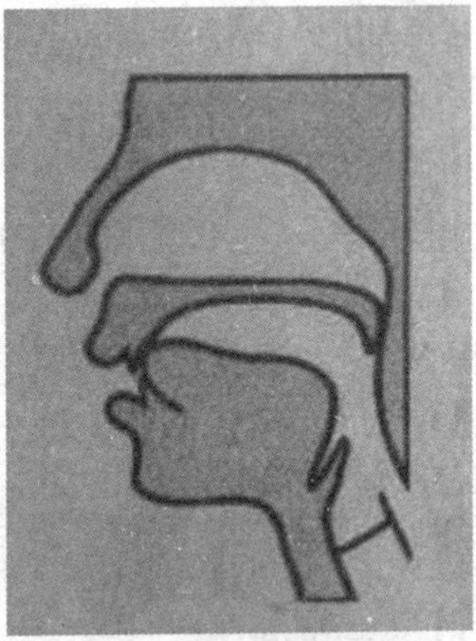

z、c、s 发音准备图

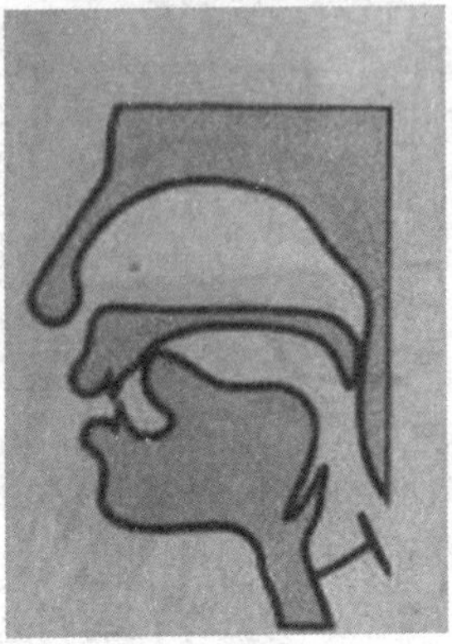

zh、ch、sh 发音准备图

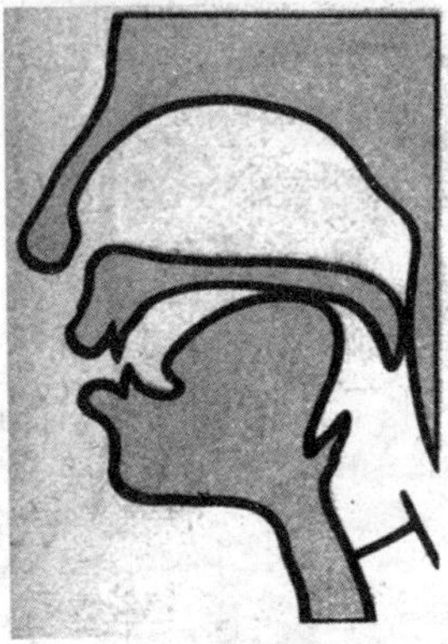

g、k、h 发音准备图

2. 记忆方法

记住一条规律:只要遇到以 i 和 ü 开头的韵母,声母一定是 j、q、x。因为普通话中,z、c、s 和 zh、ch、sh,还有 g、k、h,都不跟以齐齿呼 i 和撮口呼 ü 开头的韵母相拼。正音练习时,也可专门读记 j、q、x 的字音。

3. 练习

(1)j、q、x、z、c、s、zh、ch、sh 对比练习

j—z、zh

机 jī—资 zī、知 zhī　　及 jí—直 zhí

几 jǐ—紫 zǐ、只 zhǐ　　记 jì—字 zì、制 zhì

基本 jīběn—资本 zīběn—治本 zhìběn

继续 jìxù—自序 zìxù—秩序 zhìxù

举例 jǔlì—阻力 zǔlì—主力 zhǔlì

q—c、ch

欺 qī—疵 cī、吃 chī　　其 qí—词 cí、池 chí

起 qǐ—此 cǐ、耻 chǐ　　气 qì—次 cì、赤 chì

奇迹 qíjì—瓷器 cíqì—持续 chíxù

不齐 bùqí—不辞 bùcí—不迟 bùchí

语气 yǔqì—鱼刺 yúcì—鱼翅 yúchì

x—s、sh

希 xī—思 sī、诗 shī　　习 xí—时 shí

喜 xǐ—死 sǐ、使 shǐ　　细 xì—四 sì、试 shì

西部 xībù—撕布 sībù—湿布 shībù

昔人 xīrén—私人 sīrén—诗人 shīrén

香叶 xiāngyè—桑叶 sāngyè—商业 shāngyè

(2)词语练习

j	积极 jījí	机制 jīzhì	极其 jíqí	汲取 jíqǔ
	急遽 jíjù	集聚 jíjù	几次 jǐcì	机器 jīqì
	寄居 jìjū	加剧 jiājù	夹击 jiājī	嘉奖 jiājiǎng
	价值 jiàzhí	假期 jiàqī	坚强 jiānqiáng	降价 jiàngjià
	交织 jiāozhī	郊区 jiāoqū	角质 jiǎozhì	脚趾 jiǎozhǐ
	纠集 jiūjí	究竟 jiūjìng	酒家 jiǔjiā	救济 jiùjì
	拒绝 jùjué	聚集 jùjí	绝迹 juéjì	倔强 juéjiàng
	崛起 juéqǐ	攫取 juéqǔ		
q	凄惨 qīcǎn	漆器 qīqì	期刊 qīkān	其次 qícì
	齐全 qíquán	旗帜 qízhì	奇迹 qíjì	崎岖 qíqū
	歧途 qítú	祈求 qíqiú	乞讨 qǐtǎo	启程 qǐchéng
	起草 qǐcǎo	气息 qìxī	汽艇 qìtǐng	恰巧 qiàqiǎo

洽谈 qiàtán　潜藏 qiáncáng　浅滩 qiǎntān　欠缺 qiànquē
强求 qiǎngqiú　切磋 qiēcuō　窃取 qièqǔ　钦佩 qīnpèi
侵吞 qīntūn　亲口 qīnkǒu　勤快 qínkuài　青菜 qīngcài
清澈 qīngchè　轻骑 qīngqí　倾吐 qīngtǔ　秋季 qiūjì
裘皮 qiúpí　驱逐 qūzhú　趋势 qūshì　去处 qùchù
全权 quánquán　犬齿 quǎnchǐ　缺口 quēkǒu　群居 qúnjū

x　吸取 xīqǔ　希冀 xījì　欷歔 xīxū　稀奇 xīqí
嬉戏 xīxì　习气 xíqì　袭击 xíjī　悉心 xīxīn
喜讯 xǐxùn　戏剧 xìjù　细致 xìzhì　狭窄 xiázhǎi
遐想 xiáxiǎng　辖区 xiáqū　下旬 xiàxún　夏季 xiàjì
先驱 xiānqū　纤细 xiānxì　鲜血 xiānxuè　嫌弃 xiánqì
香蕉 xiāngjiāo　想象 xiǎngxiàng　橡胶 xiàngjiāo　欣喜 xīnxǐ
兴修 xīngxiū　星际 xīngjì　胸襟 xiōngjīn　雄心 xióngxīn
休假 xiūjià　序曲 xùqǔ　蓄积 xùjī　血浆 xuèjiāng
寻求 xúnqiú　巡警 xúnjǐng　汛期 xùnqī

(3)“j、q、x”“z、c、s”“g、k、h”的绕口令练习

jīng zhì bú shì jīng jì zǔ zhī bú shì zǔ jī bǎ bù zhí shuō chéng bù
精致不是经济，组织不是阻击。把不直说成不
jí zhǐ xǔ jiù huì biàn chéng jì xù dà shǐ jiù huì biàn chéng dà xǐ
急，只许就会变成继续，大使就会变成大喜。

(4)“j、q、x”“z、c、s”“g、k、h”的句子练习

jì shí sān suì shí mǔ·qīn zhù zài Nàisī Chéng
记得我十三岁时，和母亲住在法国东南部的耐斯城。
mǔ·qīn qīnqi qīng kǔ jīngcháng ·chū
母亲没有丈夫，也没有亲戚，够清苦的，但她经常能拿出令人
chījīng xi zài miàn qián cóng chī yí zài shuō zì jǐ shì
吃惊的东西摆在我面前。她从来不吃肉，一再说自己是
sù shí zhě rán xiàn mǔ·qīn zhèng zǐ xì yì xiǎo kuàir
素食者。然而有一天，我发现母亲正仔细地用一小块
suì cā jiān chēng zì jǐ sù shí
碎面包擦那给我煎牛排用的油锅。我明白了她称自己为素食
zhě zhēn zhèng
者的真正原因。（作品17号《我的母亲独一无二》）

（六）送气与不送气声母的分辨及练习

普通话声母中，有六组声母存在送气与不送气的对立区别：b—p、d—t、g—k、j—q、zh—ch、z—c。所谓送气与不送气，指发声母时气流的强弱程度。即发一个音时，发音部位冲出的气流较强，这个音就叫送气音；反之，发音时气流弱的叫作不送气音。上面6组对立的声母中，前面6个都是不送气声母，后面6个都是送气声母。

壮语中没有送气声母，所以壮族人学习普通话时，送气音是一个难点，往往把送气声母发成不送气声母。比如把“天空 tiānkōng”说成“癫公 diāngōng”，把“他跳 tiào 进水里了”说成“他掉 diào 进水里了”，把“跑 pǎo 得很快 kuài”说成“饱 bǎo 得很怪 guài”等；有时由于分不清送气和不送气，又把不该送气的声母说成送气的了，比如把“跳高 tiàogāo”说成 diàokāo，“刻薄 kèbó”说成 gèpó，“奇怪 qíguài”说成 jíkuài，等等。

解决的办法，一是先易后难，最好先分辨容易的 b—p、d—t、g—k 三组，然后分辨比较难的 j—q、z—c、zh—ch 三组。

1. 发音要领

可以用几种方法来体验不同送气声母的吐气：用吹蜡烛的方法练习 p 的发音，连续做“扑扑扑”的吐气动作；模仿敲打锣镲的声音来学发 t、k、q、ch，例如“嘡嘡嘡”（t）、“哐哐哐”（k）、“锵锵锵”（q）、“嚓嚓嚓”（ch）；模仿火车开动放气的声音来学发 q、c，例如 qīcāqīcā……也可以借用拟声词来体会送气声母的发音，例如“噼啪 pīpā”“扑通 pūtōng”“咔嚓 kāchā”等。

2. 记忆方法

分辨字的送气和不送气声母，最有效的方法是利用声旁类推记忆送气声母的字词。例如：

皮 p—披疲/坡颇破	爬 p—葩琶杷耙
唐 t—糖塘搪瑭	挑 t—跳眺佻窕
考 k—烤拷铐栲	匡 k—筐框眶诓哐
其 q—欺期棋旗琪淇麒（j—基箕）	青 q—清蜻情晴请
仓 c—沧舱苍伧	采 c—踩睬彩菜
昌 ch—唱倡猖菖娼鲳	垂 ch—锤捶陲棰

也可以利用下面的《送气声母常用字表》帮助记忆。

送气声母常用字表

说明：圈内的序号分别代表四个声调。

p—

pa ①趴啪葩②扒爬耙琶杷筢④怕帕

pai ①拍②排徘牌③迫（～击炮）排（～子车）④派湃

pan ①番（～禺县）潘攀②盘磐蟠蹒胖（心广体～）④判叛盼畔襻

pang ①乓滂膀（～肿）②彷庞旁膀（～胱）磅螃③耪④胖

pao ①抛泡（～眼）②刨庖咆炮（炮制）袍③跑④泡（～沫）炮疱

pei ①胚坯②陪培赔裴④沛佩配辔霈

pen ①喷（喷泉）②盆④喷（喷香）

peng ①抨怦烹嘭（拟声词）②朋棚硼鹏彭澎膨蓬③捧④碰

pi ①批纰砒坯披劈（～波斩浪）噼霹②皮枇琵毗蚍疲啤脾貔
③匹痞劈（～叉）癖（～好）④辟僻媲譬

pian ①片（～子）偏篇翩②便（～宜）骈④片（～面）骗

piao ①漂（～泊）飘剽缥②朴瓢嫖③漂（～白）瞟④票漂（～亮）

pie ①撇（～开）瞥③撇（～嘴）

pin ①拼姘②贫频嫔颦③品④聘

ping ①乒娉②平评苹坪萍凭屏瓶

po ①朴（～刀）坡泼颇泊（湖～）②婆鄱（～阳湖）③叵笸④破迫
珀（琥～）魄

pou ①剖③掊

pu ①扑仆（前～后继）铺（～张）噗②仆（～人）匍葡菩脯蒲璞
③朴圃浦普谱蹼④铺（～面）

t—

ta ①他她它塌踏（～实）③塔④踏（～步）

tai ①苔（舌～）胎②台抬邰苔（～藓）④太汰态泰

tan ①贪摊滩瘫坍②坛昙谈痰弹潭谭檀③毯坦袒忐④叹探炭碳

tang ①汤②堂膛棠唐搪塘糖溏瑭③淌倘躺④趟烫

tao ①滔韬涛焘掏绦②逃桃淘陶啕萄③讨④套

te ④特忑忒

teng ②疼腾滕藤誊

ti　①梯锑踢剔②提题醍啼蹄③体④替剃涕惕屉嚏

tian　①天添②田佃甜恬填③忝舔腆殄

tiao　①挑(～选)佻②条调笤苕迢③挑(～逗)窕④跳眺粜

tie　①贴帖(～帖)③帖(请～)铁④帖(字～)

ting　①听厅汀②亭停婷廷蜓庭霆③挺艇

tong　①通嗵②同桐铜峒酮佟彤童潼瞳③统筒桶捅④痛恸

tou　①偷②头投④透

tu　①秃突凸②图涂荼途徒屠③土④吐兔

tuan　①湍②团

tui　①推忒②颓③腿④退褪蜕

tun　①吞②屯囤豚臀③氽

tuo　①托拖脱②驮沱佗陀驼鸵砣橐③妥椭④拓唾

k—

ka　①咔咖喀③卡咯

kai　①开揩③楷凯慨④忾

kan　①刊看(～管)勘堪龛③砍坎侃槛④看(～见)阚

kang　①康慷糠②扛④亢抗炕伉

kao　①尻③考烤拷栲④铐靠犒

ke　①柯轲苛疴科蝌棵颗稞窠嗑磕瞌②壳咳③可坷渴④克刻课客恪

ken　③肯啃恳垦

keng　①坑吭铿

kong　①空(～洞)③孔恐④空(～白)控

kou　①抠眍③口④扣叩寇蔻

ku　①枯哭窟刳③苦④库裤酷绔

kua　①夸③垮④跨挎胯

kuai　③蒯④块快筷会(～计)侩脍

kuan　①宽髋③款

kuang　①匡哐筐诓②狂诳④矿旷邝况框眶

kui　①亏岿盔窥②奎逵葵暌睽馗魁夔③傀④愧溃馈愦匮

kun　①坤昆琨醌鲲③捆④困

kuo ④阔扩括廓

q—

qi ①七柒沏栖妻凄欺期戚漆蹊②齐脐祁其棋琪旗麒奇骑琦崎歧岐祈颀畦③起乞启岂杞企绮④气汽讫迄器泣砌弃契亟

qia ①掐③卡(～壳)④恰洽

qian ①千仟钎迁牵铅谦悭签②前钱虔钳潜乾黔掮荨③浅遣谴④欠芡歉纤嵌堑倩茜

qiang ①枪腔锵羌②强墙蔷嫱③抢襁④呛炝跄

qiao ①悄跷敲锹②乔侨桥荞翘(～首)瞧樵憔③巧④俏窍鞘撬壳(地～)翘(往上～)

qie ①切(～入)②茄③且④切(～实)怯妾窃惬锲箧趄

qin ①亲侵钦衾②琴勤芹秦覃禽擒③寝④沁

qing ①青清蜻轻氢倾卿②情晴擎③请顷④庆亲(～家)磬罄

qiong ②穷琼穹

qiu ①秋鳅丘邱蚯②求球俅逑裘囚泅仇(姓)酋遒③糗

qu ①区岖驱躯曲(～线)蛐屈趋蛆祛黢②渠瞿③取娶曲(歌～)龋④去趣

quan ①圈②全痊诠权泉拳蜷颧③犬④劝券

que ①缺②瘸④却确雀鹊榷

qun ①逡②群裙

ch—

cha ①叉杈差(～别)插(～曲)②茶搽查碴察茬③衩(裤～)镲④差(～不多)岔诧姹刹衩(开～)

chai ①拆差(出～)钗②柴豺

chan ①搀掺②馋谗缠单(～于)蝉婵禅潺蟾③产铲阐谄④颤忏

chang ①昌猖娼鲳②长肠尝偿常嫦③厂场敞氅④唱倡畅怅

chao ①抄钞超焯②朝潮嘲巢晁(姓)③吵炒

che ①车③扯④彻撤澈掣

chen ①嗔郴抻②臣尘辰晨沉陈④趁称(～心)衬

cheng ①称(～赞)撑瞠②成诚城盛(～饭)乘呈程承丞惩橙澄(～清)③逞骋④秤

chi　①吃痴嗤魑哧眵笞②持迟池弛驰匙踟③尺齿耻侈豉④翅赤斥炽叱啻

chong　①冲忡充舂憧②虫重(～唱)崇③宠④铳

chou　①抽②愁仇稠绸惆酬筹踌畴雠③丑瞅④臭

chu　①出初②刍雏锄除蜍厨蹰橱躇③处(～理)础储楚杵④处(～所)触畜搐怵矗绌黜

chuai　①揣③揣(揣测)④踹

chuan　①穿川②船传椽③喘舛④串钏

chuang　①窗创(创伤)疮②床幢③闯④创(创作)怆

chui　①吹炊②垂锤捶陲槌

chun　①春椿②唇纯醇淳鹑③蠢

c—

ca　①擦拆(～烂污)礤嚓③礤

cai　①猜②才材财裁③采彩踩睬④菜蔡

can　①参餐②蚕残惭③惨④灿粲璨

cang　①仓沧舱伧苍②藏

cao　①操糙②曹槽嘈艚漕③草

ce　④册侧测恻厕策

ceng　②层曾(～经)④蹭

ci　①疵差(参～)②词祠瓷慈磁糍雌辞③此④次刺伺(～候)赐

cong　①聪匆葱囱②从丛淙

cou　④凑

cu　①粗④醋簇促猝蹙蹴

cuan　①氽撺蹿②攒④窜篡

cui　①崔催摧③璀④脆翠淬粹啐悴瘁萃

cun　①村皴②存③忖④寸

cuo　①搓磋蹉撮②矬痤④错挫锉措

3. 练习

(1)送气与不送气声母对比练习

b—p

玻 bō—坡 pō　　搏 bó—婆 pó　　跛 bǒ—叵 pǒ　　簸 bò—破 pò

半途 bàntú—叛徒 pàntú　　被套 bèitào—配套 pèitào

奔驰 bēnchí—喷池 pēnchí

d—t

搭 dā—他 tā　　打 dǎ—塔 tǎ　　大 dà—踏 tà

怠工 dàigōng—太空 tàikōng　　胆子 dǎnzi—毯子 tǎnzi

抵制 dǐzhì—体制 tǐzhì　　肚子 dùzi—兔子 tùzi

单独 dāndú—贪图 tāntú　　饱了 bǎole—跑了 pǎole

g—k

鸽 gē—磕 kē　阁 gé—咳 ké　葛 gě—渴 kě　各 gè—客 kè

个人 gèrén—客人 kè · rén　　更换 gēnghuàn—坑害 kēnghài

官大 guāndà—宽大 kuāndà　　大龟 dàguī—大亏 dàkuī

疯狗 fēnggǒu—风口 fēngkǒu　　米缸 mǐgāng—米糠 mǐkāng

j—q

积 jī—漆 qī　　极 jí—奇 qí　　挤 jǐ—起 qǐ　　剂 jì—气 qì

经常 jīngcháng—清偿 qīngcháng

手脚 shǒujiǎo—手巧 shǒuqiǎo　　迹象 jìxiàng—气象 qìxiàng

积压 jīyā—欺压 qīyā　　集权 jíquán—齐全 qíquán

居室 jūshì—趋势 qūshì　　简陋 jiǎnlòu—浅陋 qiǎnlòu

激励 jīlì—凄厉 qīlì

z—c

租 zū—粗 cū　族 zú—殂 cú　做 zuò—错 cuò　最 zuì—脆 cuì

zh—ch

枝 zhī—吃 chī　植 zhí—迟 chí　纸 zhǐ—耻 chǐ　制 zhì—赤 chì

(2)送气声母词语练习

p　排斥 páichì　派遣 pàiqiǎn　排场 pái · chǎng　派头 pàitóu

攀谈 pāntán　叛徒 pàntú　判处 pànchǔ　旁听 pángtīng

抛弃 pāoqì　炮台 pàotái　泡菜 pàocài　胚胎 pēitāi

陪同 péitóng　赔偿 péicháng　配套 pèitào　喷泉 pēnquán

烹调 pēngtiáo　澎湃 péngpài　碰巧 pèngqiǎo　批判 pīpàn

噼啪 pīpā　皮层 pícéng　脾气 píqi　琵琶 pí · pá

匹配 pǐpèi　偏旁 piānpáng　骗取 piànqǔ　片刻 piànkè

	撇开 piēkāi	拼凑 pīncòu	贫穷 pínqióng	品尝 pǐncháng
	聘请 pìnqǐng	乒乓 pīngpāng	平常 píngcháng	凭空 píngkōng
	破产 pòchǎn	迫切 pòqiè	葡萄 pú·tao	普通 pǔtōng
t	逃跑 táopǎo	谈判 tánpàn	突破 tūpò	天堂 tiāntáng
	梯田 tītián	贪图 tāntú	跳台 tiàotái	体贴 tǐtiē
	疼痛 téngtòng	抬头 táitóu	淘汰 táotài	头疼 tóuténg
	谈吐 tántǔ	逃脱 táotuō	坦克 tǎnkè	太空 tàikōng
	条款 tiáokuǎn	痛快 tòng·kuài	特权 tèquán	听取 tīngqǔ
	同期 tóngqī	探测 tàncè	题材 tícái	体操 tǐcāo
	天才 tiāncái	推测 tuīcè	提倡 tíchàng	通常 tōngcháng
	投产 tóuchǎn	退出 tuìchū		
k	卡车 kǎchē	开拓 kāituò	慨叹 kǎitàn	勘测 kāncè
	坎坷 kǎnkě	看穿 kànchuān	慷慨 kāngkǎi	抗体 kàngtǐ
	考察 kǎochá	科普 kēpǔ	磕头 kētóu	苛刻 kēkè
	克扣 kèkòu	可靠 kěkào	渴求 kěqiú	客厅 kètīng
	课程 kèchéng	恳切 kěnqiè	铿锵 kēngqiāng	口琴 kǒuqín
	孔雀 kǒngquè	恐怕 kǒngpà	哭泣 kūqì	苦痛 kǔtòng
	库存 kùcún	裤腿 kùtuǐ	垮台 kuǎtái	快艇 kuàitǐng
	宽阔 kuānkuò	旷课 kuàngkè	况且 kuàngqiě	矿藏 kuàngcáng
	窥探 kuītàn	亏空 kuī·kong	困苦 kùnkǔ	扩充 kuòchōng
	昆虫 kūnchóng			

（q、c、ch 声母见前面的练习）

（3）绕口令练习

chī pú·tao bù tǔ pú·tao pí bù chī pú·tao dào tǔ pú·tao pí
吃葡萄不吐葡萄皮，不吃葡萄倒吐葡萄皮。

chī Tǔlǔfān pú·tao bù tǔ Tǔlǔfān pú·tao pí bù chī Tǔlǔfān pú·tao dào tǔ Tǔlǔfān pú·tao pí
吃吐鲁番葡萄不吐吐鲁番葡萄皮，不吃吐鲁番葡萄倒吐吐鲁番葡萄皮。

（4）送气与不送气声母的句子练习

zài chuán kàn chū tè dì qǐ·gè dà zǎo tiān
①在船上，为了看日出，我特地起个大早。那时天还没

zhōu jì jìng de zhǐ jī ·qì de
有亮，周 围是很寂静 的，只有机器房的声音。

tiān kōng biàn chéng qiǎn qiǎn qiǎn de zhuǎn jiān tiān biān
天 空 变 成 了浅 蓝色，很浅 很浅 的；转 眼间 天 边

chū xiàn dào kuò dà tā de jiā qiáng tā de
出 现 了一道 红霞，慢慢扩 大了它的范围，加 强 了它的光亮，我

zhī ·dào tài cóng tiān jì qǐ biàn bù zhuǎn jīng de zhe
知 道太阳要 从 那天际 升起来了，便 目不 转 睛 地望着那里。（作品 1 号《海上日出》）

tū ·gè káng zhe tī zi chū xiàn tī zi jià dào qiáng
②突然，一 个男人 扛 着梯子出 现 了，梯子架 到 墙 上，

zuān jìn zhī zhōng tā zài cì chū bào zhe
人钻 进火海之 中 。他 再 次 出 现时，手里 抱 着 小女孩。孩

jiāo gěi jiē de qún zài zhī zhōng
子交 给了下面迎接 的 人 群，男人消失在夜色之 中 。（作品 40 号《爱的故事》）

（七）塞擦音与擦音声母的分辨及练习

普通话中有三组发音部位相同而存在塞擦音与擦音区别的声母，它们是：

塞擦音	擦音
j、q	x
z、c	s
zh、ch	sh

壮语语音系统中有擦音而没有塞擦音，因此壮族人说普通话时，通常用相同部位的擦音来代替塞擦音。即用 x 代替 j、q，用 s 代替 z、c，用 sh 代替 zh、ch；由于没有翘舌音声母，还可能用 s 来代替 z、c、zh、ch 四个声母。比如把“秋季 qiūjì”说成 xiūxì、“自从 zìcóng”说成 sìsóng、“职称 zhíchēng”说成 sísēng 等。

1. 发音要领

塞擦音与擦音的区别主要在于气流是否完全受到阻碍。塞擦音的发音特点是气流先受堵后摩擦，即发音时，发音部位先紧紧靠拢，使气流完全受到阻碍，然后气流将发音部位冲开一条窄缝，接着从窄缝中摩擦而出形成声音，而擦音的发音特点则是气流不完全受到阻碍。

(1)j、q、x 的发音

先体会容易发的擦音 x。发音时,上下齿对齐,舌尖向下,舌面隆起大面积地接近上齿背和整个硬腭,但不要靠拢,让气流从留着的空隙中挤出摩擦成声。可用拖长声音发"西—"的方法来感受 x 的发音,然后读下列词语反复练习 x 声母。

习性 xíxìng	细心 xìxīn	狭小 xiáxiǎo	下乡 xiàxiāng
鲜血 xiānxuè	现象 xiànxiàng	新秀 xīnxiù	详细 xiángxì

发 j、q 时,也是上下齿对齐,舌尖向下轻抵下齿背,舌面前先隆起,大面积地紧紧抵住整个硬腭,然后舌面前稍稍放松,让气流摩擦成声。j、q 的区别是,j 不送气,q 送气。可利用前面分辨送气与不送气声母的词语来加以练习。

(2)z、c、s 与 zh、ch、sh 的发音

先体会擦音 s 的发音:上下齿对齐,舌尖向上接近上齿背但不要靠拢,让气流从留着的空隙中挤出摩擦成声。可用拖长声音发"思—"的方法来感受 s 的发音,然后读下列词语反复练习 s 声母。

洒扫 sǎsǎo	嫂嫂 sǎosao	色素 sèsù	僧俗 sēngsú
思索 sīsuǒ	送死 sòngsǐ	诉讼 sùsòng	速算 sùsuàn

发 z、c 时,也是上下齿对齐,舌尖先紧紧抵住上齿背,然后舌尖稍稍放松,让气流摩擦成声。z、c 的区别是,z 不送气,c 送气。也可利用前面分辨送气与不送气声母的词语来加以练习。

zh、ch、sh 的发音要领与 z、c、s 相似,只是舌尖上翘而已。可利用前面分辨翘舌与不翘舌声母的词语来加以练习。

2. 记忆方法

专门记塞擦音声母字词的读音。

3. 练习

(1)塞擦音声母词语练习

j-q	激情 jīqíng	极其 jíqí	汲取 jíqǔ	技巧 jìqiǎo
	假期 jiàqī	坚强 jiānqiáng	减轻 jiǎnqīng	郊区 jiāoqū
	接洽 jiēqià	截取 jiéqǔ	紧俏 jǐnqiào	锦旗 jǐnqí
	近期 jìnqī	惊奇 jīngqí	剧情 jùqíng	诀窍 juéqiào
	崛起 juéqǐ	攫取 juéqǔ	俊俏 jùnqiào	

z-c　杂草 zácǎo　在座 zàizuò　造字 zàozì　宗族 zōngzú
总则 zǒngzé　粽子 zòngzi　罪责 zuìzé　做作 zuòzuo
资财 zīcái　自从 zìcóng

zh-ch　摘除 zhāichú　展翅 zhǎnchì　辗转 zhǎnzhuǎn
战场 zhànchǎng　长者 zhǎngzhě　涨潮 zhǎngcháo
招致 zhāozhì　照常 zhàocháng　折中 zhézhōng
珍重 zhēnzhòng　侦察 zhēnchá　真知 zhēnzhī
争吵 zhēngchǎo　征兆 zhēngzhào　整治 zhěngzhì
郑重 zhèngzhòng　忠诚 zhōngchéng　主持 zhǔchí
专长 zhuāncháng　追查 zhuīchá

(2)绕口令练习

Xiǎosī liàn dà zì xiě mǎn yì zhāng zhǐ ná zhǐ kàn zhe zì pèng dào le
小司练大字，写满一张纸，拿纸看着字，碰到了
yā zhǐ de chǐ yā zhǐ de chǐ dài dǎo le hēi mò zhī hēi mò zhī dǎ shī le yǒu
压纸的尺，压纸的尺带倒了黑墨汁，黑墨汁打湿了有
zì de zhǐ Xiǎosī wèn zì jǐ zhè guài shéi shì zhǐ shì chǐ hái shì mò zhī
字的纸。小司问自己：这怪谁？是纸，是尺，还是墨汁？

(3)塞擦音与擦音声母的句子练习

zài Jiā ná dà xué xí qī jiān cì juān qíng jǐng zhì jīn
①我在加拿大学习期间遇到过两次募捐，那情景至今
shǐ
使我难以忘怀。

zài jiē·shàng zi zhù qù shí
一天，我在渥太华的街上被两个男孩子拦住去路。他们十
suì chuān zhěng zhěng qí qí ·shàng zhe zuò jīng qiǎo
来岁，穿得整整齐齐，每人头上戴着个做工精巧、
sè cǎi xiān zhǐ shàng xiě zhe bāng zhù xiǎo
色彩鲜艳的纸帽，上面写着"为帮助患小儿麻痹的伙伴募
juān
捐"。(作品10号《捐诚》)

qiú zhī chí zhuāng qiú zhī zì qī qī quán
②求知太慢会弛惰，为装潢而求知是自欺欺人，完全
zhào shū shì chéng zhí shū zi
照书本条条办事会变成偏执的书呆子。

qiúzhī jìn xìng shí jìn zhīshi shēn
求知可以改进人的天性，而实验又可以改进知识本身。人
xìng cǎo qiúzhī xuéxí xiūjiǎn zāi shíxí chángshì
的天性犹如野生的花草，求知学习好比修剪移栽。实习尝试
zé jiǎn xiūzhèng zhīshi shēn zhēn
则可检验修正知识本身的真伪。（作品35号《论求知》）

（八）声母增减的分辨及练习

广西方言区人说普通话时，往往会在普通话的零声母字前加上辅音 ng，例如把“爱 ài”念成 ngài，把“欧 ōu”念成 ngōu，把“恩 ēn”念成 ngēn 等。另外，还有一种增添声母的现象，那就是部分壮族人在以 w 开头的零声母音节前加上了声母 h，例如把“王 wáng”说成“黄 huáng”，把“碗 wǎn”说成“缓 huǎn”等。

反之，部分壮族人初说普通话时，常常丢掉一些字词中的声母 h 或 x。例如把“花 huā”说成“挖 wā”，把“活 huó”说成“wó”，把“黄 huáng”说成“王 wáng”，丢失了声母 h；把“下乡 xiàxiāng”说成“亚秧 yàyāng”，两个字音都丢失了声母 x。

1. 发音要领

ng 是一个后鼻辅音，在普通话中只作韵尾，不作声母，它发音的着力点在舌根部与喉头之间，因此，发零声母字时，直接张嘴轻松地读字音，将发音点放在口腔前部，不要让舌根和喉头紧张，就可避免添加声母 ng 了。

h 是舌根音声母，w 是圆唇的半元音，读以 w 开头的零声母字音时，双唇稍圆，喉头不必紧张，轻轻松松地就能发好音，而不会添加声母 h。

为防止丢失声母，发 h 声母字音时，可采用“喉头先吸一口冷气，紧接着加韵母”的方式带动发音；而发 x 声母字音时，着力点要放在嘴角，即嘴角先尽量向两边咧开，并朝外呼气，然后张大嘴巴发韵母，以此带动发音。也可以采用“声母+韵头+韵腹、韵尾”的拼音方式来练习，这样就不会丢失声母了。例如：

会—h+u+èi　　欢—h+u+ān　　黄—h+u+áng

虾—x+i+a　　香—x+i+āng　　兄—x+i+ōng

2. 记忆方法

(1)记住并读准下列容易读错的零声母字

ai：哀 唉 埃 挨 癌 矮 爱 艾 碍 隘

an：安 桉 氨 鞍 谙 按 案 岸 暗 黯

ang：肮 昂 盎

ao：熬 遨 袄 敖 傲 奥 澳 懊 拗 翱

e：鹅 俄 蛾 峨 娥 饿 讹 恶 扼 愕 噩

en：恩 摁

ou：欧 鸥 殴 讴 沤 呕 偶 藕

wu：屋 钨 无 吴 侮 芜 误 物 雾 悟

wan：顽 玩 碗 挽 婉 丸

wang：汪 亡 网 枉 旺 忘 罔 妄

(2)记声母与韵母的配合规律

规律一：丢失声母 h 的，往往是 h 跟以 u 开头的韵母相拼的音节（不包括 u 本身），因此要记住下表中正确的读音。

例字	正确读音	错误读音
胡 湖 壶 户 护 虎 互 乎	hu	wu
花 滑 华 划 画 化 话	hua	wa
活 火 伙 获 惑 货 祸 豁	huo	wo
怀 槐 淮 徊 坏	huai	wai
挥 辉 晖 灰 恢 诙 徽 回 毁 悔 诲 晦 会 荟 惠 慧 汇 卉 讳 秽 贿	hui	wei
欢 獾 环 还 桓 缓 换 涣 焕 唤 痪 患	huan	wan
昏 婚 浑 魂 混	hun	wen
荒 慌 谎 黄 簧 煌 凰 皇 惶 蝗 晃 恍	huang	wang

规律二：丢失声母 x 的，往往是 x 跟以 i 开头的韵母相拼的音节（不包括 i 本身），因此要记住下表中正确的读音。

例字	正确读音	错误读音
虾 瞎 辖 狭 侠 峡 霞 暇 瑕 遐 匣 狎 下 吓 夏 厦	xia	ya
歇 蝎 协 胁 挟 血	xie	ye
乡 香 降 响 饷 享 向	xiang	yang
欣 馨 衅	xin	yin
休 朽	xiu	you
掀 弦 贤 咸 嫌 衔 涎 显 险 县 现	xian	yan
兄 凶 汹 匈 胸 雄 熊	xiong	yong

3. 练习

（1）h-w、x-y 对比练习

胡 hú——吴 wú　　化 huà—袜 wà　　坏 huài—外 wài
环 huán—玩 wán　　黄 huáng—王 wáng　　毁 huǐ—伟 wěi
获 huò—握 wò　　魂 hún—文 wén　　霞 xiá—鸭 yā
现 xiàn—燕 yàn　　香 xiāng—央 yāng　　校 xiào—药 yào
协 xié—爷 yé　　修 xiū—优 yōu　　兄 xiōng—佣 yōng

（2）零声母词语练习

哀怨 āiyuàn　　安逸 ānyì　　遨游 áoyóu　　昂扬 ángyáng
额外 éwài　　扼要 èyào　　厄运 èyùn　　恶意 èyì
恩怨 ēnyuàn　　欧亚 ōuyà　　恩爱 ēn'ài　　沿岸 yán'àn
皮袄 pí'ǎo　　偶尔 ǒu'ěr　　激昂 jī'áng　　外因 wàiyīn
威严 wēiyán　　委员 wěiyuán　　文艺 wényì　　雾霭 wù'ǎi
午安 wǔ'ān　　犹豫 yóuyù　　义务 yìwù　　拥有 yōngyǒu
踊跃 yǒngyuè

（3）声母增减的句子练习

huánghūn　xiāng　yòu yì　bì yè
①在这多情的季节里，黄 昏时品着 香 茗，又忆起毕业那天
xiào　wǒ　yí wèi xiāng xia　yǒu　yì
老 校 长给我们讲的故事。一 位 乡 下农夫 有 头老驴子，一天，老

xiǎo xīn yí āi
驴子不小心跌进了一个深坑。农夫听到驴子的哀鸣，目睹它的困
xiǎng hěn hòu yòu xīn ér
境，想了很久之后，断定救不了它，但又不忍心看着它痛苦而
yú wǎng xiē
死。于是，农夫决定往坑里填土，把老驴闷死，以便使它早些脱
离苦海。(作品34号《困驴的启示》)

É méi shān · xià Fú hǔ sì yì hú hú dié
②峨眉山下，伏虎寺旁，有一种蝴蝶，比最美丽的蝴蝶可
xiē É méi shān yī
能还要美丽些，是峨眉山最珍贵的特产之一。

hé hou xiàng yì
当它阖起两张翅膀的时候，像生长在树枝上的一张干枯
yè yě yì yě huì yì yǎn
了的树叶。谁也不去注意它，谁也不会瞧它一眼。

huā wén àn yǐn yì
它收敛了它的花纹、图案，隐藏了它的粉墨、彩色，逸出了繁
huá huā cóng áo xiáng yì
华的花丛，停止了它翱翔的姿态，变成了一张憔悴的，干枯了
kū huáng de huī yán yè
的，甚至不是枯黄的，而是枯槁的，如同死灰颜色的枯叶。(作
品37号《枯叶蝴蝶》)

第二节 韵 母

一、普通话的韵母

韵母是汉字音节结构中声母后面的部分。韵母主要是由元音构成的，也有一部分由元音加辅音构成。普通话里最复杂的韵母，组成成分不超过三个音素，传统音韵学根据这个特点，把韵母分成三部分，韵母的核心成分，即开口度最大、听起来最响亮的元音叫作韵腹，韵腹前的成分叫作韵头，韵腹后面的成分叫作韵尾。例如，ian 这个韵母，i

是韵头，ɑ 是韵腹，n 是韵尾。普通话每个韵母都有韵腹，由主要元音充当。韵头有 3 个：i、u、ü；韵尾有 4 个。其中，元音韵尾两个：i、u（汉语拼音写成 3 个字母：i、u、o）；辅音韵尾两个：-n、-ng。

（一）**韵母的结构分类及发音**

普通话韵母按结构可分为单韵母、复韵母和鼻韵母三大类。

1. 单韵母（单元音）的发音

普通话单韵母共有 10 个：ɑ、o、e、ê、i、u、ü、-i（前）、-i（后）、er。单韵母发音时舌位、唇形及开口度始终不变。舌位是发音时舌面隆起的最高部位。

（1）舌面元音韵母。舌面元音韵母有 7 个。发音时舌面起主要作用，由舌位的高低前后和唇形的圆展来决定。其发音情况及简图如下：

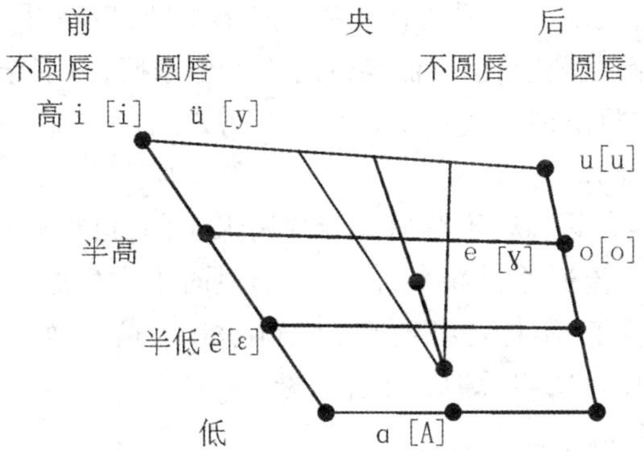

ɑ 舌面、央、低、不圆唇元音。口大开而舌位低，舌尖稍离开下齿背，舌面中部稍微隆起，与硬腭后部相对，唇形不圆，声带振动。例如“发达 fādá”里的 ɑ。

o 舌面、后、半高、圆唇元音。唇拢圆，口半闭而舌位半高，舌头后缩，舌面后部隆起与软腭相对，声带振动。例如“薄膜 bómó”里的 o。

e 舌面、后、半高、不圆唇元音。双唇自然展开，口半闭而舌位半高，舌头后缩，舌面后部隆起与软腭相对，声带振动。例如“合格 hégé”里的 e。

ê 舌面、前、半低、不圆唇元音。唇形不圆，口半开而舌位半低，舌尖抵住下齿背，使舌面前部隆起与硬腭相对，声带振动。韵母 ê 在普通话中，除语气词“欸”外一般不单用，主要出现在复韵母 ie、üe 中。例如“月夜 yuèyè”里的 e,在汉语拼音书写时省略了字母 ê 上面的小帽子。

i 舌面、前、高、不圆唇元音。口微开,双唇呈扁平状,上下齿相对(齐齿),舌尖接触下齿背,使舌面前部隆起与硬腭前部相对,声带振动。例如“习题 xítí”里的 i。

u 舌面、后、高、圆唇元音。双唇拢圆,略向前突出;舌头后缩,使舌面后部隆起与软腭相对,声带振动。例如“朴素 pǔsù”里的 u。

ü 舌面、前、高、圆唇元音。发音状况与 i 基本相同,但唇形拢圆。例如“区域 qūyù”里的 ü。

(2) 舌尖元音韵母

舌尖元音韵母只有两个,发音时舌尖起主要作用,由舌尖位置的前后和唇形的圆展来决定。

-i(前)舌尖前、高、不圆唇元音。唇形不圆,口略开,舌尖接近上齿背,气流通路虽狭窄,但气流经过时不发生摩擦,声带振动。这个韵母在普通话中只出现在 z、c、s 的后面。例如“自私 zìsī”里的-i(前),叫舌尖前元音韵母。

-i(后)舌尖后、高、不圆唇元音。唇形不圆,口略开,舌尖上翘接近硬腭前部,气流通路虽狭窄,但气流通过时不发生摩擦,声带振动。这个韵母在普通话中只出现在 zh、ch、sh、r 的后面。例如“知识 zhīshi”里的-i(后),叫舌尖后元音韵母。

(3) 卷舌元音韵母

卷舌元音韵母只有 1 个,发音的同时伴有卷舌动作,舌面和舌尖都起作用。

er 卷舌、央、中、不圆唇元音。er 是个带有卷舌色彩的央元音 e[ə],称卷舌元音。唇形不圆,开口度比 ê 略小,舌位居中,在发 e[ə]的同时,舌头前部和舌头中部上抬,舌尖向后卷,与硬腭前端相对,声带振动。《汉语拼音方案》中的 r 用在 er 韵母中不发音,不代表音素,不是辅音韵尾,只是个表示卷舌动作的符号,因此 er 韵母虽用两个字母标写,仍是单韵母。普通话中 er 自成零声母音节,不与声母相拼,例如“儿、耳、二”的发音。

2. 复韵母(复合元音)的发音

普通话复韵母共有 13 个,其中前响二合元音 4 个,后响二合元音

5 个，中响三合元音 4 个。复元音韵母发音时舌位、唇形都有变化，滑动过程要完整，韵腹要读得饱满，韵头韵尾虽然模糊，但在动程中都要有所体现。

（1）前响复元音韵母——ai、ei、ao、ou

这 4 个韵母是二合元音，发音的共同点是元音舌位都是由低向高滑动；前头的元音是韵腹，发音清晰响亮，后头的元音是韵尾，发音轻短模糊，音值不太固定，因此拼音收尾的字母“i、o、u”只表示舌位移动的方向。

（2）后响复元音韵母——ia、ie、ua、uo、üe

这 5 个韵母也是二合元音，发音的共同点是舌位由高向低滑动；前头的元音是韵头，发音轻而短；后头的元音是韵腹，发音清晰响亮，因此舌位移动的终点是确定的。这些韵母的韵头在音节里尤其是零声母音节里常伴有轻微摩擦。

（3）中响复元音韵母——iao、iou、uai、uei

这 4 个韵母是三合元音，发音的共同点是舌位从高向低滑动，再由低向高滑动；前头的元音是韵头，发音轻短不响亮；中间的元音是韵腹，发音清晰响亮；后头的元音是韵尾，发音轻短模糊。

3. 鼻韵母（鼻尾音韵母）的发音

鼻韵母的发音特点是由元音滑向鼻辅音。普通话鼻韵母共有 16 个，其中鼻辅音韵尾有两个，一个是舌尖鼻音 n，又称为前鼻音韵尾；另一个是舌根鼻音 ng，又称为后鼻音韵尾。普通话主要依据韵尾将鼻韵母分为前鼻尾韵母和后鼻尾韵母两类，各 8 个，除 üan、ong 两个外，其余 14 个构成 7 对前后对比关系：an—ang、en—eng、in—ing、ian—iang、uan—uang、uen—ueng、ün—iong。

（1）前鼻尾韵母——an、en、in、ün、ian、uan、uen、üan

8 个前鼻尾韵母发音时，先发元音，紧接着软腭下降，舌面前部抵住硬腭前部发不除阻的 n，整个韵母发音完毕才除阻。普通话韵尾-n 的发音与声母 n-基本相同，只是韵尾-n 的部位比声母 n-稍偏后一点儿，一般是舌面前部接触硬腭前部。

（2）后鼻音韵母——ang、eng、ing、ong、iang、iong、uang、ueng

8 个后鼻音韵母发音时，也先发元音，紧接着软腭下降，然后舌面后部抵住软腭发 ng，整个韵母发音完毕才除阻。

（二）**韵母的“四呼”**

普通话的全部韵母根据有没有韵头以及韵头的性质，又可以按“四呼”分类。“四呼”的分类如下。

开口呼：不是 i、u、ü 或不以 i、u、ü 开头的韵母。如 ɑ、ou、en、-i（前）、-i（后）等。

齐齿呼：韵母是 i 或以 i 开头的。

合口呼：韵母是 u 或以 u 开头的。

撮口呼：韵母是 ü 或以 ü 开头的。

从《普通话韵母总表》中，可以看出韵母两种分类的对应情况。

普通话韵母总表

按口形分 / 按结构分	开口呼	齐齿呼	合口呼	撮口呼
单韵母	-i[ɿ][ʅ]	i[i]	u[u]	ü[y]
	ɑ[A]	iɑ[iA]	uɑ[uA]	
	o[o]		uo[uo]	
	e[ɤ]			
	ê[ɛ]	ie[iɛ]		üe[yɛ]
	er[ɚ]			
复韵母	ɑi[ai]		uɑi[uai]	
	ei[ei]		uei[uei]	
	ɑo[ɑu]	iɑo[iɑu]		
	ou[ou]	iou[iou]		
鼻韵母	ɑn[an]	iɑn[iæn]	uɑn[uan]	üɑn[yæn]
	en[ən]	in[in]	uen[uən]	ün[yn]
	ɑng[ɑŋ]	iɑng[iɑŋ]	uɑng[uɑŋ]	
	eng[əŋ]	ing[iŋ]	ueng[uəŋ]	
			ong[uŋ]	iong[yŋ]

二、韵母辨正

和声母一样，广西各种方言和民族语言的韵母跟普通话韵母之间存在大大小小的不同。要想学好普通话，一定要注意各种韵母读音之间的分辨。

（一）**分辨不同的单韵母**

1. e 与 ê、o、uo 的分辨和练习

（1）e 的发音要领

受母语影响，广西人说普通话遇到 e 韵母字的时候，出现的问题比较多。当声母是舌尖后音时，常念成舌面前半低元音韵母 ê[ɛ]或复元音[iɛ]，例如“车 chē”读成[tɕ‘ɛ]，“社 shè”读成[ɕiɛ]，“惹 rě”读成[jɛ]，近似于普通话的“切”“邪”“野”；当声母是舌根音 g、k、h 时，常读成圆唇的 o，例如“个 gè”读成 gò，“科 kē”读成 kō，“贺 hè”读成 hò 等。有的东北人常把 bo、po 发成不圆唇的 be、pe，这些都是语音错误。e 在“得 dé”“特 tè”“格 gé”“客 kè”等音节中念成舌面前半低元音，是比较明显的语音缺陷。

广西人要注意掌握 e 的正确发音。e 和 o 都是舌面后半高元音韵母，舌位半高，舌头要后缩。不同的是，发 e 时嘴唇要自然展开，发 o 时嘴唇要圆。例如“饿 è”“哦 ò”。

（2）记忆方法

可以牢记普通话韵母 o 只会单独出现在零声母的叹词里，不跟辅音声母相拼，而且字很少，例如噢 ō、哦 ó、嚄 ǒ、哦 ò。汉语拼音书写形式 o 还出现在 b、p、m、f 这四个唇音声母后面，不过实际读音是复韵母 uo，例如“活 huó”“阔 kuò”“捉 zhuō”，以及“波 bō”“坡 pō”的韵母实际读音都是 uo。单元音 ê[ɛ]除单用在叹词“欸”中，只出现在复韵母 ie、üe 中，也不能单独跟声母相拼，所以 zh、ch、sh、r 后面不能读 ê[ɛ]。

（3）练习

①词语练习

e—o—uo

讷讷 nènè—默默 mòmò　　　　得失 déshī—博识 bóshí

特技 tèjì—簸箕 bòji
得到 dédào—多道 duōdào
特赦 tèshè—脱色 tuōsè
哪吒 Né · zhā—懦弱 nuòruò
勒索 lèsuǒ—啰唆 luō · suō
各科 gèkē—过客 guòkè
刻薄 kèbó—括号 kuòhào
喝水 hēshuǐ—祸水 huòshuǐ
贺词 hècí—获此 huòcǐ
这个 zhège—灼见 zhuójiàn
车技 chējì—啜泣 chuòqì
奢侈 shēchǐ—硕士 shuòshì
热能 rènéng—弱能 ruònéng
责骂 zémà—琢磨 zhuómó
侧面 cèmiàn—搓板 cuōbǎn
伯乐 bólè—菠萝 bōluó
薄荷 bòhe—薄弱 bóruò
折磨 zhé·mó—着墨 zhuómò
色泽 sèzé—所作 suǒzuò

勒索 lèsuǒ—摸索 mōsuǒ
得了 déle—堕落 duòluò
忐忑 tǎntè—谈妥 tántuǒ
乐得 lèdé—落得 luòde
乐观 lèguān—锣鼓 luógǔ
隔阂 géhé—果核 guǒhé
客户 kèhù—括弧 kuòhú
合辙 hézhé—或者 huòzhě
折射 zhéshè—拙舌 zhuōshé
车辙 chēzhé—绰绰 chuòchuò
社科 shèkē—说客 shuōkè
热火 rèhuo—弱化 ruòhuà
责怪 zéguài—作怪 zuòguài
测字 cèzì—挫折 cuòzhé
瑟缩 sèsuō—琐碎 suǒsuì
博得 bódé—剥夺 bōduó
破折 pòzhé—婆娑 pósuō
没落 mòluò—墨盒 mòhé
割破 gēpò—破格 pògé

②绕口令练习

Gě bó bo tè yǒu dé dú shū qiān wàn cè zhāi yào xiě xīn dé bó xué yuè lì
葛伯伯特有德，读书千万册，摘要写心得，博学阅历
duō gēn shuí dōu xié hé Gě bó bo bú zài jiā zhōng zuò yào shàng jiē qù mǎi
多，跟谁都谐和。葛伯伯不在家中坐，要上街去买
bǐ mò yù jiàn hǎo yǒu Zhuó Zé guó Zé guó lā zhe Gě bó bo jìn wū bǎ shuǐ hē
笔墨。遇见好友卓泽国，泽国拉着葛伯伯进屋把水喝，
èr rén tán de hěn suí hé huà jiù gé wài duō Gě bó bo hé Zhuó Zé guó yì tán
二人谈得很随和，话就格外多。葛伯伯和卓泽国，一谈
tán dào jī shàng wō Gě bó bo yě méi mǎi chéng bǐ hé mò
谈到鸡上窝，葛伯伯也没买成笔和墨。

③e-o-uo 的句子练习

hé ·gè mò mò de zuò
A.他在河床附近买了一块没人要的土地，一个人默默地工作。他

wèi le　　　　suǒ　　　　zhè
为了找金子,已把所有的钱都押在这块土地上。(作品9号《金子》)

de　　　　hé　　　　de
B. 地是湿的,大概涨潮时河水常常冲上岸去。"鸟的天堂"

wǒ zhè　　　　le　yí · gè　　　　bō zhe
里没有一只鸟,我这样想到。船开了,一个朋友拨着船,缓缓

de　　hé
地流到河中间去。(作品18号《鸟的天堂》)

2. er 与 e 的分辨和练习

(1) er 与 e 的发音要领

广西方言及壮话均无卷舌韵母,所以读儿化韵词语时,或无卷舌动作,或前后两部分有明显衔接痕迹。如有的人发不准 er,也不会读儿化韵母词语,因而把 er 读成了 e,无卷舌动作。

舌面央 e[ə]的发音是舌面隆起,舌尖不上翘。er 是卷舌韵母,发音时舌头前部和中部上抬,舌尖向后卷起,和硬腭前部相对。er 字的去声开口度比阳平略大,例如"二"开口度比"而"略大。

(2) er 的记音方法

普通话里所有读 er 韵母的字都是零声母音节,字不多,要把这些常见的字记住:而、儿、耳、饵、洱、尔、迩、二、贰。

(3) 练习

①er 和 e 词语练习

儿戏 érxì　　而且 érqiě　　尔后 ěrhòu　　迩来 ěrlái

耳朵 ěrduo　　饵料 ěrliào　　二胡 èrhú

讹诈 ézhà—儿化 érhuà　　扼杀 èshā—二傻 èrshǎ

余额 yú'é—鱼饵 yú'ěr　　恶心 ěxin—二心 èrxīn

阿谀 ēyú—而已 éryǐ　　鳄鱼 èyú—二姨 èryí

恶习 èxí—儿媳 érxí　　鹅黄 éhuáng—耳环 ěrhuán

噩耗 èhào——尔曹 ěrcáo

②绕口令练习

yào shuō　ěr　zhuān shuō　ěr　Mǎ ěr dài tū　Kā bù ěr　Ā ěr bā ní
要说"尔"专说"尔",马尔代夫,喀布尔,阿尔巴尼

yà　Zhā yī ěr　Sà ěr wǎ duō　Ní bó ěr
亚,扎伊尔,萨尔瓦多,尼泊尔。

Bó ěr ní Kǎ tǎ ěr Bèi ěr gé lái dé Ān dào ěr Lì bó wéi ěr Bān zhū
伯尔尼，卡塔尔，贝尔格莱德，安道尔；利伯维尔，班珠
ěr È guā duō ěr Sài shé ěr
尔，厄瓜多尔，塞舌尔。

Hā mì ěr dùn Ní rì ěr Shèng bǐ āi ěr Bā sī tè ěr Ā ěr jí lì yà de
哈密尔顿，尼日尔，圣彼埃尔，巴斯特尔；阿尔及利亚的
Ā ěr jí ěr Sài nèi jiā ěr de Dá kā ěr
阿尔及尔，塞内加尔的达喀尔。

③er 与 e 的句子练习

le de me zhě èr
A. 看了上述的报道，我突发奇想：为什么没有记者问“二十世
de me èr èr de
纪最糟糕的发明是什么？”其实二〇〇二年十月中旬，英国的一家报
le
纸就评出了“人类最糟糕的发明”。（作品 20 号《最糟糕的发明》）

sè le de hé
B. 绿色食品向人们提出了一个新的食品质量概念。其核心有三
de èr
方面的含义：一是安全，二是营养，三是好吃。（作品 26 号《绿色食品》）

3. 舌面 i 与舌尖前-i、舌尖后-i 的分辨和练习

（1）舌面 i 与舌尖前-i、舌尖后-i 的发音要领

说广西方言的人，发舌面 i 韵母不成问题（除桂北的兴安、全州、灌阳地区外）；而发舌尖前-i 对钦州的粤方言区来说有点儿困难；广西各汉语方言和民族语言均无翘舌声母和舌尖后元音，因此存在以下问题。

第一，把普通话的 zhi、chi、shi 读成了 zi、ci、si 或近似 ji、qi、xi 的舌叶音[tʃi tʃ'i ʃi]，ri 读成[zi]或[ji]。

第二，发不准 zhi、chi、shi，多表现为用舌尖发了声母后，舌面马上隆起以致把声母后面的元音发成舌面 i。舌尖后-i 的发音能力影响舌尖后声母 zh、ch、sh、r 的准确发音。

第三，能发准 ji、qi、xi，zhi、chi、shi，zi、ci、si，但分不清哪些字该发哪套音。

学习这 3 个韵母，要结合相应的声母一起练习。发舌尖前-i、舌

尖后-i这两个音时,嘴角呈自然轻松的状态。发舌面i时,舌尖放在下齿背,嘴角尽量向两旁展开;发舌尖前-i时,舌尖对着上齿背,振动声带,可延长zi、ci、si这3个音节的发音带出舌尖前-i。发舌尖后-i时,舌尖上翘接近硬腭前部,振动声带,可延长zhi、chi、shi的发音来带出舌尖后-i。

(2)舌面i与舌尖前-i、舌尖后-i的记忆方法

应记住普通话中,舌尖前-i只跟z、c、s这3个平舌声母相拼,舌尖后-i只跟zh、ch、sh、r这4个翘舌声母相拼,而舌面音i绝不跟这7个声母相拼。所以,发zi、ci、si、zhi、chi、shi、ri这些舌尖音节时,舌尖不要放到下齿背,以免带出舌面i的发音。

(3)练习

①舌面韵母i与舌尖韵母-i(前)、-i(后)词语对比练习

舌面i和舌尖前-i

集资 jízī—自己 zìjǐ	及此 jícǐ—磁极 cíjí	缉私 jīsī—司机 sījī
棋子 qízǐ—自弃 zìqì	其次 qícì—瓷器 cíqì	妻子 qīzi—自欺 zìqī
习字 xízì—自习 zìxí	系词 xìcí—慈禧 cíxǐ	细丝 xìsī—四喜 sìxǐ
字迹 zìjì—机子 jīzi	磁极 cíjí—几次 jǐcì	四季 sìjì—祭祀 jìsì
自给 zìjǐ—继子 jìzǐ	自欺 zìqī—杞子 qǐzǐ	仔细 zǐxì—席子 xízi
字词 zìcí—极其 jíqí	赐死 cìsǐ—气死 qìsǐ	私自 sīzì—袭击 xíjī
自此 zìcǐ—栖息 qīxī	自私 zìsī—计息 jìxī	四次 sìcì—吸气 xīqì

舌面i和舌尖后-i

机制 jīzhì	疾驶 jíshǐ	即日 jírì	技师 jìshī	忌日 jìrì
气质 qìzhì	启齿 qǐchǐ	其实 qíshí	昔日 xīrì	锡纸 xīzhǐ
西施 xīshī	稀释 xīshì	极致 jízhì	疾驰 jíchí	肢体 zhītǐ
事理 shìlǐ	时机 shíjī	世纪 shìjì	窒息 zhìxī	试题 shìtí
示例 shìlì	稚气 zhìqì	时期 shíqī	启示 qǐshì	试剂 shìjì
实际 shíjì	士气 shìqì	世袭 shìxí	知悉 zhīxī	制剂 zhìjì

舌尖前-i和舌尖后-i

自知 zìzhī—质子 zhìzǐ	此致 cǐzhì—至此 zhìcǐ
丝织 sīzhī—致死 zhìsǐ	自持 zìchí—赤子 chìzǐ
磁石 císhí—诗词 shīcí	私事 sīshì—誓死 shìsǐ

滋事 zīshì—师资 shīzī　　辞职 cízhí—值此 zhícǐ

自恃 zìshì—识字 shízì　　资质 zīzhì—侄子 zhízi

姿势 zīshì—誓词 shìcí　　次日 cìrì—日子 rìzi

②绕口令练习

gōng yuán yǒu sì pái shí shī zi měi pái shì shí sì zhī dà shí shī zi měi zhī dà
公园有四排石狮子，每排是十四只大石狮子，每只大
shí shī zi bèi · shàng shì yì zhī xiǎo shí shī zi měi zhī dà shí shī zi jiǎo biān shì sì
石狮子背上是一只小石狮子，每只大石狮子脚边是四
zhī xiǎo shí shī zi shǐ lǎo shī lǐng sì shí sì gè xué shēng qù shǔ shí shī zi nǐ shuō
只小石狮子，史老师领四十四个学生去数石狮子，你说
gòng shǔ chū jǐ zhī dà shí shī zi hé jǐ zhī xiǎo shí shī zi
共数出几只大石狮子和几只小石狮子？

③i、-i(前)、-i(后)的句子练习

jì yí cì qí zì
A. 我记得妈有一次叫他教我骑自行车。我叫他别放手，但他却
shì shí zhī
说是应该放手的时候了。我摔倒之后，妈跑过来扶我，爸却挥手要她
shí qì jí shì
走开。我当时生气极了，决心要给他点儿颜色看。于是我马上爬上
zì zì jǐ qí zhǐ shì
自行车，而且自己骑给他看。他只是微笑。(作品4号《父亲的爱》)

sī qǐ shì shì
B. 发丝的飘起如同梦幻，它们是波光粼粼的，是乌黑发亮的，
shì jí yì shì yì
是柔顺到了极点的，并且因为每一根都是那么圆润和飘逸而性感
shí shì shì xì xì
十足。广告是展示细节注重细节的开创者，它远远胜过了电影，仅
xì shì
仅就欣赏细节而言，广告是绝妙的。(作品28号《感受电视》)

（二）分辨韵腹的舌位高低圆展

1. 复韵母、鼻韵母中韵腹的分辨和练习

（1）韵腹发音辨析

韵腹发音的偏误常出现在韵头、韵尾相同而韵腹元音舌位高低不同的韵母，例如 ai—ei、uai—uei、ao—ou、iao—iou、an—en、uan—

uen、ia—ie、ian—in、üan—ün、ang—eng。有的广西人学说普通话会出现高低主要元音相混的情况，例如桂柳人把“白”念成 bei，粤方言区人把“够”念成近似 gao，有的桂北湘方言区人和一部分粤语区人把“烟”念成 in。普通话中念 ei 韵母的字，一部分广西人因受母语影响，有的入声字可能念成单韵母 e，比如把“黑 hēi”说成 hé，把“北 běi”说成 bé 的。应记住下列字的韵母是 ei：肋、勒（勒紧）、贼、北、黑。

ei 和 uei 的主要元音是舌面后半高不圆唇元音 e（舌位稍靠后略低），发这个元音时，舌位不要放松下降，不要发成了 ê。ai 和 uai 的韵腹则明显也是前元音，但比 ei 韵腹低多了，要分清两组韵母中的韵腹舌位的高低不同。

ao 和 iao 的主要元音是后 ɑ，后 ɑ 的发音比单元音 ɑ 舌位要靠后。广西人要避免把后 ɑ 发得靠前靠上。ou 和 iou 的主要元音舌位接近中央元音[ə]，唇形略圆，ou 韵母动程较小，说白话的人往往以本方言的[eu]代替普通话的 ou，应注意纠正。iou 发音过程中，舌位先降后升，曲折幅度较大，白话、平话及客家话有[iu]，因而读普通话的 iou，或是中间元音消失读成[iu]，或是主要元音发得过低读成[ieu]，有点近似普通话的 iao 了。

（2）练习

①韵腹词语对比练习

ai—ei

百倍 bǎibèi—北碚 běibèi　　拍卖 pāimài—配备 pèibèi
代培 dàipéi—退赔 tuìpéi　　白费 báifèi—北非 běifēi
败笔 bàibǐ—卑鄙 bēibǐ　　摆布 bǎi · bù—北部 běibù
柏树 bǎishù—倍数 bèishù　　买卖 mǎimài—美美 měiměi
埋藏 máicáng—煤仓 méicāng　　改易 gǎiyì—给以 gěiyǐ
海河 hǎihé—黑河 hēihé　　再犯 zàifàn—贼风 zéifēng

uai—uei

怪胎 guàitāi—鬼胎 guǐtai　　怀揣 huáichuāi—荟萃 huìcuì
坏蛋 huàidàn—汇单 huìdān　　怪话 guàihuà—规划 guīhuà
摔跤 shuāijiāo—睡觉 shuìjiào　　快信 kuàixìn—亏心 kuīxīn

ao—ou

刀匠 dāojiàng—豆浆 dòujiāng　刀鞘 dāoqiào—陡峭 dǒuqiào
高档 gāodàng—勾当 gòu · dàng　告知 gàozhī—购置 gòuzhì
拷贝 kǎobèi—口碑 kǒubēi　号衣 hàoyī—后裔 hòuyì
少女 shàonǚ—授予 shòuyǔ　烧火 shāohuǒ—收获 shōuhuò
哨所 shàosuǒ—收缩 shōusuō　昭然 zhāorán—骤然 zhòurán
照理 zhàolǐ—妯娌 zhóuli　招集 zhāojí—舟楫 zhōují

iao—iou

焦躁 jiāozào—酒糟 jiǔzāo　角楼 jiǎolóu—酒楼 jiǔlóu
侨乡 qiáoxiāng—秋香 qiūxiāng　求教 qiújiào—求救 qiújiù
生效 shēngxiào—生锈 shēngxiù　铁桥 tiěqiáo—铁球 tiěqiú
摇动 yáodòng—游动 yóudòng　耀眼 yàoyǎn—右眼 yòuyǎn
药片 yàopiàn—诱骗 yòupiàn　小灶 xiǎozào—小舅 xiǎojiù
消息 xiāoxi—休息 xiūxi　小角 xiǎojiǎo—修脚 xiūjiǎo

an—en

感伤 gǎnshāng—跟上 gēn · shàng　寒暄 hánxuān—很玄 hěnxuán
蛮干 mángàn—焖饭 mènfàn　犯法 fànfǎ—奋发 fènfā
赞叹 zàntàn—侦探 zhēntàn　残次 cáncì—参差 cēncī
延伸 yánshēn—人参 rénshēn　山林 shānlín—深林 shēnlín
瞻仰 zhānyǎng—怎样 zěnyàng　三盏 sānzhǎn—伸展 shēnzhǎn
肝肾 gānshèn—根深 gēnshēn　翻身 fānshēn—分身 fēnshēn

uan—uen

关注 guānzhù—滚珠 gǔnzhū　宽厚 kuānhòu—困惑 kùnhuò
缓慢 huǎnmàn—昏暗 hūn'àn　转述 zhuǎnshù—准数 zhǔnshù
乱串 luànchuàn—轮船 lúnchuán　传播 chuánbō—春播 chūnbō
传神 chuánshén—春笋 chūnsǔn
传闻 chuánwén—纯真 chúnzhēn
栓剂 shuānjì—顺气 shùnqì　断顿 duàndùn—困顿 kùndùn
专论 zhuānlùn—转瞬 zhuǎnshùn　晚婚 wǎnhūn—紊乱 wěnluàn

ia—ie

假设 jiǎshè—结舌 jiéshé　恰巧 qiàqiǎo—窃笑 qièxiào
狭小 xiáxiǎo—邪笑 xiéxiào　家畜 jiāchù—接触 jiēchù

遐想 xiáxiǎng—斜向 xiéxiàng　　雅言 yǎyán—夜宴 yèyàn

佳节 jiājié—结痂 jiéjiā　　嫁接 jiàjiē—接洽 jiēqià

假借 jiǎjiè—解甲 jiějiǎ　　下野 xiàyě—腋下 yèxià

虾蟹 xiāxiè—歇夏 xiēxià　　押解 yājiè—解压 jiěyā

ian—in

艰险 jiānxiǎn—尽心 jìnxīn　　前线 qiánxiàn—亲信 qīnxìn

显现 xiǎnxiàn—信心 xìnxīn　　艰辛 jiānxīn—音信 yīnxìn

现用 xiànyòng—信用 xìnyòng　　眼见 yǎnjiàn—引荐 yǐnjiàn

监禁 jiānjìn—进谏 jìnjiàn　　坚信 jiānxìn—信笺 xìnjiān

先秦 xiānqín—琴弦 qínxián　　前进 qiánjìn—勤俭 qínjiǎn

潜心 qiánxīn—心弦 xīnxián　　烟云 yānyún—阴云 yīnyún

üan—ün

选景 xuǎnjǐng—巡警 xúnjǐng

权重 quánzhòng—群众 qúnzhòng

宣誓 xuānshì—巡视 xúnshì　　元宵 yuánxiāo—云霄 yúnxiāo

全军 quánjūn—军犬 jūnquǎn　　源泉 yuánquán—均匀 jūnyún

ang—eng

帮带 bāngdài—绷带 bēngdài　　掌柜 zhǎngguì—正规 zhèngguī

防腐 fángfǔ—丰富 fēngfù　　刚正 gāngzhèng—更正 gēngzhèng

钢架 gāngjià—更加 gèngjiā　　钢铁 gāngtiě—更迭 gēngdié

芒果 mángguǒ—盟国 méngguó　　账册 zhàngcè—政策 zhèngcè

赃物 zāngwù—憎恶 zēngwù

②绕口令练习

dà mèi hé xiǎo mèi yì qǐ qù shōu mài dà mèi gē dà mài xiǎo mèi gē xiǎo mài dà mèi bāng xiǎo mèi tiāo xiǎo mài xiǎo mèi bāng dà mèi tiāo dà mài dà mèi xiǎo mèi shōu wán mài pī pī pā pā qí dǎ mài

大妹和小妹，一起去收麦。大妹割大麦，小妹割小麦。大妹帮小妹挑小麦，小妹帮大妹挑大麦。大妹小妹收完麦，噼噼啪啪齐打麦。

2. eng、ong、ueng、iong 的分辨和练习

（1）eng、ong、ueng、iong 发音辨析

广西各方言没有 ueng 韵母，说普通话时有人常把 ueng 说成

ong，或 ueng、iong 相混，例如把"主人翁 zhǔrénwēng"说成 zhǔrén'ōng，把"蕹菜 wèngcài"说成 òngcài。有时矫枉过正，会把 weng 说成 yong。另外，有的广西人说普通话时常把唇音声母拼 eng 韵母的字错说成了韵母 ong，例如把"梦 mèng"说成 mòng，把"风 fēng"说成 fōng。

eng 和 ong 的发音区别在于唇形，eng 发音时嘴角要向两旁展开，ong 发音时嘴唇要拢圆成一个小孔，嘴唇紧张；eng 和 ong 发音共同点都是舌体后缩，舌面后部抬高，发 e 或 o 之后软腭下降与软腭闭合，使在口腔受到阻碍的气流从鼻腔流出去。ueng 是在 eng 前加上圆唇元音 u，从圆唇 u 到不圆唇的 eng 有个唇形的变化过程。ueng 和 ong 的发音区别在于唇形的变化，ong 的发音一直保持圆唇。ueng 与 iong 的发音都是圆唇开头，不同的是 ueng 的舌位一直靠后，iong 的舌位由前向后滑动。

（2）eng、ong、ueng 的记忆方法

普通话中，ueng 和 ong 在跟声母关系上是一对互补的韵母，ong 不能充当零声母音节，只出现在辅音声母的后面；ueng 只充当零声母音节，书写形式只有一种 weng。普通话中读 weng 韵母的字很少，应记住这些字的读音：翁、嗡、蓊、瓮、蕹。

从声韵拼合规律看，合口呼韵母 ong 虽然必须跟辅音声母相拼，但不能跟唇音声母 b、p、m、f 相拼；开口呼 eng 则可以跟唇音声母相拼。应当把唇音声母字"泵、碰、梦、凤"的韵母读成 eng，不能读成 ong。

（3）练习

①eng、ong、ueng、iong 词语对比练习

eng—ong

风声 fēngshēng—东升 dōngshēng

蹦跶 bèngda—洞达 dòngdá

碰撞 pèngzhuàng—冻伤 dòngshāng

猛烈 měngliè—浓烈 nóngliè

weng—iong—ong

翁仲 wēngzhòng—臃肿 yōngzhǒng

翁婿 wēngxù—拥挤 yōngjǐ

蓊郁 wěngyù—勇于 yǒngyú

瓮城 wèngchéng—邕城 yōngchéng

蕹菜 wèngcài—庸才 yōngcái

嗡嗡响 wēngwēngxiǎng—轰轰响 hōnghōngxiǎng

瓮声瓮气 wèngshēngwèngqì

②绕口令练习

Qīng lóng dòng zhōng lóng zuò mèng Qīnglóngzuò mèng chū lóng dòng zuò
青龙洞中龙做梦，青龙做梦出龙洞，做
le qiān nián wàn zǎi mèng lóng dòng kùn lóng zài shēn dòng zì cóng lái le xīn
了千年万载梦，龙洞困龙在深洞。自从来了新
Yú gōng Yú gōng tǒng kāi Qīng lóng dòng Qīng lóng dòng zhōng yǒng chū lóng
愚公，愚公捅开青龙洞。青龙洞中涌出龙，
lóng qù nóng tián zuò nóng gōng
龙去农田做农工。

③eng、ong、ueng、iong 的句子练习

A. 落光了叶子的柳树上，挂满了毛茸茸(róngróng)亮晶晶的银条儿；而那些冬(dōng)夏常青的松(sōng)树和柏树上，则挂满了蓬松松(péngsōngsōng)沉甸甸的雪球儿。一阵风(fēng)吹来，树枝轻轻地摇晃，美丽的银条儿和雪球儿簌簌地落下来，玉屑似的雪末儿随风(fēng)飘扬，映着清晨的阳光，显出一道道五光十色的彩虹(hóng)。（作品 2 号《第一场雪》）

B. 离开家乡已经六年了，在梦(mèng)里也想念那条小河。我在那里长大，在那里经历风(fēng)雨，小河知道童(tóng)年的我所经历的一切。（作品 13 号《小河》）

（三）分辨韵头的有无和异同

韵头也叫介音，普通话韵母中有 i、u、ü 这 3 个韵头，分别处在齐齿呼、合口呼和撮口呼韵母开头。

1. 齐齿呼韵母避免丢失韵头 i

（1）齐齿呼韵母的发音

有的说粤方言和平话的人说普通话带 ia、ie、iao、iou、iang、iong 韵母的字时，常不带韵头 i，或读不好有韵头的韵母，这很大程度是由于用粤方言的舌尖前或舌根音声母代替普通话的舌面音声母 j、q、x 而形成的语音错误。例如“下 xià”说成近似 sà，“穷 qióng”说成近似 cóng，“凶 xiōng”说成近似 sōng，“郊 jiāo”说成 gāo，“九 jiǔ”说成“狗 gǒu”，等等。

这就要注意分辨韵头的有无和发音特点。读带韵头的齐齿呼音节时，舌尖必须抵住下齿背，不能接触上齿，舌面要隆起，使舌位从 i 开始，迅速向主要元音及韵尾的舌位滑动。练习者在未熟练阶段可适当延长声母和 i，再往韵腹滑动。例如 xi—a—xia，qi—ong—qiong。

韵母 iong 的发音是在 ong 前加上一段由高元音 i 开始的动程。因受后面圆唇音的影响，音节前的 i 也带上圆唇动作，实际发音时，同以 ü 开始的韵母没有多大差别，所以可以用宽式音标描写为[yŋ]。传统汉语语音学把 iong 归属撮口呼。

（2）齐齿呼韵母的正音

分辨哪些字的韵母是带齐齿呼韵头的字，可以看声母，只要是舌尖声母 zh、ch、sh、r、z、c、s 和舌根音声母 g、k、h 的字，韵母肯定没有齐齿呼韵头，双唇音声母也不跟齐齿呼中的 ia、iou、iang 相拼，只有舌面音声母 j、q、x 才有可能跟齐齿呼韵母和 iong 相拼。记住一些以 jia、jiao、jiu、jiang 作偏旁的字，以便偏旁类推。例如：加—枷痂，交—胶跤狡绞皎校，久—玖疚灸，将—浆奖桨，等等。

（3）齐齿呼韵母练习

①齐齿呼韵母词语对比练习

ia—a

拔下 bá · xià	大家 dàjiā	打假 dǎjiǎ
拉架 lājià	马牙 mǎyá	杀价 shājià
袈裟 jiāshā	加法 jiāfǎ	压榨 yāzhà

iao—ao

交稿 jiāogǎo	叫好 jiàohǎo	小灶 xiǎozào

消耗 xiāohào　　孝道 xiàodào　　药膏 yàogāo
笑貌 xiàomào　　皂角 zàojiǎo　　抄表 chāobiǎo
超标 chāobiāo　　烧焦 shāojiāo　　扫描 sǎomiáo

iou—ou

纽扣 niǔkòu　　扭头 niǔtóu　　六楼 liùlóu
流寇 liúkòu　　九州 jiǔzhōu　　酒后 jiǔhòu
久候 jiǔhòu　　就走 jiùzǒu　　求偶 qiú'ǒu
袖口 xiùkǒu　　邮购 yóugòu　　油篓 yóulǒu
有谋 yǒumóu　　右手 yòushǒu　　逗留 dòuliú

an—ian

案件 ànjiàn　　干线 gànxiàn　　看见 kàn · jiàn　　罕见 hǎnjiàn
搬迁 bānqiān　　攀岩 pānyán　　慢件 mànjiàn　　缆线 lǎnxiàn

iang—ang

长江 chángjiāng—厂长 chǎngzhǎng
两读 liǎngdú—朗读 lǎngdú
坚强 jiānqiáng—舰长 jiànzhǎng
边疆 biānjiāng—篇章 piānzhāng
偏向 piānxiàng—偏上 piānshàng
烧香 shāoxiāng—烧伤 shāoshāng
香甜 xiāngtián—桑田 sāngtián
相见 xiāngjiàn—商鉴 shāngjiàn

疆场 jiāngchǎng　　奖赏 jiǎngshǎng　　两张 liǎngzhāng
亮堂 liàngtang　　乡长 xiāngzhǎng　　向往 xiàngwǎng
像章 xiàngzhāng　　帮腔 bāngqiāng　　长枪 chángqiāng
畅想 chàngxiǎng　　荡桨 dàngjiǎng　　钢枪 gāngqiāng
商量 shāngliang　　上将 shàngjiàng　　荡漾 dàngyàng

iong—ong

迥异 jiǒngyì—综艺 zōngyì
迥然 jiǒngrán—纵然 zòngrán
穹窿 qiónglóng—葱茏 cōnglóng
凶暴 xiōngbào—送报 sòngbào

穷忙 qióngmáng—匆忙 cōngmáng

琼剧 qióngjù—从句 cóngjù

凶器 xiōngqì—送气 sòngqì

穷酸 qióngsuān—葱蒜 cōngsuàn

凶手 xiōngshǒu—松手 sōngshǒu

兄弟 xiōngdì—送抵 sòngdǐ

胸襟 xiōngjīn—松紧 sōngjǐn

胸中 xiōngzhōng—怂恿 sǒngyǒng

熊腰 xióngyāo—送交 sòngjiāo

涌动 yǒngdòng—冬泳 dōngyǒng

臃肿 yōngzhǒng—重用 zhòngyòng

英雄 yīngxióng—棕熊 zōngxióng

②绕口令练习

shuǐ · shàng piāo zhe yì zhī biǎo biǎo · shàng luò zhe yì zhī niǎo

A. 水上漂着一只表，表上落着一只鸟。

niǎo kàn biǎo biǎo dèng niǎo niǎo bú rèn shi biǎo biǎo yě bú rèn shi niǎo

鸟看表，表瞪鸟，鸟不认识表，表也不认识鸟。

yì hú lu jiǔ jiǔ liǎng liù yì hú lu yóu liù liǎng jiǔ liù liǎng jiǔ de

B. 一葫芦酒，九两六。一葫芦油，六两九。六两九的

yóu yào huàn jiǔ liǎng liù de jiǔ jiǔ liǎng liù de jiǔ bú huàn liù liǎng jiǔ de yóu

油，要换九两六的酒，九两六的酒，不换六两九的油。

③齐齿呼韵母的句子练习

yào jiàn xiào jìng xiǎo xiǎo yīng yǒng

A. 是啊，请不要见笑。我崇敬那只小小的、英勇

niǎor jìng liàng

的鸟儿，我崇敬它那种爱的冲动和力量。（作品22号《麻雀》）

yàng biǎo yì jiā qià xiāng

B. 爸不懂得怎样表达爱，使我们一家人融洽相处的是我

tiān xià liè

妈。他只是每天上班下班，而妈则把我们做过的错事开列清单，然后

yóu

由他来责骂我们。（作品4号《父亲的爱》）

2. 避免撮口呼和齐齿呼混淆

（1）撮口呼和齐齿呼的分辨和发音

广西部分白话，如钦州、合浦、北海、百色等地的白话，以及客家话、壮话大都无撮口呼韵母，因而说普通话时，有人会把撮口呼 ü 开头的字读成 i 开头的字。如“区 qū”读成 qī，“须 xū”读成 xī，“绝 jué”读成 jié，“确 què”读成 qiè，“学 xué”读成 xié，“全 quán”读成 qián，“云 yún”和“银 yín”读成同音，“源泉 yuánquán”读成 yánqián，“军训 jūnxùn”读成 jīnxìn。

要发好撮口呼韵母并不难，撮口呼和齐齿呼的舌位是一样的，区别只在于唇形不一样。撮口呼的发音在 i 发音的基础上，保持舌位不变，再把嘴唇拢圆就行了。

（2）撮口呼和齐齿呼练习

①撮口呼和齐齿呼词语对比练习

ü—i

雨 yǔ—以 yǐ　居 jū—机 jī　区 qū—七 qī　虚 xū—溪 xī

龃龉 jǔyǔ—记忆 jìyì　屈居 qūjū—契机 qìjī

须臾 xūyú—希冀 xījì　序曲 xùqǔ—戏曲 xìqǔ

局域 júyù—给予 jǐyǔ　布局 bùjú—不急 bùjí

伴侣 bànlǚ—办理 bànlǐ　分区 fēnqū—分期 fēnqī

拒绝 jùjué—季节 jìjié　旅程 lǚchéng—里程 lǐchéng

名誉 míngyù—名义 míngyì　荣誉 róngyù—容易 róngyì

实据 shíjù—实际 shíjì　渔船 yúchuán—遗传 yíchuán

渔民 yúmín—移民 yímín　遇见 yù · jiàn—意见 yì · jiàn

连续 liánxù—联系 liánxì　绿带 lǜdài—历代 lìdài

京剧 jīngjù—经历 jīnglì　絮语 xùyǔ—细雨 xìyǔ

愈合 yùhé—议和 yìhé　大鱼 dàyú—大姨 dàyí

如玉 rúyù—如意 rúyì　食欲 shíyù—十亿 shíyì

üe—ie

粤 yuè—页 yè　绝 jué—节 jié　却 què—怯 qiè　穴 xué—斜 xié

蕨叶 juéyè—节约 jiéyuē　缺页 quēyè—结业 jiéyè

决绝 juéjué—结节 jiéjié　确切 quèqiè　决裂 juéliè　诀别 juébié

月夜 yuèyè　灭绝 mièjué　孑孓 jiéjué　解决 jiějué　血液 xuèyè

雪夜 xuěyè　学业 xuéyè　越野 yuèyě

üan—ian

园 yuán—严 yán　　娟 juān—间 jiān

拳 quán—钱 qián　　玄 xuán—咸 xián

渊源 yuānyuán—演员 yǎnyuán　　捐钱 juānqián—健全 jiànquán

怨言 yuànyán—咽炎 yānyán　　全员 quányuán—前沿 qiányán

泉眼 quányǎn—前缘 qiányuán　　轩辕 xuānyuán—闲员 xiányuán

源泉 yuánquán—烟圈 yānquān　　捐献 juānxiàn—艰险 jiānxiǎn

权限 quánxiàn—前贤 qiánxián

ün—in

晕 yūn—音 yīn　峻 jùn—进 jìn　裙 qún—勤 qín　熏 xūn—昕 xīn

军训 jūnxùn—尽心 jìnxīn　　逡巡 qūnxún—亲信 qīnxìn

寻衅 xúnxìn—信心 xìnxīn　　俊秀 jùnxiù—进修 jìnxiū

韵律 yùnlǜ—阴历 yīnlì　　晕倒 yūndǎo—引导 yǐndǎo

云霓 yúnní—印泥 yìnní　　均量 jūnliàng—尽量 jǐnliàng

巡礼 xúnlǐ—心理 xīnlǐ

②绕口令练习

lǎo Lǚ hé lǎo Xú shàng jiē qù mǎi yú zǒu dào bàn lù tiān xià yǔ èr rén dōu méi dài yǔ jù gù bu de shàng jiē qù mǎi yú xiān zhǎo dì fang qù duǒ yǔ

A. 老吕和老徐，上街去买鱼，走到半路天下雨。二人都没带雨具，顾不得上街去买鱼，先找地方去躲雨。

Yù Jué zài wū wài sǎo jī xuě Bái Xuě zài wū li xiě zuò yè Bái Xuě jiàn Yù Jué zài wū wài sǎo jī xuě jué dìng fàng xià shǒu li de zuò yè qù xié zhù Yù Jué sǎo jī xuě Bái Xuě hé Yù Jué sǎo wán le jī xuě zuò zuò yè

B. 玉珏在屋外扫积雪，白雪在屋里写作业。白雪见玉珏在屋外扫积雪，决定放下手里的作业，去协助玉珏扫积雪。白雪和玉珏，扫完了积雪做作业。

nán yǎn yuán nǚ yǎn yuán tóng tái yǎn xì shuō fāng yán nán yǎn yuán shuō wú yǔ nǚ yǎn yuán shuō mǐn yǔ nán yǎn yuán yǎn yuǎn dōng lǚ xíng fēi xíng yuán nǚ yǎn yuán yǎn Lǔ Xùn wén xué yán jiū yuán yán jiū yuán fēi xíng

C. 男演员，女演员，同台演戏说方言。男演员说吴语，女演员说闽语。男演员演远东旅行飞行员，女演员演鲁迅文学研究员。研究员，飞行

yuán　wú fāng yán　mǐn fāng yán　nǐ shuō nán nǚ yǎn yuán yǎn de quán bù quán
员，吴方言，闽方言，你说男女演员演得全不全？

③撮口呼句子练习

xuě　yǔ
A. 雪纷纷扬扬，下得很大。开始还伴着一阵儿小雨，不久就只见
xuě　yún
大片大片的雪花，从彤云密布的天空中飘落下来。地面上一会儿就白
jù　xuě
了。冬天的山村，到了夜里就万籁俱寂，只听得雪花簌簌地不断往下
xuě
落，树木的枯枝被雪压断了，偶尔咯吱一声响。（作品2号《第一场雪》）

lǜ　lǜ
B. 小车在层峦叠嶂中穿行，两旁是密密层层的参天绿树：苍绿的
lǜ　xǔ xǔ
是松柏，翠绿的是竹子，中间还有许许多多不知名的、色调深浅不同
lǜ　lǜ
的绿树，衬以遍地的萋萋的芳草。“绿”把我包围起来了。我从惊喜
yuè　lǜ
而沉入恬静，静默地、欢悦地陶醉在这铺天盖地的绿色之中。（作品29号《绿的歌》）

3. 避免丢失合口呼韵母的韵头 u

（1）uai、uei、uen 等合口呼的发音和分辨

有的说粤方言和平话的人，因受方言影响，说普通话合口呼韵母时会丢失韵头 u，例如“抓”读为 zā，“关”读为 gān，“怪”读为 gài，“葵”读为 kéi。有的地方虽然发韵头时似乎有拢圆的迹象，但 u 圆唇度不够圆。有的说桂柳官话的人说普通话时，常把普通话合口呼韵母 uei、uen 的韵头 u 丢失，例如“堆”读为 dēi，“退”读为 tèi，“损”读为 sěn，“论”读为 lèn。其他合口呼韵母在有的广西人口里，发音时圆唇紧张度不够，唇形偏松，例如 uo、uan、uang 韵母。

掌握正确的读音，应当注意韵头发音时的唇形要稍用力，普通话合口呼的圆唇程度比一般方言区人说的合口呼韵母小一些，圆一些。唇音声母与 o 相拼的音节“波 bō”“坡 pō”“摸 mō”“佛 fó”，虽然汉语拼音书写时 o 前不加 u，但实际读音中也应略带韵头 u 的发音。

(2) 韵头 u 的记音方法

说粤方言、平话、桂柳官话的人说普通话时,要练习说准合口呼韵母的读音,可以用从与舌尖声母的拼合关系来熟悉 uai 和 ai、uei 和 ei。

	d	t	n	l	z	c	s	zh	ch	sh	r
ai	+	+	+	+	+	+	+	+	+	+	−
uai	−	−	−	−	−	−	−	+	+	+	−
ei	−	−	+	+	−	−	−	−	−	−	−
uei	+	+	−	−	+	+	+	+	+	+	+

例外:得 děi、贼 zéi、这 zhèi、谁 shéi。

"得、贼、这、谁"是舌尖声母与韵母 ei 相拼的极少数音节,并不难记。其中"得、这、谁"有两个或两个以上读音。"得"读 děi,是"必须,需要"的意思,如"你得注意点儿"。"谁"有文白两个读音,两读均可。一般来说,口语多说 shéi。"这"读 zhèi,本是"这一"的合音,但指数量时不限于一,如这个、这些、这几年。

也有相反的情况。一些合口呼字在普通话中已演变为开口呼,而在方言中仍读合口呼,如"类、累、泪、雷、垒"等字,在普通话中,这些字应该读开口呼韵母 ei,不读 uei。

(3) 合口呼韵头练习

合口呼共有 10 个韵母,这里只列出 ua、uo、uai、uei、uen 的词语练习,u、uan、uang、ueng、ong 的词语练习请看相关部分。

①合口呼和开口呼韵母词语对比练习

ua—a

瓜 guā—嘎 gā	夸 kuā—喀 kā	花 huā—哈 hā
抓 zhuā—渣 zhā	欻 chuā—插 chā	刷 shuā—沙 shā
瓜分 guāfēn	挂号 guàhào	跨越 kuàyuè
刮脸 guāliǎn	瓜葛 guāgé	挂帅 guàshuài
刷洗 shuāxǐ	抓举 zhuājǔ	抓紧 zhuājǐn

uai—ai

乖 guāi—该 gāi	拐 guǎi—改 gǎi	怪 guài—盖 gài
块 kuài—忾 kài	淮 huái—孩 hái	拽 zhuài—债 zhài
揣 chuāi—拆 chāi	摔 shuāi—筛 shāi	

乖巧 guāiqiǎo—盖桥 gàiqiáo　快餐 kuàicān—开餐 kāicān
怀抱 huáibào—海报 hǎibào　怪罪 guàizuì—改嘴 gǎizuǐ
快板 kuàibǎn—开办 kāibàn　坏道 huàidào—海盗 hǎidào
拽住 zhuàizhù—债主 zhàizhǔ　揣度 chuǎiduó—柴垛 cháiduò
衰亡 shuāiwáng—晒网 shàiwǎng

uei—ei

鬼 guǐ—给 gěi　亏 kuī—剋 kēi　灰 huī—黑 hēi
坠 zhuì—这 zhèi　谁 shuí—谁 shéi

堆肥 duīféi　颓废 tuífèi　税费 shuìfèi　垂泪 chuílèi
愧对 kuìduì　兑水 duìshuǐ　退税 tuìshuì　汇兑 huìduì
醉鬼 zuìguǐ　罪魁 zuìkuí　追随 zhuīsuí　摧毁 cuīhuǐ
虽然 suīrán　岁月 suìyuè　遂心 suìxīn　鬼祟 guǐsuì

uen—en

棍 gùn—亘 gèn　捆 kǔn—肯 kěn　魂 hún—痕 hén
谆 zhūn—真 zhēn　纯 chún—晨 chén　吮 shǔn—沈 shěn
润 rùn—任 rèn

墩布 dūnbù　顿挫 dùncuò　吞噬 tūnshì　臀围 túnwéi
滚珠 gǔnzhū　昆仑 kūnlún　混沌 hùndùn　论文 lùnwén
伦理 lúnlǐ　轮流 lúnliú　准备 zhǔnbèi　顺序 shùnxù
尊敬 zūnjìng　村寨 cūnzhài　存储 cúnchǔ　寸金 cùnjīn
孙女 sūn·nǚ　损坏 sǔnhuài

②绕口令练习

huì dùn wǒ de dùn dòng dòu fu　lái dùn wǒ de dùn dòng dòu fu　bú huì dùn
会炖我的炖冻豆腐，来炖我的炖冻豆腐，不会炖
wǒ de dùn dòng dòu fu　jiù bié dùn wǒ de dùn dòng dòu fu　yào shi hùn chōng
我的炖冻豆腐，就别炖我的炖冻豆腐。要是混充
huì dùn wǒ de dùn dòng dòu fu　dùn huài le wǒ de dùn dòng dòu fu　nà jiù chī·
会炖我的炖冻豆腐，炖坏了我的炖冻豆腐，那就吃
bù chéng wǒ de dùn dòng dòu fu
不成我的炖冻豆腐。

③uai、uei、uen 的句子练习

duì　duì　duì
A. 不仅有对学生的爱，对书籍的爱，对知识的爱，还有教师才能

感受到的对(duì)“特别”学生的爱。(作品 25 号《我为什么当教师》)

B. 就这样,卡廷先生以乡下人的淳(chún)朴,保护了一个小男孩儿强烈的自尊(zūn)。(作品 14 号《迷途笛音》)

4. 避免合口呼和撮口呼混淆

(1) 合口呼和撮口呼的发音

广西有的方言会混淆合口呼和撮口呼韵母,粤方言和柳州话会把“主 zhǔ”读成 jǔ,“出 chū”读成 qū,“书 shū”读成 xū。桂北有的地方会把“续 xù”读成 sù,把“专 zhuān”读成 juān,“穿 chuān”读成 quān。

合口呼和撮口呼的区别在于舌位前后不同和圆唇程度不同。合口呼是后元音,撮口呼是前元音,将 u 和 ü 连着连续发音,就能体会这两个元音舌位的前后不同。另外由于撮口呼舌位靠前,它的唇形就收拢得更小。

(2) 合口呼和撮口呼的记音方法

合口呼和撮口呼的正音很容易,这两类韵母跟声母的拼合关系是互补的,能跟撮口呼韵母相拼的声母只有 j、q、x 和 n、l,跟其他声母相拼的只能是合口呼,例如“补 bǔ”“古 gǔ”“穿 chuān”“尊 zūn”。当撮口呼与 j、q、x 相拼时,汉语拼音书写形式省写了 ü 头上的两点,看起来“关 guān”“棍 gùn”的韵母似乎跟“娟 juān”“君 jūn”的韵母相同,实际上分别代表了合口呼和撮口呼,读音是不同的。

(3) 练习

①合口呼和撮口呼词语对比练习

u—ü

住院 zhùyuàn—剧院 jùyuàn　　出版 chūbǎn—祛斑 qūbān

书本 shūběn—续本 xùběn　　出去 chū · qù—驱除 qūchú

储蓄 chǔxù—祛暑 qūshǔ

处女 chǔnǚ　抚恤 fǔxù　复句 fùjù　谷雨 gǔyǔ　故居 gùjū

录取 lùqǔ　陆续 lùxù　牧区 mùqū　母语 mǔyǔ　沐浴 mùyù

uan—üan

专款 zhuānkuǎn—捐款 juānkuǎn

传遍 chuánbiàn—泉边 quánbiān

拴住 shuānzhù—劝住 quànzhù

钻研 zuānyán—卷烟 juǎnyān

窜逃 cuàntáo—圈套 quāntào

酸甜 suāntián—喧天 xuāntiān

赚钱 zhuànqián—捐钱 juānqián

串联 chuànlián—全连 quánlián

酸胀 suānzhàng—宣战 xuānzhàn

uen—ün

遵守 zūnshǒu—俊秀 jùnxiù　村庄 cūnzhuāng—勋章 xūnzhāng

损坏 sǔnhuài—循环 xúnhuán　尊师 zūnshī—军师 jūnshī

存贷 cúndài—裙带 qúndài　损人 sǔnrén—寻人 xúnrén

②绕口令练习

Sūn Lún dǎ bǎ zhēn jiào zhǔn bàn dūn shè jī tè bié shén běn shì bàn
A. 孙伦打靶真叫准，半蹲射击特别神，本是半
lù chū jiā rén mō pá gǔn dǎ kǔ liàn chéng
路出家人，摸爬滚打苦练成。

zhēn jué zhēn jué zhēn jiào jué hào yuè dāng kōng xià dà xuě má què
B. 真绝，真绝，真叫绝，皓月当空下大雪，麻雀
yóu yǒng bù fēi yuè què cháo jiū zhàn què xǐ yuè
游泳不飞跃，鹊巢鸠占鹊喜悦。

jūn chē yùn lái yì duī qún yí sè jūn yòng lǜ sè qún jūn xùn nǚ shēng
C. 军车运来一堆裙，一色军用绿色裙。军训女生
yí dà qún huàn xià huā qún huàn lǜ qún
一大群，换下花裙换绿裙。

yuán quān yuán quān yuán quān Yuán yuan Juān juan huà yuán quān
D. 圆圈圆，圈圆圈，圆圆娟娟画圆圈。
Juān juan huà de quān lián quān Yuán yuan huà de quān tào quān Juān juan
娟娟画的圈连圈，圆圆画的圈套圈。娟娟
Yuán yuan bǐ yuán quān kàn kan shuí de yuán quān yuán
圆圆比圆圈，看看谁的圆圈圆。

③合口呼和撮口呼的句子练习

rù yún guāng què yún
A. 有时太阳走入云里，它的光线却仍从云里透射下来，直

shuǐ　chū　chù　shuǐ　chù　bù
射到水面上。这时候,人要分辨出何处是水,何处是天,很不
róng　wèi　guāng
容易,因为只能够看见光亮的一片。(作品1号《海上日出》)

jūn　bú zhù　juān
B. 那些老军人毫不注意人们捐多少钱。(作品10号《捐诚》)

(四) 分辨前鼻韵母和后鼻韵母

以-n结尾的韵母称为前鼻尾韵母,以-ng结尾的韵母称为后鼻尾韵母。它们之间的对比关系是:an-ang,en-eng,in-ing,ian-iang,uan-uang,uen-ueng(ong)、ün-iong,基本上是一对一的关系,只有üan没有相对应的后鼻音韵母。

桂柳话、客家话和部分粤方言话(如钦州话、北海话等)中没有后鼻韵尾韵母ang、uang、eng和ing,或者后鼻音发音不到位,普通话中包含这些韵母的字,有人容易读成相对应的前鼻尾韵母an、uan、en和in。比如,有把"当dāng"读为dān、"光guāng"读为guān的(桂北方言这种现象最突出);有把"层céng"读为cén、把"听tīng"读为tīn的。当然,也有分不清前鼻尾和后鼻尾韵母而相混的。所以,分辨前鼻韵母和后鼻韵母,是广西人学习普通话的一个重点。

1. 前后鼻韵母的发音辨析

要掌握普通话前后鼻韵母的准确发音,一是对比掌握前后主要元音的差异,二是对比着了解前鼻韵尾和后鼻韵尾的发音差异。后鼻韵母与前鼻韵母的差别,除了鼻韵尾不一样,它们与相应的前鼻韵母中的主要元音也有差异,例如an与ang的区别,表现在an中的主要元音a是前低元音,ang中的a是后低元音。

发前鼻韵母时,先发元音,在气流不断的情况下,将舌面前部前伸抵住上齿龈及硬腭前部不动,使气流从鼻腔流出形成鼻音。发后鼻韵母时,也先发元音,但口腔比相应的前鼻音元音稍张大些,接着舌根尽力后缩高高隆起抵住软腭,感觉喉咙部位紧张。

注意:发an、ian、uan、üan这些前鼻韵母时,不要读成鼻化音。ian、uan、üan这3个韵母,都是在韵母an前面加上韵头i-、u-、ü-构成的。操桂柳方言者,发这组韵母容易发成鼻化音,应该练好这些韵母的正确发音。

2. 鼻韵母记忆方法

（1）记少不记多

ang 韵常用字约 25 个，非常用字约 14 个；an 韵常用字约 43 个，非常用字约 47 个，所以记 ang 不记 an。

普通话 n 与 en 相拼的只有一个“嫩”字（另一个“恁”字不常用），s 与 en 相拼的只有一个“森”字，n 与 eng 相拼的只有一个“能”字，s 与 eng 相拼的也只有一个“僧”字。

（2）声旁类推法

干 an——肝竿赶杆秆

尚 ang——党赏裳常棠倘淌敞螳嫦膛躺趟掌

真 en——嗔镇慎

争 eng——睁峥铮筝挣狰诤

磷 in——鳞嶙遴粼麟

令 ing——零铃玲龄伶羚苓聆岭瓴囹翎

（3）记声韵拼合规律

①d、t、n、l、z、c、s、r 只拼 uan 不拼 uang，因此，“端、段、锻、缎、团、暖、卵、乱、钻、窜、酸、蒜、算、篡、断、氽、阮、软”等字，韵母必定是 uan 不是 uang。

②uang 只跟 zh、ch、sh、g、k 相拼，不与别的声母相拼。所以“装、慌、床、爽、逛、框”等字，韵母必定是 uang 不是 uan。

③d、t、l 只拼 eng 不拼 en。普通话中 t 和 l 决不拼 en，d 与 en 相拼的只有一个不常用的“扽 dèn”字。所以，方言中念 den、ten、len 的字，在普通话中都应改念 deng、teng、leng。如：

deng——灯登蹬等邓凳澄

teng——滕疼誊腾藤

leng——冷棱愣

④g、z、c 拼 en 字少，拼 eng 字多。普通话中 g 与 en 拼的字，常用的只有“根、跟、亘”3 个（“哏、艮、茛”不常用），其余的字都是 eng 韵；z 与 en 拼的字只有“怎”字一个（“谮”字不常用），其余的字都是 eng 韵；c 与 en 拼的字只有“参（参差）、岑”两个（“涔”字不常用），其余的字均为 eng 韵。

⑤r 拼 eng 字少，拼 en 字多。普通话中 r 与 eng 相拼的字只有“扔仍”两个（“礽”字不常用），其余的字均为 en 韵。

⑥d、t、n 只拼 ing 不拼 in。普通话中 d 和 t 决不拼 in，n 与 in 相拼的只有一个“您”字。所以，方言中念 din、tin、nin 的字，在普通话中都应念 ding、ting、ning。如：

ding——丁叮钉顶鼎订定锭

ting——听亭停婷庭廷挺艇蜓

ning——宁咛狞凝拧泞

3. 练习

（1）前后鼻韵母词语对比

an—ang

安 ān—肮 āng　班 bān—帮 bāng　盘 pán—旁 páng

蛮 mán—茫 máng　帆 fān—方 fāng　蛋 dàn—档 dàng

弹 tán—塘 táng　难 nán—囊 náng　兰 lán—廊 láng

竿 gān—刚 gāng　看 kàn—亢 kàng　含 hán—杭 háng

间 jiān—江 jiāng　潜 qián—强 qiáng　掀 xiān—厢 xiāng

簪 zān—脏 zāng　蚕 cán—藏 cáng　散 sàn—丧 sàng

战 zhàn—胀 zhàng　产 chǎn—场 chǎng　山 shān—伤 shāng

冉 rǎn—嚷 rǎng　岩 yán—扬 yáng　碗 wǎn—网 wǎng

烂漫 lànmàn—浪漫 làngmàn　反问 fǎnwèn—访问 fǎngwèn

赞颂 zànsòng—葬送 zàngsòng　开饭 kāifàn—开放 kāifàng

担心 dānxīn—当心 dāngxīn　弹词 táncí—搪瓷 tángcí

渔竿 yúgān—鱼缸 yúgāng　施展 shīzhǎn—师长 shīzhǎng

一般 yìbān—一帮 yìbāng　寒天 hántiān—航天 hángtiān

心烦 xīnfán—心房 xīnfáng　散失 sànshī—丧失 sàngshī

产房 chǎnfáng—厂房 chǎngfáng

小县 xiǎoxiàn—小巷 xiǎoxiàng

山口 shānkǒu—伤口 shāngkǒu

en—eng

奔 bēn—崩 bēng　盆 pén—朋 péng　门 mén—盟 méng

分 fēn—风 fēng　嫩 nèn—能 néng　跟 gēn—庚 gēng

肯 kěn—坑 kēng	痕 hén—横 héng	怎 zěn—增 zēng
岑 cén—层 céng	森 sēn—僧 sēng	真 zhēn—争 zhēng
陈 chén—成 chéng	身 shēn—升 shēng	人 rén—仍 réng

陈旧 chénjiù—成就 chéngjiù

真挚 zhēnzhì—争执 zhēngzhí

申明 shēnmíng—声明 shēngmíng

清真 qīngzhēn—清蒸 qīngzhēng

瓜分 guāfēn—刮风 guāfēng

终身 zhōngshēn—钟声 zhōngshēng

绅士 shēnshì—声势 shēngshì

诊治 zhěnzhì—整治 zhěngzhì

伸张 shēnzhāng—声张 shēngzhāng

身世 shēnshì—生事 shēngshì

时针 shízhēn—时政 shízhèng

审视 shěnshì—省事 shěngshì

真诚 zhēnchéng—征程 zhēngchéng

深水 shēnshuǐ—生水 shēngshuǐ

木盆 mùpén—木棚 mùpéng

in—ing

宾 bīn—冰 bīng	频 pín—瓶 píng	民 mín—鸣 míng
您 nín—宁 níng	林 lín—凌 líng	紧 jǐn—井 jǐng
亲 qīn—倾 qīng	信 xìn—幸 xìng	音 yīn—英 yīng

心境 xīnjìng—行径 xíngjìng	亲生 qīnshēng—轻生 qīngshēng
金质 jīnzhì—精致 jīngzhì	殷勤 yīnqín—隐情 yǐnqíng
人民 rénmín—人名 rénmíng	信服 xìnfú—幸福 xìngfú
频繁 pínfán—平凡 píngfán	贫民 pínmín—平民 píngmín
亲近 qīnjìn—清净 qīngjìng	弹琴 tánqín—谈情 tánqíng
金银 jīnyín—经营 jīngyíng	今昔 jīnxī—惊悉 jīngxī
禁止 jìnzhǐ—静止 jìngzhǐ	很近 hěnjìn—很静 hěnjìng
金鱼 jīnyú—鲸鱼 jīngyú	红心 hóngxīn—红星 hóngxīng
寝室 qǐnshì—请示 qǐngshì	欣欣 xīnxīn—星星 xīngxing

ian-iang

年 nián—娘 niáng　　脸 liǎn—两 liǎng　　见 jiàn—降 jiàng

千 qiān—羌 qiāng　　显 xiǎn—想 xiǎng

艰险 jiānxiǎn—奖项 jiǎngxiàng

前线 qiánxiàn—强项 qiángxiàng

鲜见 xiǎnjiàn—湘江 xiāngjiāng

箭杆 jiàngǎn—酱缸 jiànggāng

连线 liánxiàn—亮相 liàngxiàng

联想 liánxiǎng—两县 liǎngxiàn

uan-uang

完 wán—亡 wáng　　管 guǎn—广 guǎng　　宽 kuān—筐 kuāng

桓 huán—皇 huáng　　撰 zhuàn—撞 zhuàng

穿 chuān—疮 chuāng　　栓 shuān—霜 shuāng

观光 guānguāng—光管 guāngguǎn

专款 zhuānkuǎn—状况 zhuàngkuàng

传唤 chuánhuàn—窗框 chuāngkuàng

钻床 zuànchuáng—撞船 zhuàngchuán

攒动 cuándòng—窗洞 chuāngdòng

栓塞 shuānsè—双色 shuāngsè

uen-ueng

牢稳 láowěn—老翁 lǎowēng

文娱 wényú—蓊郁 wěngyù

稳重 wěnzhòng—翁仲 wēngzhòng

闻声 wénshēng—瓮声 wèngshēng

ün-iong

群雄 qúnxióng——穷凶 qióngxiōng

群居 qúnjū——琼剧 qióngjù

勋章 xūnzhāng——胸章 xiōngzhāng

迅猛 xùnměng——凶猛 xiōngměng

运费 yùnfèi——用费 yòngfèi

军饷 jūnxiǎng——窘相 jiǒngxiàng

（2）绕口令练习

qiáng · shàng yì gēn dīng　dīng · shàng guà tiáo shéng　huá luò shéng ·
墙上一根钉，钉上挂条绳，滑落绳
xià píng　dǎ suì píng · xià dēng　zá pò dēng · xià pén　píng dǎ dēng　dēng dǎ
下瓶，打碎瓶下灯，砸破灯下盆。瓶打灯，灯打
pén　pén mà dēng　dēng mà píng　píng mà shéng　shéng mà dīng　dīng guài
盆，盆骂灯，灯骂瓶，瓶骂绳，绳骂钉，钉怪
shéng　shéng guài píng　píng guài dēng　dēng guài pén　dīng dīng dāng dāng
绳，绳怪瓶，瓶怪灯，灯怪盆。叮叮当当
dāng dāng dīng　pīng pīng pāng pāng pāng pāng pīng
当当叮，乒乒乓乓乓乓乒！

（3）前后鼻韵母的句子练习

shēng mìng　pěng　běn
①给生命留白，可以摆个舒适的姿势，捧读一本书，不为
xián tán　nòng　fèn rán
写书著述，也不为闲谈卖弄，就为这一份怡然自得的乐趣，为着
dàn dàn　xiāng　běn shēn　yīn xiǎng　jìng jìng
淡淡的墨香，读书本身就是目的。也可以打开音响，静静
tīng　liǎng　gǎn　téng　chōng mǎn líng xìng　yīn
地听一两首曲子，感受那一个个腾跳的充满灵性的音
符。（作品 27 号《给生命留白》）

qíng　huáng hūn　pǐn　xiāng míng
②在这多情的季节里，黄昏时品着香茗，又忆起毕业
tiān　zhǎng　men jiǎng　xiāng　nóng
那天老校长给我们讲的故事。一位乡下农夫有头老驴
tiān　xīn　jìn　shēn kēng　nóng　tīng
子，一天，老驴子不小心跌进了一个深坑。农夫听到驴子的
míng　kùn jìng　xiǎng　hěn　duàn dìng　dàn
哀鸣，目睹它的困境，想了很久之后，断定救不了它，但又
rěn xīn kàn　tòng　nóng　dìng wǎng kēng　tián
不忍心看着它痛苦而死。于是，农夫决定往坑里填土，
mēn　biàn
把老驴闷死，以便使它早些脱离苦海。（作品 34 号《困驴的启示》）

第三节　声　调

一、普通话的声调

声调是字音的高低变化,它贯穿音节的始终。在普通话中,声调跟声母和韵母一样,具有区别意义的作用,例如"食指 shízhǐ"与"失职 shīzhí "意义的不同是由声调的高低变化来区别的。因此学习普通话要把声调念准确。

普通话有四个声调。

阴平(第一声)55:　包　方　千　掺　光

阳平(第二声)35:　雹　防　前　馋　明

上声(第三声)214:　饱　仿　浅　产　磊

去声(第四声)51:　抱　放　欠　忏　落

普通话调值五度标记法图

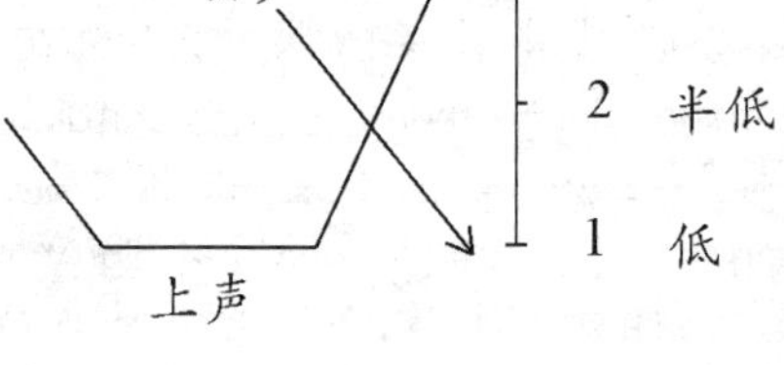

1. 阴平

普通话阴平的调值即声调的实际读法是 55,调型是高平调。发音时,声带绷到相对最紧。声音从高音 5 度滑到高音 5 度,没有明显的升降变化。发音例字:褒 bāo、堤 dī、积 jī、侵 qīn、危 wēi、惜 xī。

2. 阳平

普通话阳平的调值是35，调型是中升调。发音时，声带从不松不紧开始，逐渐绷紧。声音从中音3度上滑到最高音5度。发音例字：惩 chéng、罚 fá、涸 hé、潜 qián、穴 xué、卓 zhuó。

3. 上声

普通话上声的调值是214，调型是降升调。发音时，声带从略微有些紧张开始，立刻松弛下来，稍微延长，然后迅速绷紧，但不是绷到最紧。声音从半低音2度降滑到低音1度，将低音1度稍微拉长，调尾再略为上升并减弱。上声的音长是普通话四个声调中最长的。发音例字：阐 chǎn、逞 chěng、匹 pǐ、瞟 piǎo、塔 tǎ、窄 zhǎi。

4. 去声

普通话去声的调值是51，调型是全降调。发音时，声带从紧开始，到完全松弛为止。声音从高音5度直接降滑到低音1度，去声经历的声音的高低最全，高音、中音、低音都经历到，而去声的音长在普通话四个声调中最短，因此下降幅度较大。发音例字：复 fù、绩 jì、较 jiào、陌 mò、暂 zàn、赠 zèng。

普通话声调示例表

例字	胸	怀	广	阔
音节	xiōng	huái	guǎng	kuò
调类	阴平	阳平	上声	去声
调值	55	35	214	51
调型	高平调	中升调	降升调	全降调

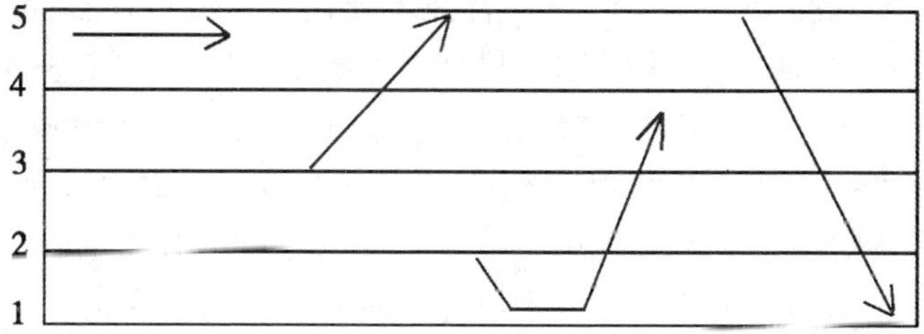

二、声调辨正

学习普通话声调，应当从调值发音和声调正音两方面入手。

（一）念准调值

声调的实际读音叫调值。广西各方言区人和民族语言区人说普通话时声调调值的基本状况是相对的高音不如普通话的高，相对的低音不如普通话的低，四个声调的高低音域明显比普通话的音域窄。学习普通话声调的发音，应从声音的高低变化去模仿，并结合声音的长短和强弱去体会，这样可以更准确地把握普通话声调跟方言声调的细微差别。应当注意克服方言调值的干扰，注意方言与普通话调型相似但不相同的调值之间的差异。不但要注意把调型念对了，还要注意把调值的高低起点和终点都念准了，并且注意体会声调的长短和轻重。要进行音节与音节的声调对比训练，可利用双音节或多音节词语的声调搭配对比来进行练习，再体会声调在句子里的细微变化。

1. 阴平

广西各方言区人说普通话时阴平调常存在的共同问题是，调型虽然能念成平调，但声调的实际高度却往往没有达到普通话应有的高度。其原因是，广西各方言声调的调型虽然有平调型的，如南宁话的阴平也记录为55，南宁的去声记为33或者22，柳州话的阴平是33，但都没有像普通话阴平的实际高度那么高。而广西方言区人在学习普通话声调时，只注意了普通话阴平的调型是平的，不太注意声音的高低，不自觉地把自己方言中与普通话阴平相似的调型移植到自己说的普通话阴平调中。

要念准普通话阴平，一是注意不要用方言调值代替普通话调值，而应在方言的平调型基础上提高声调的实际高度。二是用两个音节都是阴平的双音节词，念55和试念33来对比，在比较中体会55的声音高度。三是可以用“阳平+阴平”等双音节词语声调搭配来练习，阳平调值的终点是5，念完阳平后声带不要松下来，以带动阴平音节念准高平调55。广西方言区人学习普通话声调，语流中的阴平达到准确的高度，才好带动其他声调调值的准确。

（1）阴平的词语练习

阴平+阴平 55+55

剥削 bōxuē	粗糙 cūcāo	几乎 jīhū
狙击 jūjī	胚胎 pēitāi	偏差 piānchā
剖析 pōuxī	倾心 qīngxīn	突击 tūjī
弯曲 wānqū	危机 wēijī	装帧 zhuāngzhēn

阳平+阴平 35+55

沉积 chénjī	乘机 chéngjī	崇高 chónggāo
摩擦 mócā	盘剥 pánbō	潜心 qiánxīn
蜷缩 quánsuō	囤积 túnjī	王冠 wángguān
瑕疵 xiácī	协商 xiéshāng	研究 yánjiū

上声+阴平 214+55

处方 chǔfāng	表彰 biǎozhāng	捕杀 bǔshā
陡坡 dǒupō	俯冲 fǔchōng	脊椎 jǐzhuī
两栖 liǎngqī	悄声 qiǎoshēng	挑拨 tiǎobō
黝黑 yǒuhēi	指摘 zhǐzhāi	转身 zhuǎnshēn

去声+阴平 51+55

笨拙 bènzhuō	不禁 bùjīn	触发 chùfā
簇拥 cùyōng	调拨 diàobō	利息 lìxī
契约 qìyuē	妊娠 rènshēn	散播 sànbō
蓄积 xùjī	佣金 yòngjīn	驻扎 zhùzhā

（2）阴平的句子练习

①我爱月夜，但我也爱星天(xīng tiān)。从前在家乡(jiā xiāng)七八(qī-bā)月的夜晚在庭院里纳凉的时候，我最爱看天(tiān)上密密麻麻的繁星(xīng)。（作品3号《繁星》）

②也有不甘心(gān xīn)落空(kōng)的，便驻扎(zhā)在这里，继续寻找。（作品9号《金子》）

2. 阳平

广西各方言区人说普通话时阳平调常存在的问题是调型虽然能念上升的，但没有普通话阳平上扬的幅度那么大，调值的终点也没有普通话阳平那么高；而且发音过程中，声调的起点部分拖得较长，形成的曲折现象太明显。其原因是广西方言区人念普通话阳平时，带进了本方言升调的特点。广西各方言虽有升调的调型，但都没有与普通话35调值完全相同的调值。柳州话有一个升调调型是24如“到”，贵港客家话有一个升调调型是23如“移”，都比普通话阳平的35低；南宁白话的阴上调虽然记为35如“古”，但如果把南宁的35的声音高度带进普通话，听起来还是显得比普通话阳平稍低些。

因此，广西方言区人学习普通话阳平调，应当注意在阳平的调尾再拉高一些，跟阴平的高度差不多甚至可以比阴平再高一些。学习阳平调还要注意从起点处声音的高度就要直接上扬，不要刻意拖长起点音，以免使阳平形成过长的弯头听起来像曲折的调型。

（1）阳平的词语练习

阴平+阳平 55+35

苍穹 cāngqióng	蹿红 cuānhóng	氛围 fēnwéi
供求 gōngqiú	畸形 jīxíng	曲折 qūzhé
倏然 shūrán	绦虫 tāochóng	剔除 tīchú
巍峨 wēi'é	症结 zhēngjié	棕榈 zōnglǘ

阳平+阳平 35+35

沉着 chénzhuó	惩罚 chéngfá	成熟 chéngshú
符合 fúhé	集结 jíjié	临摹 línmó
明矾 míngfán	贫瘠 pínjí	祈求 qíqiú
潜伏 qiánfú	弹劾 tánhé	学识 xuéshí

上声+阳平 214+35

柏油 bǎiyóu	场合 chǎnghé	处罚 chǔfá
抚摩 fǔmó	骨折 gǔzhé	钾肥 jiǎféi
皎洁 jiǎojié	奖惩 jiǎngchéng	强求 qiǎngqiú
冗杂 rǒngzá	俨然 yǎnrán	阻挠 zǔnáo

去声+阳平 51+35

不妨 bùfáng	挫折 cuòzhé	洞穴 dòngxué
讳言 huìyán	间隔 jiàngé	砾石 lìshí
蓦然 mòrán	切合 qièhé	未曾 wèicéng
亵渎 xièdú	血糖 xuètáng	贮藏 zhùcáng

（2）阳平的句子练习

néng　shí shí　zháo jí

①就是这点儿幻想不能一时实现,他们也并不着急,因为这

cí　shén hái　bié

样慈善的冬天,干什么还希望别的呢!(作品8号《济南的冬天》)

qí　yí　yóu　pí xié·lái

②其中的一个,不由分说就坐在小凳上给我擦起皮鞋来,另

yí zé　nín　guó rén　huá

一个则彬彬有礼地发问:“小姐,您是哪国人?喜欢渥太华吗?”

guó　méi　háir　ér má　shéi　liáo

“小姐,在你们国家有没有小孩儿患小儿麻痹?谁给他们医疗费?”(作品10号《捐诚》)

3. 上声

广西各方言区人说普通话时,上声是一个难点。广西各方言区没有跟普通话上声相同的降升曲折调型,有的方言区人单念普通话上声时,为了强调上声的曲折,加重了上声的调尾,结果造成上声调尾音下降,成了2142,这就造成了两个曲折的调型偏误。另外,广西不少方言区人说普通话,句子之间停顿前的上声往往比普通话上声短,这也是使语流带上了方言语调的一个原因。

方言区人学普通话的上声,要注意上声调值的本质特征是低降和低音部分1度稍拉长,全上声是普通话四个声调中音长最长的,严格地说普通话全上声的调值可以记录为2114。要注意单念时上声应当念全上声,声音曲折后调尾不应再下降或加重成2142,而应向上渐弱,并且上升部分要快些短些。另外还要注意普通话的上声在停顿之前可念全上,也可以念半上,无论全上或半上,都比词语中的半上(例如“友谊”中的“友”念21)略长一些,尤其是低音部分应稍拉长,调值一般是2113、2112或211。

(1) 上声的词语练习

阴平+上声　55+214

褒贬 bāobiǎn	卑鄙 bēibǐ	粗犷 cūguǎng
呆板 dāibǎn	高涨 gaozhǎng	倾吐 qīngtǔ
枢纽 shūniǔ	思忖 sīcǔn	危险 wēixiǎn
屋脊 wūjǐ	相处 xiāngchǔ	吸吮 xīshǔn

阳平+上声　35+214

雌蕊 círuǐ	即使 jíshǐ	棱角 léngjiǎo
怜悯 liánmǐn	迷惘 míwǎng	模板 múbǎn
祈祷 qídǎo	潜水 qiánshuǐ	陶冶 táoyě
仪表 yíbiǎo	狭窄 xiázhǎi	旋转 xuánzhuǎn

上声+上声　214+214 变为 35+214

笔法 bǐfǎ	尺码 chǐmǎ	广场 guǎngchǎng
处理 chǔlǐ	古朴 gǔpǔ	骨髓 gǔsuǐ
尽管 jǐnguǎn	勉强 miǎnqiǎng	怂恿 sǒngyǒng
侮辱 wǔrǔ	窈窕 yǎotiǎo	总得 zǒngděi

去声+上声　51+214

步履 bùlǚ	怅惘 chàngwǎng	淬火 cuìhuǒ
倒转 dàozhuǎn	禁止 jìnzhǐ	判处 pànchǔ
媲美 pìměi	赡养 shànyǎng	上涨 shàngzhǎng
渲染 xuànrǎn	驯养 xùnyǎng	中肯 zhòngkěn

（2）上声的句子练习

wǒ　suǒ yǒu　xiě
①我 念大学时，所 有 的家信都是妈写 的。他除了寄支票外，
duǎn jiǎn gěi wǒ　wǒ　cǎo　suǒ yǐ
还寄过一封 短 柬 给 我，说因为我 不在草 坪上踢足球了，所 以
cǎo　zhǎng　hěn měi
他的草 坪 长 得很 美 。（作品 4 号《父亲的爱》）

xiǎo　wǒ　zǔ mǔ　zǔ mǔ　wǒ
②读小 学的时候，我 的外祖 母 去世了。外祖 母 生前最疼爱我，
wǒ　fǎ　jǐ　měi　chǎng　pǎo
我 无法 排除自己 的忧伤，每 天在学校的操 场 上一圈儿又一圈儿地跑
pǎo　dǎo　cǎo
着，跑 得累倒 在地上，扑在草 坪上痛哭。（作品 6 号《和时间赛跑》）

4. 去声

广西各方言区人说普通话去声的主要问题是起点不够高，并且下降终点不够低，起点和终点的高低差距比普通话去声高低差距小得多，最典型的是南宁粤方言区人说的普通话，去声调型近中平，降调调型不明显，这是带南宁方言语调的一个明显特点。其原因是南宁粤方言声调中除了有个低降调调型阳平 21 外，没有接近普通话去声从高音 5 降到低音 1 的全降调调型，而平调型比较多，南宁人说普通话往往把南宁方言的调型调值带进普通话。

南宁人学习普通话去声，要注意不要用方言平调型的发音代替说普通话全降调型的发音，广西其他方言区人也要注意说普通话去声时起点音再高一点儿，终点音低一点儿，下降幅度大一点儿。

（1）去声的词语练习

阴平+去声　55+51

车辆 chēliàng	跌宕 diēdàng	恢复 huīfù
闷热 mēnrè	剽窃 piāoqiè	撇弃 piēqì
煽动 shāndòng	生肖 shēngxiào	相称 xiāngchèn
压轴 yāzhòu	憎恨 zēnghèn	追溯 zhuīsù

阳平+去声　35+51

防御 fángyù	脾脏 pízàng	潜入 qiánrù
旗帜 qízhì	饶恕 ráoshù	仍旧 réngjiù
蹂躏 róulìn	搪塞 tángsè	颓丧 tuísàng
行径 xíngjìng	萦绕 yíngrào	着落 zhuóluò

上声+去声　214+51

表露 biǎolù	处分 chǔfèn	诡秘 guǐmì
矫健 jiǎojiàn	紧俏 jǐnqiào	笼络 lǒngluò
匹配 pǐpèi	绮丽 qǐlì	寝室 qǐnshì
顷刻 qǐngkè	赏赐 shǎngcì	倚靠 yǐkào

去声+去声　51+51

复述 fùshù	档案 dàngàn	号召 hàozhào
纪律 jìlǜ	勒令 lèlìng	瞭望 liàowàng
陆续 lùxù	惬意 qièyì	戏谑 xìxuè
相片 xiàngpiàn	炫耀 xuànyào	造诣 zàoyì

（2）去声的句子练习

jiù zài nà　qù　dì di yì　xià　bù

①就在那年秋天，母亲离我们去了，小弟弟一生下来不哭也不

dòng　qù　wèi　qù　dì di　qù

动，也追随母亲去了。为了我的生存，母亲去了，弟弟也去了。（作

品13号《小河》）

hòu cuò xiàn zài dào yào

②等他们走后，我惊慌失措地发现，再也找不到要回家的

nà jì dào

那条孤寂的小道了。（作品14号《迷途笛音》）

（二）声调正音

广西方言区人学习普通话声调，除了要注意调值发音准确外，还应分辨清楚字的声调归类，以便准确记忆和念准声调。分清和记忆声调读音可以有三个步骤。

一是弄清自己方言的同一类声调的字。例如南宁白话里念中平调33的“拜、卖、赖、寨”是同一类声调的字，桂林话里念降调54的“饱、等、广、找”是同一类声调的字。

二是利用类推的方法，找出自己方言与普通话四个调类的对应关系，整类地掌握普通话同调类的字。例如南宁白话的“拜、卖、赖、寨”在普通话里应当整类改念成普通话的去声高降调51。又如桂林话跟“饱、等、广、找”相同声调的字，在普通话句末一般都念降升调214或半上调211。这是因为普通话和方言字调的归类大部分是相同的，只是两者声调的实际读法不一样。

三是对方言区人学习普通话声调的难点字做重点记忆。声调难点主要是古入声调字的正音和记忆。入声是古代汉语的一个声调，在普通话和方言中，古入声字读音和归类都发生了变化，分流去向不相同。普通话里已经没有入声这一类声调，古入声字分别进入普通话的阴平、阳平、上声、去声四个调类，分流的规律性不强，不便于按规律类推。西南官话中的古入声字绝大多数进入了阳平调，云、贵、川话、桂林话、柳州话都属于西南官话，因此说桂林话、柳州话的人应当重点注意本方言阳平字在普通话中的读音。下面的《声调正音词语表》里面所列的词语大部分由古入声字组成，学习者可以利用这个词表对方言中所保留的古入声字调做重点正音和记忆。

声调正音词语表

1. 前一音节是声调容易出现失误的字，多为古入声调字

（1）阴平

【B】褒奖（bāo jiǎng）　逼迫（bī pò）　鳖裙（biē qún）　憋闷（biē men）　拨弄（bō·nòng）　剥蚀（bō shí）　钵盂（bō yú）

【C】擦拭（cā shì）　插口（chā kǒu）　拆散（chāi sàn）　吃紧（chī jǐn）　出挑（chū·tiāo）　戳穿（chuō chuān）　撮合（cuō he）

【D】搭伙（dā huǒ）　答应（dā ying）　滴水（dī shuǐ）　爹妈（diē mā）　跌价（diē jià）　督促（dū cù）　咄嗟（duō jiē）　掇拾（duō shí）　吨位（dūn wèi）

【F】发怔（fā zhèng）

【G】搁浅（gē qiǎn）　疙瘩（gē da）　割裂（gē liè）　鸽子（gē zi）　骨碌（gū lu）　刮目（guā mù）　乖蹇（guāi jiǎn）　聒噪（guō zào）

【H】黑色（hēi sè）　忽略（hū lüè）　豁口（huō kǒu）

【J】激发（jī fā）　积聚（jī jù）　击毁（jī huǐ）　缉私（jī sī）　夹板（jiā bǎn）　秸秆（jiē gǎn）　揭露（jiē lù）　接触（jiē chù）　疖子（jiē zi）　鞠躬（jū gōng）　噘嘴（juē zuǐ）

【K】喀什（kā shí）　瞌睡（kē shuì）　磕碰（kē pèng）　窟穴（kū xué）

【L】垃圾（lā jī）　邋遢（lā·ta）　勒紧（lēi jǐn）

【N】捏造（niē zào）

【P】滂湃（pāng pài）　拍打（pāi dǎ）　霹雳（pī lì）　瞥视（piē shì）　撇开（piē·kāi）　泼洒（pō sǎ）　扑灭（pū miè）

【Q】七夕（qī xī）　漆黑（qī hēi）　戚友（qī yǒu）　掐算（qiā suàn）　切除（qiē chú）　曲线（qū xiàn）　缺陷（quē xiàn）

【S】塞车（sāi chē）　杀菌（shā jūn）　湿润（shī rùn）　失调（shī tiáo）　施展（shī zhǎn）　虱子（shī zi）　刷新（shuā xīn）　说教（shuō jiào）　缩减（suō jiǎn）

【T】塌陷（tā xiàn）　踏实（tā shi）　剔透（tī tòu）　踢腾（tī teng）　贴补（tiē bǔ）　秃顶（tū dǐng）　突兀（tū wù）　凸起（tū qǐ）

【W】挖掘（wā jué）

xī yáng　xī shōu　xī gài　xī shù　xī shuài　xī chū　xī bó
【X】夕阳　吸收　膝盖　悉数　蟋蟀　析出　锡箔

xī rì　xī bié　xī nù　xiāo miàn　xiē xi　xiē hǔ　xiē zi　xuē jià
昔日　惜别　息怒　削面　歇息　蝎虎　楔子　削价

yā jiè　yā zi　yā pò　yuē lüè
【Y】押解　鸭子　压迫　约略

zā rǎn　zā dào　zā zuǐ　zhá zheng　zhāi yào　zhāo shù　zhē teng
【Z】扎染　匝道　咂嘴　扎挣　摘要　着数　折腾

zhī nǚ　zhī yè　zhī shēn　zhuā nao　zhuō miàn　zhuō mō
织女　汁液　只身　抓挠　桌面　捉摸

zhuō liè
拙劣

(2) 阳平

bá chú　bá shè　bái huà　báo zāi　báo bǎn　bó fù　bó wèi
【B】拔除　跋涉　白桦　雹灾　薄板　伯父　泊位

bí qi　bié chēng　bié jiǎo　bó jīn　bó fā　bó zi　bó chì　bó huà
荸荠　别称　蹩脚　铂金　勃发　脖子　驳斥　帛画

bó lái　bó lì　bó dé　bó jī
舶来　薄利　博得　搏击

chéng fá　chéng kè
【C】惩罚　乘客

dí chú　dí kài　dí què　dí pài　dié cì　dié hé　dié bào　duó bù
【D】涤除　敌忾　的确　嫡派　迭次　叠合　谍报　踱步

dú cì　dú zi　duó guàn
毒刺　犊子　夺冠

é zhà
【E】讹诈

fá mù　fó jiào　fá zi　fá mén　fá shù　fú rú　fú lì　fú tiē
【F】伐木　佛教　筏子　阀门　乏术　弗如　佛戾　伏贴

fú qì　fú qi　fú dù　fú shè
服气　福气　幅度　辐射

gé zhí　gé xià　gé bì　gé mó
【G】革职　阁下　隔壁　隔膜

hé shōu　hú lún　hú lì　huá rùn
【H】核收　囫囵　鹄立　滑润

jí dài　jí dù　jí bié　jí lì　jí qǔ　jí zhào　jí cù　jí shǒu
【J】亟待　嫉妒　级别　极力　汲取　吉兆　急促　棘手

jí shǐ　jí yào　jí huàn　jí guàn　jiá 'ǎo　jiá guǒ　jiá rán　jiá náng
即使　辑要　疾患　籍贯　夹袄　荚果　戛然　颊囊

jiáo shé　jié wèn　jié pǐ　jié jū　jié bài　jié chí　jié jué　jié bào
嚼舌　诘问　洁癖　拮据　结拜　劫持　孑孓　捷报

jié huò　jié jìn　jú bù　jué qiào　jué zé　jué jiàng　jué qǐ　jué jìn
截获　竭尽　局部　诀窍　抉择　倔强　崛起　掘进

jué lù
爵禄

ké sou
【K】咳嗽

mó bài　méi zhé
【M】膜拜　没辙

páo xiào　péng pài　pú rén
【P】咆哮　澎湃　仆人

qián zhì　qué tuǐ
【Q】潜质　瘸腿

sháo zi　sháo yao　shé hào　shí jǐn　shí fāng　shí bié
【S】勺子　芍药　折耗　什锦　石方　识别

shí běn　shú liàn
蚀本　熟练

xí juǎn　xí jī　xí wén　xiá zhǎi　xiá yì　xiá gǔ　xiá zi　xiá nì
【X】席卷　袭击　檄文　狭窄　侠义　峡谷　匣子　狎昵

xiá qū　xié zhù　xié pò　xuán wō　xué wèi　xué tóu
辖区　协助　胁迫　旋涡　穴位　噱头

zá guō　zé guó　zé qī　zé shēng　zéi kòu　zhá dāo　zhá jì
【Z】砸锅　泽国　择期　则声　贼寇　铡刀　札记

zhá gāng　zhé kǒu　zhé duì　zhé jū　zhí·dé　zhí zé　zhí jié
轧钢　辙口　折兑　蛰居　值得　职责　直截

zhí zhuó　zhóu li　zhóu chéng　zhú bó　zhú zhào　zhuó lù
执着　妯娌　轴承　竹帛　烛照　着陆

zhuó shi　zhuó rè　zhuó qíng　zhuó zhù　zhuó shì　zhuó shēng
茁实　灼热　酌情　卓著　浊世　擢升

zhuózhuó　zhuómó　zuómo　zú jì　zú pǔ　zú suì
濯濯　琢磨　琢磨　足迹　族谱　卒岁

(3) 上声

bǎihé　bǎishù　běibian　bǐ fǎ　bǐ shǒu　biě gǔ　bǔ suàn
【B】百合　柏树　北边　笔法　匕首　瘪谷　卜算

chǐ dù
【C】尺度

ě xin
【E】恶心

fǎ zé　fǎ mǎ
【F】法则　砝码

gěi yǐ　gǔ gé　gǔ dǐ
【G】给以　骨骼　谷底

hǎ dá
【H】哈达

jǐ fù　jǐ suǐ　jiǎ chún　jiǎ féi　jiǎ jiǎo　jiǎ gǔ　jiǎo dù　jiǎo bù
【J】给付　脊髓　甲醇　钾肥　岬角　胛骨　角度　脚步

jiǎo zhèng　jǔ xíng
矫正　矩形

kě qiú
【K】渴求

liě zuǐ
【L】咧嘴

mǒ hēi
【M】抹黑

pǐ pèi　pǐ ·chái　pǐ hào　piě zuǐ　piě lan　pǔ sù　pǔ yǒng
【P】匹配　劈柴　癖好　撇嘴　苤蓝　朴素　蹼泳

qǐ tǎo　qǔ diào　qǔ chǐ
【Q】乞讨　曲调　龋齿

rǔ mò
【R】辱没

suǒ qǔ
【S】索取

tǎ diào　tiě wàn　tiě zi
【T】塔吊　铁腕　帖子

【W】萎靡(wěimǐ)　侮辱(wǔrǔ)

【X】雪白(xuěbái)

【Z】眨眼(zhǎyǎn)　褶皱(zhězhòu)　瞩目(zhǔmù)

（4）去声

【B】壁垒(bì lěi)　璧还(bì huán)　必须(bì xū)　碧绿(bì lǜ)　辟邪(bì xié)　避邪(bì xié)　别扭(bièniu)　薄荷(bò he)

【C】侧记(cè jì)　厕所(cè suǒ)　测验(cè yàn)　恻隐(cè yǐn)　策略(cè lüè)　册页(cè yè)　刹那(chà nà)　彻悟(chè wù)

撤除(chè chú)　彻底(chè dǐ)　掣肘(chè zhǒu)　炽热(chì rè)　斥责(chì zé)　赤子(chì zǐ)　叱喝(chì hè)

饬令(chì lìng)　触发(chù fā)　搐动(chù dòng)　矗立(chù lì)　黜免(chù miǎn)　怵惕(chù tì)　畜疫(chù yì)

绰号(chuò hào)　啜泣(chuò qì)　辍学(chuò xué)　促膝(cù xī)　簇新(cù xīn)

【E】恶劣(è liè)　噩耗(è hào)　愕然(è rán)　鳄鱼(è yú)　腭裂(è liè)　遏制(è zhì)　厄境(è jìng)　扼要(è yào)

【F】发卡(fà qiǎ)　复辟(fù bì)　腹稿(fù gǎo)　覆盖(fù gài)　馥郁(fù yù)

【G】各别(gè bié)　个别(gè bié)

【H】赫兹(hè zī)　褐煤(hè méi)　鹤发(hè fà)　喝彩(hè cǎi)　划拨(huà bō)　画笔(huà bǐ)　贿赂(huì lù)　豁达(huò dá)

获得(huò dé)　霍乱(huò luàn)　或者(huò zhě)　惑乱(huò luàn)

【J】鲫鱼(jì yú)　寂寞(jì mò)　绩效(jì xiào)　迹象(jì xiàng)

【K】克制(kè zhì)　刻骨(kè gǔ)　客气(kè qi)　恪守(kè shǒu)　酷虐(kù nüè)　扩散(kuò sàn)　廓清(kuò qīng)

【L】烙印(lào yìn)　乐趣(lè qù)　勒索(lè suǒ)　肋骨(lèi gǔ)　力臂(lì bì)　历届(lì jiè)　沥青(lì qīng)　立即(lì jí)

粒子(lì zǐ)　栗暴(lì bào)　砾石(lì shí)　列举(liè jǔ)　烈日(liè rì)　裂隙(liè xì)　猎狗(liè gǒu)　劣迹(liè jì)　吝啬(lìn sè)

lù róng　lù lu　lù wǎng　lù lín　lù wèi　lù lù　lù lì　lǜ shī
鹿茸　辘轳　漉网　绿林　禄位　碌碌　戮力　律师
lǜ dì　Luò hé　luò bó　luò tuo　luò yì　lüè wéi　lüè měi
绿地　洛河　落泊　骆驼　络绎　略为　掠美

mài suì　mài bó　mì dù　mì jiàn　Mì luó jiāng　mì qiú　miè shì
【M】麦穗　脉搏　密度　蜜饯　汨罗江　觅求　蔑视
miè wáng　mò fēi　mò shì　mò liú　mò zi　mò qiáng　mò lì
灭亡　莫非　漠视　末流　沫子　抹墙　茉莉
mò shēng　mù bǎn　mù guāng　mù liáo　mù lín　mù xu
陌生　木板　目光　幕僚　睦邻　苜蓿
mù yè　mù yù
牧业　沐浴

nà hǎn　nà hǎn　nà dēng　nà zhù　nè nè　nì chā　nì shuǐ　nì jì
【N】呐喊　纳罕　钠灯　捺住　讷讷　逆差　溺水　匿迹
niè pán　niè rú　niè zú　niè bì　niè zhài　nuò yán　nüè ji
涅槃　嗫嚅　蹑足　镍币　孽债　诺言　疟疾
nüè dài
虐待

pì yáo　pì jìng　pò qiè　pò lì　pù bù　pù shài
【P】辟谣　僻静　迫切　魄力　瀑布　曝晒

qì sù　qì jīn　qià rú　qià tán　qiè nuò　qiè mài　qiè zéi　qiè dài
【Q】泣诉　迄今　恰如　洽谈　怯懦　切脉　窃贼　挈带
què bù　què záo　què qiáo　què bān
却步　确凿　鹊桥　雀斑

rè fū　rì chuō　ròu zhì　rù mó　rù zi　ruò gān　ruò jiǎn
【R】热敷　日戳　肉质　入魔　褥子　若干　弱碱

sè diào　sè zhì　sài wài　sè zé　sè suō　shà shí　shè jì
【S】色调　涩滞　塞外　塞责　瑟缩　霎时　设计
shè zú　shè qǔ　shè fú　shì pǐn　shì bō　shì lèi　shì jūn　shì huái
涉足　摄取　慑服　饰品　试播　拭泪　弑君　释怀
shì chàn　shì yí　shuà bái　shuài xìng　shuò shuò　shuò guǒ
室颤　适宜　刷白　率性　烁烁　硕果
shuò rì　shuò guǒ
朔日　蒴果

tà qīng　tà běn　tì lì　tuò zhǎn
【T】踏青　拓本　惕厉　拓展

【W】袜子 wà zi　沃土 wò tǔ　斡旋 wò xuán　握手 wò shǒu　龌龊 wò chuò　物价 wù jià

【X】亵渎 xiè dú　泄露 xiè lòu　续貂 xù diāo　畜产 xù chǎn　旭日 xù rì　煦风 xù fēng　恤金 xù jīn　蓄积 xù jī　血汗 xuè hàn

【Y】轧场 yà cháng　亚洲 Yà zhōu　揠苗助长 yà miáo zhù zhǎng　药铺 yào pù　钥匙 yào shi　业余 yè yú　谒见 yè jiàn　叶脉 yè mài　液晶 yè jīng　腋芽 yè yá　育林 yù lín　域外 yù wài　浴液 yù yè　欲望 yù wàng　玉帛 yù bó　郁闷 yù mèn　悦目 yuè mù　阅览 yuè lǎn　越境 yuè jìng　粤剧 yuè jù　月份 yuè fèn　乐曲 yuè qǔ　岳父 yuè fù

【Z】暂时 zàn shí　栅栏 zhà lan　仄声 zè shēng　浙江 Zhè jiāng　质量 zhì liàng　秩序 zhì xù　祝贺 zhù hè　筑堤 zhù dī　恣意 zì yì　作为 zuò wéi　柞蚕 zuò cán

2. 后一音节是声调容易出现失误的字

(1) 阴平

白帆 báifān　耳郭 ěrguō　痈疽 yōngjū　潮汐 cháoxī
明晰 míngxī

(2) 阳平

白术 báizhú　城墙 chéngqiáng　揣度 chuǎiduó　隔阂 géhé
巾帼 jīnguó　咀嚼 jǔjué　匍匐 púfú　启迪 qǐdí
弹劾 tánhé　苇箔 wěibó　文牍 wéndú　晕厥 yūnjué

(3) 上声

颠簸 diānbǒ　考场 kǎochǎng

(4) 去声

比较 bǐjiào　不屑 búxiè　成绩 chéngjì　酬酢 chóuzuò
扶掖 fúyè　刚愎 gāngbì　宫阙 gōngquè　琥珀 hǔpò
寂寞 jìmò　教室 jiàoshì　媒妁 méishuò　目的 mùdì
奶酪 nǎilào　炮烙 páoluò　霹雳 pīlì　商榷 shāngquè

收讫 shōuqì　龌龊 wòchuò　戏谑 xìxuè　下榻 xiàtà
效率 xiàolǜ　杂沓 zátà　糟粕 zāopò　桎梏 zhìgù

第四节　音　节

一、音节的发音

音节的发音练习是学习普通话的必要过程。普通话 22 个声母和 39 个韵母配合后组成的音节有 400 多个,加上声调大约有 1200 个音节。正确熟练地朗读 400 个音节能为正确地朗读词语、熟练地朗读短文,以及用普通话流利地说话打下稳固的基础。音节的发音可以用《普通话声韵配合表》作为练习材料,先以声母为序对 400 个音节进行对比练习,再以韵母为序进行音节对比和熟读。

普通话声韵配合表(音节表)

发音部位 / 声母 / “四呼”		唇音				舌尖中音				舌面后音			舌面前音			舌尖后音				舌尖前音			零
		b	p	m	f	d	t	n	l	g	k	h	j	q	x	zh	ch	sh	r	z	c	s	
开口呼	i(前)																			自	词	饲	
	i(后)															之	炽	轼	日				
	a	拔	耙	马	乏	搭	塔	捺	蜡	尬	咖	蛤				闸	搽	煞		匝	擦	仨	阿
	o	博	坡	末	佛																		哦
	e			么		德	特	呢	勒	各	磕	贺				辙	撤	慑	惹	择	恻	涩	额
	er																						饵
	ai	百	徘	麦		逮	泰	奈	赖	概	慨	亥				摘	拆	筛		宰	采	腮	癌
	ei	贝	培	美	肥	得		馁	磊	给	剋	黑				这		谁		贼			欸
	ao	胞	跑	矛		蹈	滔	挠	牢	皋	考	郝				兆	焯	邵	饶	凿	糙	搔	袄
	ou		剖	眸	缶	陡	透	耨	娄	垢	抠	吼				胄	酬	狩	揉	邹	凑	叟	讴

续表

发音部位 / 声母 / “四呼”		唇音				舌尖中音				舌面后音			舌面前音			舌尖后音				舌尖前音			零
		b	p	m	f	d	t	n	l	g	k	h	j	q	x	zh	ch	sh	r	z	c	s	
开口呼	an	绊	畔	曼	番	但	坦	难	岚	甘	侃	函				蘸	缠	删	冉	暂	惭	伞	庵
	en	本	喷	扪	分			**嫩**		亘	恳	痕				振	辰	渗	韧	**怎**	**岑**	**森**	恩
	ang	邦	旁	盲	方	档	汤	囊	朗	杠	亢	杭				涨	敞	晌	瓤	赃	仓	丧	盎
	eng	崩	捧	萌	奉	登	疼	**能**	棱	梗	坑	横				正	呈	升	仍	增	蹭	**僧**	**鞥**
齐齿呼	i	比	批	觅		笛	啼	拟	栗				既	岂	熙								弋
	ia								**俩**				甲	卡	辖								雅
	ie	憋	瞥	蔑		叠	铁	啮	劣				介	妾	鞋								烨
	iao	彪	票	瞄		雕	眺	鸟	燎				脚	俏	筱								尧
	iou			**谬**		**丢**		忸	绺				久	丘	羞								诱
	ian	扁	翩	眠		碘	恬	拈	恋				剑	签	弦								验
	in	宾	频	民				**您**	凛				津	钦	薪								寅
	iang							酿	靓				匠	呛	祥								佯
	ing	丙	平	冥		丁	厅	凝	凌				菁	青	邢								颖
合口呼	u	捕	浦	亩	甫	督	徒	弩	掳	箍	枯	户				诸	储	束	褥	阻	猝	粟	乌
	ua									剐	垮	化				爪	**欻**	刷					娲
	uo					多	拓	诺	洛	裹	扩	或				卓	绰	烁	偌	唑	挫	梭	沃
	uai									拐	快	淮				**拽**	揣	衰					崴
	uei					兑	推			圭	魁	惠				赘 追	炊	税	睿	醉	粹	穗	未
	uan					端	湍	**暖**	峦	贯	款	浣				赚	串	栓	软	钻	窜	蒜	皖
	uen					吨	屯		仑	滚	困	荤				谆	醇	吮	闰	尊	忖	笋	紊
	uang									犷	诓	晃				撞	怆	霜					枉
	ueng																						翁
	ong					东	通	弄	龙	汞	恐	虹				冢	崇		戎	鬃	从	颂	
撮口呼	ü							衄	吕				矩	瞿	旭								钰
	üe							疟	掠				珏	确	穴								跃
	üan												卷	诠	玄								缘
	ün												均	群	旬								筠
	iong												炯	穹	匈								恿

注：黑体字为涵盖字很少的音节

二、字的正音

字的正音就是正确掌握字的读音。其方法有读记普通话常用单音节字词，分辨多音字的用法和读音，以及通过形近字的分辨来纠正字的错误读音习惯。

（一）常用单音节字词

熟读熟记单音节字词的读音，是提高普通话水平测试成绩的基本功。普通话水平测试前三项是凭借文字测查应试人的普通话语音水平，因此对普通话水平测试用的单音节字词，应当通过复习、朗读和识记掌握它们的正确读音。

常用单音节字词表

a	皑 ái	癌 ái	蔼 ǎi	隘 ài	庵 ān
	黯 àn	盎 àng	凹 āo	遨 áo	翱 áo
b	跋 bá	掰 bāi	扳 bān	颁 bān	绊 bàn
	瓣 bàn	谤 bàng	孢 bāo	鲍 bào	卑 bēi
	钡 bèi	惫 bèi	苯 běn	泵 bèng	迸 bèng
	匕 bǐ	彼 bǐ	鄙 bǐ	陛 bì	婢 bì
	痹 bì	匾 biǎn	膘 biāo	憋 biē	鳖 biē
	濒 bīn	摈 bìn	鬓 bìn	禀 bǐng	摒 bìng
	钵 bō	帛 bó	舶 bó	箔 bó	礴 bó
	跛 bǒ	簸 bò	哺 bǔ	捕 bǔ	埠 bù
	簿 bù				
c	沧 cāng	糙 cāo	蹭 cèng	茬 chá	诧 chà
	拆 chāi	掺 chān	搀 chān	禅 chán	潺 chán
	忏 chàn	偿 cháng	巢 cháo	掣 chè	抻 chēn
	丞 chéng	惩 chéng	骋 chěng	炽 chì	憧 chōng
	惆 chóu	踌 chóu	刍 chú	搐 chù	矗 chù
	踹 chuài	疮 chuāng	淳 chún	醇 chún	戳 chuō
	绰 chuò	囱 cōng	簇 cù	蹿 cuān	篡 cuàn
	璀 cuǐ	淬 cuì	皴 cūn	忖 cǔn	搓 cuō
	磋 cuō				

d	耷 dā	怠 dài	掸 dǎn	惮 dàn	祷 dǎo
	悼 dào	蹬 dēng	堤 dī	迪 dí	涤 dí
	嫡 dí	诋 dǐ	谛 dì	缔 dì	蒂 dì
	掂 diān	滇 diān	佃 diàn	淀 diàn	貂 diāo
	迭 dié	鼎 dǐng	锭 dìng	陡 dǒu	窦 dòu
	渎 dú	犊 dú	笃 dǔ	妒 dù	兑 duì
	吨 dūn	墩 dūn	蹲 dūn	盹 dǔn	囤 dùn
	沌 dùn	掇 duō	踱 duó	垛 duǒ	堕 duò
	跺 duò				
e	讹 é	厄 è	遏 è	鄂 è	愕 è
	萼 è	噩 è	饵 ěr	洱 ěr	迩 ěr
f	帆 fān	藩 fān	梵 fàn	坊 fāng	肪 fáng
	妃 fēi	绯 fēi	诽 fěi	翡 fěi	吠 fèi
	氛 fēn	酚 fēn	焚 fén	孵 fū	敷 fū
	弗 fú	匐 fú	甫 fǔ	辅 fǔ	俯 fǔ
	腑 fǔ	赴 fù	赋 fù	缚 fù	讣 fù
g	丐 gài	竿 gān	秆 gǎn	擀 gǎn	赣 gàn
	杠 gàng	篙 gāo	镐 gǎo	搁 gē	骼 gé
	葛 gě	亘 gèn	庚 gēng	羹 gēng	哽 gěng
	埂 gěng	汞 gǒng	拱 gǒng	篝 gōu	苟 gǒu
	垢 gòu	梏 gù	锢 gù	剐 guǎ	卦 guà
	拐 guǎi	胱 guāng	犷 guǎng	逛 guàng	皈 guī
h	骇 hài	酣 hān	憨 hān	鼾 hān	郝 hǎo
	劾 hé	阂 hé	涸 hé	颔 hé	褐 hè
	赫 hè	壑 hè	恒 héng	弘 hóng	桦 huà
	槐 huái	宦 huàn	豢 huàn	幌 huǎng	卉 huì
	诲 huì	讳 huì	贿 huì	秽 huì	彗 huì
	晦 huì	混 hùn	惑 huò	霍 huò	
j	姬 jī	畸 jī	稽 jī	羁 jī	汲 jí
	嫉 jí	脊 jǐ	戟 jǐ	伎 jì	忌 jì
	悸 jì	祭 jì	暨 jì	髻 jì	枷 jiā

	颊 jiá	胛 jiǎ	歼 jiān	笺 jiān	菅 jiān
	缄 jiān	蹇 jiǎn	睑 jiǎn	柬 jiǎn	碱 jiǎn
	饯 jiàn	涧 jiàn	谏 jiàn	犟 jiàng	皎 jiǎo
	剿 jiǎo	酵 jiào	竭 jié	矜 jīn	襟 jīn
	浸 jìn	靳 jìn	噤 jìn	茎 jīng	荆 jīng
	憬 jǐng	胫 jìng	炯 jiǒng	窘 jiǒng	揪 jiū
	灸 jiǔ	厩 jiù	驹 jū	咀 jǔ	沮 jǔ
	遽 jù	眷 juàn	撅 juē	倔 jué	崛 jué
	獗 jué	攫 jué	郡 jùn	骏 jùn	竣 jùn
k	揩 kāi	慨 kǎi	勘 kān	龛 kān	瞰 kàn
	亢 kàng	烤 kǎo	铐 kào	苛 kē	稞 kē
	窠 kē	瞌 kē	磕 kē	恪 kè	吭 kēng
	铿 kēng	抠 kōu	叩 kòu	脍 kuài	框 kuàng
	眶 kuàng	盔 kuī	窥 kuī	奎 kuí	魁 kuí
	傀 kuǐ	馈 kuì	匮 kuì	廓 kuò	
l	喇 lǎ	睐 lài	癞 lài	婪 lán	斓 lán
	琅 láng	烙 lào	涝 lào	勒 lè	羸 léi
	蕾 lěi	儡 lěi	擂 lèi	楞 léng	吏 lì
	沥 lì	隶 lì	栗 lì	砾 lì	敛 liǎn
	踉 liàng	辆 liàng	撩 liáo	撂 liào	拎 līn
	嶙 lín	凛 lǐn	吝 lìn	赁 lìn	躏 lìn
	羚 líng	翎 líng	聆 líng	卤 lǔ	掳 lǔ
	赂 lù	禄 lù	戮 lù	榈 lǘ	缕 lǚ
	履 lǚ	孪 luán	骡 luó	裸 luǒ	络 luò
	摞 luò				
m	霾 mái	瞒 mán	螨 mǎn	莽 mǎng	锚 máo
	卯 mǎo	铆 mǎo	袤 mào	酶 méi	媚 mèi
	寐 mèi	魅 mèi	盟 méng	锰 měng	弥 mí
	猕 mí	糜 mí	泌 mì	觅 mì	幂 mì
	谧 mì	娩 miǎn	篾 miè	抿 mǐn	泯 mǐn
	悯 mǐn	冥 míng	谬 miù	摩 mó	陌 mò

	寞 mò	蓦 mò	眸 móu	亩 mǔ	募 mù
	穆 mù	仫 mù			
n	钠 nà	囔 nāng	挠 náo	讷 nè	馁 něi
	倪 ní	溺 nì	昵 nì	拈 niān	黏 nián
	捻 niǎn	撵 niǎn	碾 niǎn	酿 niàng	袅 niǎo
	涅 niè	啮 niè	镊 niè	镍 niè	孽 niè
	您 nín	凝 níng	狞 níng	泞 nìng	疟 nüè
	诺 nuò	懦 nuò			
o	瓯 ōu	殴 ōu	讴 ōu	呕 ǒu	耦 ǒu
	沤 òu	怄 òu			
p	趴 pā	帕 pà	磐 pán	畔 pàn	襻 pàn
	滂 pāng	乓 pāng	胚 pēi	裴 péi	沛 pèi
	抨 pēng	澎 péng	坯 pī	毗 pí	痞 pǐ
	匹 pǐ	癖 pǐ	媲 pì	譬 pì	瞟 piǎo
	瞥 piē	乒 pīng	颇 pō	叵 pǒ	笸 pǒ
	剖 pōu				
q	沏 qī	栖 qī	戚 qī	祈 qí	畦 qí
	鳍 qí	颀 qí	迄 qì	讫 qì	泣 qì
	契 qì	砌 qì	掐 qiā	扦 qiān	虔 qián
	钳 qián	乾 qián	潜 qián	黔 qián	谴 qiǎn
	嵌 qiàn	羌 qiāng	跄 qiàng	锵 qiāng	跷 qiāo
	锹 qiāo	峭 qiào	撬 qiào	鞘 qiào	妾 qiè
	怯 qiè	惬 qiè	侵 qīn	噙 qín	沁 qìn
	氢 qīng	卿 qīng	擎 qíng	罄 qìng	琼 qióng
	穹 qióng	囚 qiú	酋 qiú	裘 qiú	祛 qū
	蛆 qū	蜷 quán	券 quàn	瘸 qué	阕 què
	榷 què				
r	冉 rǎn	瓤 ráng	攘 rǎng	壤 rǎng	饶 ráo
	扰 rǎo	绕 rào	妊 rèn	任 rèn	冗 rǒng
	蹂 róu	鞣 róu	蠕 rú	汝 rǔ	褥 rù
	蕊 ruǐ	睿 ruì	闰 rùn		

s	仨 sā	萨 sà	腮 sāi	鳃 sāi	骚 sāo
	缫 sāo	涩 sè	瑟 sè	僧 sēng	霎 shà
	杉 shān	煽 shān	膻 shān	潸 shān	陕 shǎn
	讪 shàn	擅 shàn	赡 shàn	晌 shǎng	梢 shāo
	勺 sháo	奢 shē	畲 shē	赦 shè	摄 shè
	麝 shè	娠 shēn	砷 shēn	肾 shèn	渗 shèn
	蜃 shèn	虱 shī	蚀 shí	矢 shǐ	侍 shì
	恃 shì	舐 shì	嗜 shì	噬 shì	螫 shì
	狩 shòu	枢 shū	倏 shū	孰 shú	赎 shú
	蜀 shǔ	黍 shǔ	戍 shù	恕 shù	庶 shù
	墅 shù	涮 shuàn	吮 shǔn	舜 shùn	瞬 shùn
	烁 shuò	硕 shuò	寺 sì	祀 sì	嗣 sì
	怂 sǒng	悚 sǒng	耸 sǒng	讼 sòng	擞 sǒu
	酥 sū	粟 sù	塑 sù	溯 sù	夙 sù
	绥 suí	髓 suǐ	祟 suì	穗 suì	隧 suì
	邃 suì	蓑 suō			
t	塌 tā	塔 tǎ	獭 tǎ	沓 tà	榻 tà
	蹋 tà	苔 tāi	汰 tài	坛 tán	棠 táng
	倘 tǎng	韬 tāo	绦 tāo	啕 táo	剔 tī
	啼 tí	涕 tì	嚏 tì	潼 tóng	捅 tǒng
	筒 tǒng	凸 tū	湍 tuān	颓 tuí	蜕 tuì
	褪 tuì	屯 tún	豚 tún	臀 tún	陀 tuó
	跎 tuó	椭 tuǒ	唾 tuò		
w	佤 wǎ	袜 wà	剜 wān	皖 wǎn	腕 wàn
	惘 wǎng	魍 wǎng	巍 wēi	桅 wéi	帏 wéi
	苇 wěi	蔚 wèi	吻 wěn	紊 wěn	蓊 wěng
	瓮 wèng	蕹 wèng	蜗 wō	涡 wō	斡 wò
	巫 wū	诬 wū	毋 wú	芜 wú	侮 wǔ
	忤 wǔ	妩 wǔ	捂 wǔ	勿 wù	戊 wù
x	兮 xī	汐 xī	悉 xī	晰 xī	犀 xī
	晳 xī	蜥 xī	膝 xī	曦 xī	袭 xí

	铣 xǐ	隙 xì	匣 xiá	峡 xiá	狭 xiá
	暇 xiá	遐 xiá	辖 xiá	黠 xiá	锨 xiān
	弦 xián	涎 xián	娴 xián	舷 xián	衔 xián
	馅 xiàn	腺 xiàn	霰 xiàn	镶 xiāng	饷 xiǎng
	潇 xiāo	嚣 xiāo	淆 xiáo	哮 xiào	啸 xiào
	楔 xiē	挟 xié	偕 xié	谐 xié	携 xié
	泻 xiè	卸 xiè	屑 xiè	械 xiè	亵 xiè
	懈 xiè	蟹 xiè	芯 xīn	馨 xīn	衅 xìn
	戌 xū	嘘 xū	蓄 xù	絮 xù	喧 xuān
	轩 xuān	癣 xuǎn	眩 xuàn	炫 xuàn	绚 xuàn
	渲 xuàn	薛 xuē	靴 xuē	穴 xué	噱 xué
	殉 xùn	逊 xùn			
y	涯 yá	崖 yá	衙 yá	讶 yà	咽 yān
	焉 yān	阉 yān	湮 yān	妍 yán	衍 yǎn
	酽 yàn	堰 yàn	砚 yàn	唁 yàn	赝 yàn
	佯 yáng	疡 yáng	漾 yàng	夭 yāo	吆 yāo
	尧 yáo	肴 yáo	窑 yáo	窈 yǎo	噎 yē
	冶 yě	曳 yè	掖 yè	腋 yè	漪 yī
	揖 yī	沂 yí	颐 yí	怡 yí	饴 yí
	贻 yí	胰 yí	倚 yǐ	屹 yì	役 yì
	疫 yì	呓 yì	邑 yì	驿 yì	诣 yì
	裔 yì	熠 yì	肄 yì	姻 yīn	殷 yīn
	垠 yín	寅 yín	龈 yín	霪 yín	荫 yìn
	胤 yìn	膺 yīng	荧 yíng	萦 yíng	颖 yǐng
	痈 yōng	壅 yōng	甬 yǒng	恿 yǒng	蛹 yǒng
	铀 yóu	酉 yǒu	黝 yǒu	釉 yòu	迂 yū
	淤 yū	腴 yú	虞 yú	禹 yǔ	驭 yù
	御 yù	垣 yuán	苑 yuàn	曰 yue	陨 yǔn
	殒 yǔn	熨 yùn	蕴 yùn	愠 yùn	恽 yùn
z	匝 zā	崽 zǎi	攒 zǎn	凿 záo	蚤 zǎo
	噪 zào	啧 zé	仄 zè	憎 zēng	轧 zhá

闸 zhá	铡 zhá	眨 zhǎ	蚱 zhà	斋 zhāi
宅 zhái	翟 zhái	瞻 zhān	辗 zhǎn	绽 zhàn
栈 zhàn	湛 zhàn	蘸 zhàn	昭 zhāo	沼 zhǎo
召 zhào	诏 zhào	肇 zhào	蜇 zhē	辄 zhé
褶 zhě	砧 zhēn	斟 zhēn	臻 zhēn	甄 zhēn
赈 zhèn	朕 zhèn	拯 zhěng	汁 zhī	窒 zhì
冢 zhǒng	仲 zhòng	肘 zhǒu	帚 zhǒu	咒 zhòu
嘱 zhǔ	瞩 zhǔ	伫 zhù	贮 zhù	拽 zhuài
赚 zhuàn	撰 zhuàn	篆 zhuàn	椎 zhuī	坠 zhuì
缀 zhuì	赘 zhuì	惴 zhuì	谆 zhūn	拙 zhuō
焯 zhuō	茁 zhuó	灼 zhuó	浊 zhuó	酌 zhuó
琢 zhuó	咨 zī	淄 zī	孜 zī	姊 zǐ
滓 zǐ	渍 zì	诅 zǔ	俎 zǔ	纂 zuǎn
攥 zuàn				

（二）常用多音字词

掌握多音字的正确读音，是提高普通话水平的一个行之有效的办法。多音字的学习记忆方法主要是以组词来进行对比识记。

常用多音字词表

（按音序排列）

ā yí ē yú āi jìn ái pī āo bái cài áo yè
【A】阿姨—阿谀　挨近—挨批　熬白菜—熬夜

ào kǒu zhí niù
拗口—执拗

bā chē pá qiè bǎ wò dāo bà bǎi yóu bó lín
【B】扒车—扒窃　把握—刀把　柏油—柏林

bàng bèng bù bǎng zi páng guāng bàng chèng páng bó
蚌—蚌埠　膀子—膀胱　磅秤—磅礴

bāo yáng ròu páo zhì pào dàn bāo pí bō duó
炮羊肉—炮制—炮弹　剥皮—剥夺

báo bǎn bó ruò bò he bào bīng páo gēn
薄板—薄弱—薄荷　刨冰—刨根

bào guāng pù shài bēi fù bèi hòu bēn pǎo bèn tour
曝光—曝晒　背负—背后　奔跑—奔头儿

bēng dài　běng liǎn　　bì xié　kāi pì　　Bì yáng　fēn mì
绷带—绷脸　　辟邪—开辟　　泌阳—分泌

Bì lǔ　mì mì　　bì bǎng　gē bei　　biàn yú　pián yi
秘鲁—秘密　　臂膀—胳臂　　便于—便宜

biē sān　gān biě　　bié chēng　biè niu　　bǐng chú　píng bì
瘪三—干瘪　　别称—别扭　　屏除—屏蔽

bó bo　dà bǎi zi　　bó wèi　hú pō　　bǔ cí　luó bo
伯伯—大伯子　　泊位—湖泊　　卜辞—萝卜

cān yù　cēn cī　rén shēn　　cáng nì　zàng qīng
【C】参与—参差—人参　　藏匿—藏青

céng jīng　zēng sūn　　chā yāo　chǎ kāi　pǐ chà
曾经—曾孙　　叉腰—叉开—劈叉

chà nà　shā chē　　chā bié　chà bu duō　cēn cī　chū chāi
刹那—刹车　　差别—差不多—参差—出差

chā　shù chà　　chàn dǒu　zhàn lì　　cháng yuàn　chǎng dì
杈—树杈　　颤抖—颤栗　　场院—场地

cháng zú　zhǎng bèi　　chāo shuō　jiǎo fěi
长足—长辈　　剿说—剿匪

cháo shèng　zhāo lù　　chē liàng　jū mǎ pào
朝圣—朝露　　车辆—车马炮

chèn zhí　chēng wèi　　chéng fàn　shèng dà
称职—称谓　　盛饭—盛大

chéng qīng　dèng qīng　huáng dèng dèng　dèng dèng
澄清—澄清—黄澄澄（“澄澄”可变读为阴平）

chōng fàn　chòng jìn r　　chóng hé　zhòng yā
冲犯—冲劲儿　　重合—重压

chòu yǎng　tóng xiù　　chǔ lǐ　chù suǒ　　chù sheng　xù mù
臭氧—铜臭　　处理—处所　　畜生—畜牧

chuán bō　zhuàn jì　　chuāng shāng　chuàng zào
传播—传记　　创伤—创造

chuáng chuáng　yí zhuàng　　cì hou　sì jī　　cuán dòng　jī zǎn
幢幢—一幢　　伺候—伺机　　攒动—积攒

dā ying　dá'àn　dǎi zhù　dài bǔ　　dān diào　Shàn
【D】答应—答案　逮住—逮捕　　单调—单

yí dàn　shí tou　　dàn dào　tán hé　　dāng qián　dàng tiān
一石—石头　　弹道—弹劾　　当前—当天

dǎo bān　dào tuì　dé dào　zǒng děi　dī fang　tí xǐng
倒班—倒退　得到—总得　提防—提醒

diào bō　tiáo jí　dōu shì　dū shì　dú shū　jù dòu
调拨—调级　都是—都市　读书—句读

dǔ zi　dù zi　dù liàng　chuǎi duó
肚子—肚子　度量—揣度

è liè　kě wù
【E】恶劣—可恶

fā sàn　fà zhǐ　fān qié　Pān yú
【F】发散—发指　番茄—番禺

fāng jiān　mò fáng　zuō fang　fēn xī　chǔ fèn
坊间—磨坊—作坊　分析—处分

fǒu zé　pǐ jí tài lái　fó jiào　fǎng fú
否则—否极泰来　佛教—仿佛

fú cóng　sān fù tāng yào　guǒ fǔ　xiōng pú
服从—三服汤药　果脯—胸脯

gān kū　gàn liàn　diàn xiàn gān　qiāng gǎn
【G】干枯—干练　电线杆—枪杆

gē dēng　kǎ xiě　gěi yǐ　jǐ yǔ　gēng huàn　gèng jiā
咯噔—咯血　给以—给予　更换—更加

gōng jǐ　gòng pǐn　gōu jié　gòu dàng　gū duǒr　gǔ tou
供给—供品　勾结—勾当　骨朵儿—骨头

gū gū zhuì dì　guā guā jiào　guān miǎn　guàn jūn
呱呱坠地—呱呱叫　冠冕—冠军

hái shi　huán yuán　háng kuǎn　dào héng　xíng rén
【H】还是—还原　行款—道行—行人

hàng dào　xiàng zi　háo jiào　hào zhào　hǎo zhuǎn　hào qiáng
巷道—巷子　号叫—号召　好转—好强

hē shuǐ　hè cǎi　hé huā　fù hè　hé xīn　húr
喝水—喝彩　荷花—负荷　核心—核儿

hé píng　fù hè　má jiàng hú le　huó miàn　huò xī ní　jiǎo huo
和平—附和—麻将和了—和面—和稀泥—搅和

héng shù　mán hèng　hōng chuán　hǒng dòu　qǐ hòng
横竖—蛮横　哄传—哄逗—起哄

huá chuán　huà guī　huǎng yǎn　huàng dang　huì yì　kuài · jì
划船—划归　晃眼—晃荡　会议—会计

huì nóng　kuì làn　　hún shuǐ mō yú　hùn zhuó　　huō kǒu　huò dá
溃脓—溃烂　　混水摸鱼—混浊　　豁口—豁达

jī hū　jǐ hé　　jǐ jǐ　jì shì　　jì lǐng dài　xì tǒng
【J】几乎—几何　　济济—济事　　系领带—系统

jiā zá　jiá yī　　jiǎ xiàng　jià tiáo　　jiān jù　jiàn xì
夹杂—夹衣　　假象—假条　　间距—间隙

jiān dū　tài jiàn　　jiāng jūn　jiàng lǐng　　jiàng luò　xiáng fú
监督—太监　　将军—将领　　降落—降服

jiàng zuǐ　qiáng huà　qiǎng pò　　jiāo shū　jiào huì　　jiáo shé　jǔ jué
犟嘴—强化—强迫　　教书—教诲　　嚼舌—咀嚼

jiǎo luò　jué sè　　jiào duì　xiào yuán　　jiē guǒ　jié guǒ
角落—角色　　校对—校园　　结果—结果

jiě chú　jiè sòng　xiè shù　　jǐn guǎn　jìn lì　　jìn zhǐ　bù jīn
解除—解送—解数　　尽管—尽力　　禁止—不禁

jìn tóu　jìng shēng　　jīng guò　jìng shā
劲头—劲升　　经过—经纱

juān qi lai　juàn yǎng　quān yǐ　　juǎn chǐ　juàn zi
圈起来—圈养—圈椅　　卷尺—卷子

jué jiàng　juè pí qi　　jué wù　shuì jiào　　jùn zi　xì jūn
倔强—倔脾气　　觉悟—睡觉　　菌子—细菌

kǎ piàn　guān qiǎ　　kān guǎn　kàn jiàn　　bèi ké　dì qiào
【K】卡片—关卡　　看管—看见　　贝壳—地壳

kōng dòng　kòng bái　　kē la　kǎn kě
空洞—空白　　坷垃—坎坷

lā liàn　lá kāi　　lào zhěn　luò xià　dà · da luō luō
【L】拉链—拉开　　落枕—落下—大大落落

láo dao　lào kē　　lào yìn　páo luò　　lè qù　yīn yuè
唠叨—唠嗑　　烙印—炮烙　　乐趣—音乐

lè lìng　lēi jǐn　　léi zhui　lěi cì　lèi fá　　léi gǔ　lèi tái
勒令—勒紧　　累赘—累次—累乏　　擂鼓—擂台

liáng dù　liàng zǐ　　liāo qǐ　liáo bō　　liáo yuán　huǒ liǎo
量度—量子　　撩起—撩拨　　燎原—火燎

liū da　dà liù　　liū da　liù wānr　　lòng táng　nòng quán
溜达—大溜　　蹓跶—蹓弯儿　　弄堂—弄权

lòu dǐ　lù chū　　lōu qián　lǒu bào　　lù lín　lǜ sè
露底—露出　　搂钱—搂抱　　绿林—绿色

luō xiù zi　lǚ má shéng
捋袖子—捋麻绳

mā bù　mǒ shā　guǎi wān mò jiǎo　mái cáng　mán yuàn
【M】抹布—抹杀—拐弯抹角　埋藏—埋怨

māo bù　māo yāo　méi shì　mò luò　mēn rè　chén mèn
猫步—猫腰　没事—没落　闷热—沉闷

mēng piàn　méng bì　měng gǔ　mí fèi　wěi mǐ
蒙骗—蒙蔽—蒙古　靡费—萎靡

mó hu　mú yàng
模糊—模样

màn yán　téng wàn　nán dé　pái yōu jiě nàn　ní nìng　jū nì
【N】蔓延—藤蔓　难得—排忧解难　泥泞—拘泥

nián hé　zhān lián　níng jìng　nìng kě
黏合—粘连　宁静—宁可

nǐng luó sī　pí qi nìng
拧螺丝—脾气拧

pāo tóng　pào mò　páo zhì　pào zhang　pēn fā　pèn xiāng
【P】泡桐—泡沫　炮制—炮仗　喷发—喷香

pī shān　pǐ chà　piān zi　piàn zi　Piáo　pǔ shí
劈山—劈叉　片子—片子　朴—朴实

piāo bó　piǎo bái　piào liang　piē・kāi　piě zuǐ
漂泊—漂白—漂亮　撇开—撇嘴

pū gài　pù miàn　qián pū　hòu jì　pú yì
铺盖—铺面　前仆后继—仆役

qiàn shéng　xiān wéi　qiáng zhì　qiǎng pò　qiāng zhe　qiàng rén
【Q】纤绳—纤维　强制—强迫　呛着—呛人

qiāo qiāo　qiǎo rán　qiáo shǒu　qiào wěi ba　qīn qi　qìng jia
悄悄—悄然　翘首—翘尾巴　亲戚—亲家

qū xiàn　gē qǔ　quē yí　gōng què
曲线—歌曲　阙疑—宫阙

Rén　rèn wu
【R】任—任务

sā shǒu　sǎ bō　sāi chē　sài wài　dǔ sè　sǎn màn　sàn shī
【S】撒手—撒播　塞车—塞外—堵塞　散漫—散失

sāng shì　sàng shī　sāo qì　hài sào　shā wěi　shà bái　shǎi zi　sè cǎi
丧事—丧失　臊气—害臊　煞尾—煞白　色子—色彩

shān jí zhà lan shǎng shēng shàng bian shǎo shù shào ér

栅极—栅栏 上声—上边 少数—少儿

shé běn zhē teng zhé fú shéi rén shuí shēn shēn xīn zhuāng

折本—折腾—折服 谁人—谁 莘莘—莘庄

shěng huì fǎn xǐng shì de xiāng sì shóu tòu le shú shi

省会—反省 似的—相似 熟透了—熟识

shǔ luo shù liàng shǔ xìng zhǔ yì shuài lǐng gài lǜ

数落—数量 属性—属意 率领—概率

shuō·cí yóu shuì sù shè yì xiǔ xīng xiù suì yuàn bàn shēn bù suí

说辞—游说 宿舍—一宿—星宿 遂愿—半身不遂

tà piàn kāi tuò tā shi tà qīng tiāo ti tiǎo xìn

【T】拓片—开拓 踏实—踏青 挑剔—挑衅

tǔ lù tù xiě tiě zi fú tiē zì tiè zì tiěr

吐露—吐血 帖子—服帖—字帖—字帖儿

wéi nán wèi le wéi tián xū cháng

【W】为难—为了 圩田—圩场

xià hu dòng hè Xià mén dà shà Xiān bēi xiǎn jiàn

【X】吓唬—恫吓 厦门—大厦 鲜卑—鲜见

xiāng sì xiàng cè Xiāo xiào xiàng xiāo qiān bǐ xuē fà

相似—相册 肖—肖像 削铅笔—削发

tù xiě xuè yā xīng fèn xìng zhì

吐血—血压 兴奋—兴致

xuán zhuǎn xuàn fēng

旋转—旋风

yà cháng zhá gāng yān hóu yàn qì gěng yè

【Y】轧场—轧钢 咽喉—咽气—哽咽

Yān shān yàn zi yīng jiè yìng yòng

燕山—燕子 应届—应用

yú qǔ yú qiú yǔ yǐ yǔ qí yù huì yūn jué yùn xiě

予取予求—予以 与其—与会 晕厥—晕血

zài tǐ zhuǎn zǎi zhá yóu tiáo zhà dàn zhái cài xuǎn zé

【Z】载体—转载 炸油条—炸弹 择菜—选择

zhǎng cháo nǎo zhàng zhāo shù zháo jí zhuó luò zǒu zhe

涨潮—脑涨 着数—着急—着落—走着

zhēng zhá zhèng tuō zhēng jié zhèng zhuàng

挣扎—挣脱 症结—症状

zhī shēn　zhǐ dé　　zhōng jiān　zhōng jiàn r　zhòng kěn
只身—只得　　中间—中间儿—中肯

zhǒng zi　zhòng zhí　　zhóu chéng　yā zhòu
种子—种植　　轴承—压轴

zhuǎn dòng　zhuàn dòng　zhuàn quān　　zhuó mó　zuó mo
转动—转动—转圈　　琢磨——琢磨

zuān yán　zuàn jǐng　　zuō fang　zuò wéi
钻研——钻井　　作坊——作为

（三）形近字读音辨析

形体相近的字，读音常常有联系，不是声母相似，就是韵母相同。但形近字读音往往不是全同，它们不是声母有别，就是声调有差异。普通话水平测试对字的读音要求是正确无误，形近字之间只对提示声母或韵母的类起一定作用，对字的准确读音不能起类推作用，不能见字读半边。我们可以利用下面的《形近字读音辨析表》，对比着来掌握形体相近的字的正确读音。

形近字读音辨析表

（按音序排列）

ān liàn　àn dàn　àn dàn
【A】谙练—暗淡—黯淡

bǎi hé　bài zi　bēi jiàn　shí bēi　bì nǚ　pí zàng
【B】捭阖—稗子—卑贱—石碑—婢女—脾脏

bān bù　bīn lín　pín lǜ　pō jiā　tuí fèi
颁布—濒临—频率—颇佳—颓废

bàn jiǎo　bàn zuǐ　pàn duàn　hú pàn　qiā pàn　tiǎo xìn
绊脚—拌嘴—判断—湖畔—袷袢—挑衅

bǎng shǒu　bàng wǎn　bàng shū　bàng chèng　pāng pài
榜首—傍晚—谤书—磅秤—滂湃—

páng bó　páng xiè
磅礴—螃蟹

bàng hè　pěng bēi　　bāo biǎn　bǎo lěi
棒喝—捧杯　　褒贬—堡垒

bào lù　bào fā　bào guāng　pù shài　pù bù
暴露—爆发—曝光—曝晒—瀑布

bèilùn　bó zi　bèilěi　bèishāo　Běibèi　Fújiāng　péiyù
悖论—脖子　蓓蕾—焙烧—北碚—涪江—培育

bèng fā　bìng qì　bǐng xī　píng bì
迸发—摒弃—屏息—屏蔽

bì hù　pī lòu　pí lín　pì měi
庇护—纰漏—毗邻—媲美

bì miǎn　bì duān　guài pǐ　guài pì　pǐ hào　kāi pì　piān pì　pì rú
避免—弊端—怪癖—怪僻—癖好—开辟—偏僻—譬如

biān xiě　biān chǎo　biān fú　biān yú　biǎn é　biǎn xiá　biàn dì　piān fú
编写—煸炒—蝙蝠—鳊鱼—匾额—褊狭—遍地—篇幅

biǎn dī　fá wèi　zhēn biān　zhǎ yǎn
贬低—乏味—针砭—眨眼

biāo kè　biāo qíng　piāo qiè　piāo bó　piáo chāng　piǎo bái　piǎo　yú biào
镖客—膘情—剽窃—漂泊—嫖娼—漂白—瞟—鱼鳔

bīn kè　bīn hǎi　bìn fà　bìn qì　bìn liàn　pín fēi　hé bāng
宾客—滨海—鬓发—摈弃—殡殓—嫔妃—河浜

bó wèi　hú pō　hǔ pò　zāo pò
泊位—湖泊—琥珀—糟粕

bǔ cí　qián fù hòu jì　qián pū hòu jì　pǔ sù
卜辞—前赴后继—前仆后继—朴素

bǔ zhuō　bǔ yù　fǔ dǎo　guǒ fǔ　tái fǔ　pū zhāng　xiōng pú　pú shàn　huā pǔ　Huáng pǔ　Huáng pǔ jiāng
捕捉—哺育—辅导—果脯—台甫—铺张—胸脯—蒲扇—花圃—黄埔—黄浦江

cāo mǐ　zào jiù　cāo chí　zǎo lèi　zào yīn　zào rè　zào dòng
【C】糙米—造就　操持—藻类—噪音—燥热—躁动

cè liáng　cè miàn　zé shēng　zhá dāo
测量—侧面—则声—铡刀

chán yì　chǎn shù　chán zōng　shàn ràng
蝉翼—阐述—禅宗—禅让

cháo xué　jiǎo fěi　sāo sī　kē jiù　chè xiāo　chē zhé　sī liè　sǎ bō
巢穴—剿匪—缫丝—窠臼　撤销—车辙—撕裂—撒播

chéngxiàn chěngnéng chēngyāo zhǎngsháo
呈现—逞能 撑腰—掌勺

chǐlún nièshì chíchěng pìnyòng chìrè zhībǔ qízhì
齿轮—啮噬 驰骋—聘用 炽热—织补—旗帜

chónggāo guǐsuì
崇高—鬼祟

chùmiǎn jīchǔ xiāngxíngjiànchù duōduō zhuōbèn
黜免—基础—相形见绌—咄咄—拙笨

chuǎimó zhèngchuài tuānliú zhuìlì
揣摩—挣踹—湍流—惴栗

cānghǎi chuāngbā chuāngkǒu bēichuàng qiāngfēng qiāngzhe
沧海—疮疤—创口—悲怆—戗风—呛着

chúnxiāng zhūnzhūn chuōchuān shālù
醇香—谆谆 戳穿—杀戮

chuòxué diānduo cízhuì cūguǎng kuàngkè kuòdà
辍学—掂掇—词缀 粗犷—旷课—扩大

cuānhóng cuàngǎi chuànzhū cuànduó biānzuǎn zuànjǐn
蹿红—窜改—串珠 篡夺—编纂—攥紧

cuīcán cuǐcàn cuóchuāng cuòzhé cuòdāo
摧残—璀璨 痤疮—挫折—锉刀

dàidòng zhìliú dàngcì dǎngchē
【D】带动—滞留 档次—挡车

dàoniàn diàoduì zhuóyuè dībà dīfang tíwèn
悼念—掉队—卓越 堤坝—提防—提问

diān·liáng diǎnjiǎo diànwū niánhé niānhuārěcǎo
掂量—踮脚—玷污—黏合—拈花惹草—

zhānrǎn zhānlián zhēnbǎn diǎndàng miǎntiǎn
沾染—粘连—砧板 典当—腼腆

diànfěn zhànfàng duìhuàn tuìbiàn jiānruì
淀粉—绽放 兑换—蜕变—尖锐

dìngzhèng dìngdīngzi dǒuqiào túláo qiānxǐ
订正—钉钉子 陡峭—徒劳—迁徙

duǒkǒu màiduò duòjiǎo duòxiànr
垛口—麦垛—跺脚—剁馅儿

fànmài guīyī
【F】贩卖—皈依

fēi zi gǒu qǐ fēi hóng fěi bó fèi téng fó jiào
妃子—枸杞 绯红—菲薄 沸腾—佛教

fēn wéi fēn tài chōng fèn Fén hé fú hé fù hè
氛围—酚酞—充分—汾河 符合—附和

fù xí fù gài lǚ xíng gāng bì
复习—覆盖—履行—刚愎

gān zi bǐ gǎn gǎng wèi shān gāng gài kuò fèn kǎi
【G】竿子—笔杆 岗位—山冈 概括—愤慨

gāi zháo jīng hài xíng hái guī dìng kuī shì
该着—惊骇—形骸 规定—窥视

guì zi shǒu jiǎo kuài kuài zhì rén kǒu
刽子手—狡狯—脍炙人口

Hǎo shè miǎn hè sè jié chéng huà shù lí huá yè yè
【H】郝—赦免 褐色—竭诚 桦树—犁铧—晔—烨

huái guān jié luǒ lù kē lì
踝关节—裸露—颗粒

huì yán wéi bèi wěi dù wěi dàng
讳言—违背—纬度—苇荡

jī xíng qǐ lì lián yī yǐ kào jī sī biān jí zhōu jí
【J】畸形—绮丽—涟漪—倚靠 缉私—编辑—舟楫

jí shǐ jì rán jiù féi jǐ suǐ pín jí
即使—既然—厩肥 脊髓—贫瘠

jiā fèng qiè yì xiá yì xié chí jiān bǎng qián kè
夹缝—惬意—侠义—挟持 肩膀——掮客

jiān miè qiān mò qiàn fū xiān wéi jiān dū mén kǎn
歼灭—阡陌—纤夫—纤维 监督——门槛

jiāng xǐ jiǎng chéng chuán jiǎng jiàng yóu
浆洗—奖惩—船桨—酱油

jiē shì hé xié kāi yóu xié tóng jiè yān gào jiè xiè dòu
皆是—和谐—揩油—偕同 戒烟—告诫—械斗

jìn tóu jìng bá huā jīng jīng wèi-fēn míng jìng tíng jìng gǔ jìng luán
劲头—劲拔—花茎—泾渭分明—径庭—胫骨—痉挛

jìn rǎn qīn lüè jiū xīn tiě qiāo zhēn jiǔ zhì shǒu kě rè
浸染—侵略 揪心—铁锹 针灸—炙手可热

jǔ sàng zǔ zhǐ jǔ xíng jù jué jù lí
沮丧—阻止 矩形—拒绝—距离

juǎn qū juàn zōng quán suō zhài quàn
卷曲—卷宗—蜷缩—债券

juē wěi juē zuǐ chāng jué hūn jué yì jué bú zhèn
撅尾—噘嘴—猖獗—昏厥——蹶不振

jué jiàng jué jìn jué qǐ qū fú
倔强—掘进—崛起—屈服

kàng fèn kēng qì kē qiú kǎn kě
【K】亢奋—吭气 苛求—坎坷

kē ba kè guā zǐ kè rán
磕巴—嗑瓜子—溘然

kōu mén ōu gē qū yù yǔ lǚ lǎo yù zhōng shū
抠门—讴歌—区域—伛偻—老妪—中枢

kuǎ tái kuà yuè kuà bāo kuà gǔ wán kù
垮台—跨越—挎包—胯骨—纨绔

kuāng zi kuàng jià yǎn kuàng kuò hào guā dāo
筐子—框架—眼眶 括号—刮刀

lài pí lài zi lǎn duò shuǐ tǎ léi ruò shū yíng
【L】赖皮—癞子—懒惰—水獭 羸弱—输赢

liǎn cái zhuāng liàn liàng qiàng niàng zào
敛财—装殓 踉跄—酿造

liáo rào liáo dǎo liào wàng liào kào
缭绕—潦倒—瞭望—镣铐

léng zhù léng céng líng jiǎo líng xùn líng yuán
棱柱—崚嶒—菱角—凌汛—陵园

līn bāo lín jū líng lì zū lìn píng jiè
拎包—邻居—伶俐 租赁—凭借

lūn quán lún wáng
抡拳—沦亡

mò rán mù jí mù hòu mǐn miè mǐn zi shuì mián
【M】蓦然—募集—幕后 泯灭—抿子—睡眠

nài hé nà náo tóu ráo mìng huán rào qī qiāo rǎo luàn
【N】奈何—捺 挠头—饶命—环绕—蹊跷—扰乱

ní nán niǔ ní nì gǔ nì chēng niè zi shè yǐng wēi shè
呢喃—忸怩—泥古—昵称 镊子—摄影—威慑

níng shén yí wèn nuò ruò rú jiā
凝神—疑问 懦弱—儒家

pēitāi　pībù　piējiàn　piēkāi　piězuǐ　pìnyòng　chíchěng
【P】胚胎—坯布　瞥见—撇开—撇嘴　聘用—驰骋

qīchá　duīqì　chèdǐ　qìjī　xiēzi　qīhēi　xīgài
【Q】沏茶—堆砌—彻底—契机—楔子　漆黑—膝盖

qǐqiú　qìjīn　qiāsuàn　huǒyàn　xiànbǐng　xiànjǐng
乞求—迄今　掐算—火焰—馅饼—陷阱

qiáocuì　qiáofū　quánshì　quányù　shuānsè　shuānzhù
憔悴—樵夫　诠释—痊愈—栓塞—拴住

sēnglǚ　zēnghèn　zèngsòng　móceng　shālì　shǎnshuò
【S】僧侣—憎恨—赠送—磨蹭　砂砾—闪烁

shānwèi　shànzì　tánxiāng　shànyǎng　zhānyǎng
膻味—擅自—檀香　赡养—瞻仰

shānchú　shānhú　zhàlan
删除—珊瑚—栅栏

sháoyao　méishuò　zhuórè
芍药—媒妁—灼热

Shàoyáng　zhāorán　zhàokāi　zhǎozé　zhàoshū
邵阳—昭然—召开—沼泽—诏书

shūróng　shū　shùfù　sǒngrán　sùdù
殊荣—姝　束缚—悚然—速度

shuāxīn　shuànxǐ　shǔnxī　yǔnxǔ
刷新—涮洗　吮吸—允许

shuòfēng　sùliào　zhuīsù　sǒnglì　sǒngyǒng
朔风—塑料—追溯　耸立—怂恿

Suícháo　gǔsuǐ
隋朝—骨髓

tāshi　tàbǎn　zátà　yǎomiǎo　tāfāng　xiàtà　lā·tā
【T】踏实—踏板—杂沓—杳渺　塌方—下榻—邋遢

tīchú　shǎngcì　tuǒxié　qìněi　suíjìng
剔除—赏赐　妥协—气馁—绥靖

wān yě cài　wānyán　wǎnrú　shǒuwàn
【W】剜野菜—蜿蜒—宛如—手腕

wǔzhù　wùxìng　huìwù
捂住—悟性—会晤

xiázi　zhámén　xiàoxiàng　xiāoyān　búxiè
【X】匣子—闸门　肖像—硝烟—不屑

xián yuè　xián chuāng　xuán miào　xuàn yào　xuàn yùn
弦乐—舷窗—玄妙—炫耀—眩晕

xián shuǐ　yán cháng　xiè huò　yù jià　xù jiǔ　xiōng hěn
涎水—延长　卸货—御驾　酗酒—凶狠

xiān huó　shǒu xuǎn　xuān zhǐ　xuān nào　hán xuān　xuān hè
鲜活—手癣　宣纸—喧闹—寒暄—煊赫—

xuàn rǎn
渲染

yǎo zi　yáo yuǎn　wǔ dǎo　xiàn bǐng　xiàn luò
【Y】舀子—遥远—舞蹈—馅饼—陷落

yáng zhuāng　cháng yáng　dǎ yàng
佯装—徜徉—打烊

yè guāng dàn　zhuài zhù　yóu　yòu zhì　yā zhòu
曳光弹—拽住　铀—釉质—压轴

yú qī　yú kuài　yù hé　shǒu yù　yuàn yán　wén yuàn
逾期—愉快—愈合—手谕　怨言—文苑

yuè jìn　yāo mó　zhào yào
跃进—妖魔—照耀

zā dào　zā shé　zá guō　zhài wù　zé rèn　wū zì
【Z】匝道—咂舌—砸锅　债务—责任—污渍

zhàng qì　biǎo zhāng　zhàng'ài　zhèng zhòng　zhì huán
瘴气—表彰—障碍　郑重—掷还

zhǐ yì　zào yì　zhù cún　zhù lì
旨意—造诣　贮存—伫立

第五节　语流音变

读准普通话的声母、韵母、声调和音节，是说准普通话的基本要求，但在我们日常语言交际中，表达思想感情的一个个音节是连续发出来的。把许多音节组成词、短语和句子连续地说出并形成语声的线性流动，习惯上我们称之为"语流"。在语流中有些音节受到前面或后面音节的影响，会产生语音变化，这种变化一般是有规律的，也有一部分是约定俗成的，统称为语流音变。要流畅自如地用普通话表达思想感情，除了发准声韵调和基本音节，还必须注意语流音变。普通话的语流音变主要包括变调、轻声、词的轻重格式、儿化及“啊”的变读。

一、变调

我们在读词语、朗读文章和说话过程中，由于邻近的音节声调的相互影响，有些音节的声调往往要发生变化，这种声调变化现象叫变调。普通话的四个声调发音在受到邻近音节声调影响的时候，或多或少都会有些变化，其中阴平、阳平、去声的变化不很明显，变化最明显的是上声及“一、不”的变调。普通话水平测试所关注的变调主要有上声的变调、“一”“不”的变调。

（一）上声的变调

上声在单念或处于词尾、句末时，一般读原调，其他时候常常要变调。

1. 上声在两字词语中的变调

（1）记忆方法

① 念半上——上声在阴平、阳平、去声前面念半上，调值由 214 变成 21 或 211，也就是只降不升，即只念上声的前半段降低部分。例如：每天、每年、每月。

② 念直上——上声跟上声相连，前面的上声变成升调，像阳平的调值一样，调值由 214 变成 35。例如：美好、勉强、骨髓。

（2）词语练习

上声+阴平

捕捉 bǔzhuō	纺织 fǎngzhī	假说 jiǎshuō	解剖 jiěpōu
奖金 jiǎngjīn	酒精 jiǔjīng	口腔 kǒuqiāng	感知 gǎnzhī
火车 huǒchē	老乡 lǎoxiāng	始终 shǐzhōng	晚期 wǎnqī
小心 xiǎoxīn	挑拨 tiǎobō	演出 yǎnchū	子孙 zǐsūn

上声+阳平

柏油 bǎiyóu	比如 bǐrú	表情 biǎoqíng	采掘 cǎijué
阐明 chǎnmíng	场合 chǎnghé	腐蚀 fǔshí	广博 guǎngbó

恳求 kěnqiú	冷藏 lěngcáng	敏捷 mǐnjié	美德 měidé
雪白 xuěbái	隐藏 yǐncáng	远洋 yuǎnyáng	沼泽 zhǎozé

上声+去声

把握 bǎwò	宝藏 bǎozàng	比较 bǐjiào	胆怯 dǎnqiè
抚育 fǔyù	反复 fǎnfù	海外 hǎiwài	缓慢 huǎnmàn
尺度 chǐdù	讽刺 fěngcì	简易 jiǎnyì	奖券 jiǎngquàn
尽快 jǐnkuài	屡次 lǚcì	普遍 pǔbiàn	闪烁 shǎnshuò

上声+上声

笔筒 bǐtǒng	岛屿 dǎoyǔ	采访 cǎifǎng	产品 chǎnpǐn
反省 fǎnxǐng	粉笔 fěnbǐ	感慨 gǎnkǎi	改组 gǎizǔ
好感 hǎogǎn	尽管 jǐnguǎn	可口 kěkǒu	理想 lǐxiǎng
女子 nǚzǐ	品种 pǐnzhǒng	所属 suǒshǔ	土壤 tǔrǎng
侮辱 wǔrǔ	语法 yǔfǎ	引起 yǐnqǐ	雨水 yǔshuǐ
展览 zhǎnlǎn	整理 zhěnglǐ	只好 zhǐhǎo	总得 zǒngděi

(3) 绕口令练习

lǎo Lǐ bù chī lǐ lǎo Lí bù chī lí lǎo Lǐ chī lí bù chī lǐ lǎo Lí chī lǐ bù chī lí lí dà lǐ xiǎo Lí chī lǐ lǐ xiǎo lí dà Lǐ chī lí

老李不吃李，老黎不吃梨。老李吃梨不吃李，老黎吃李不吃梨。梨大李小黎吃李，李小梨大李吃梨。

(4) 上声变调的句子练习

měi lì xiǎo zuǐ lǐ yǔ máo biǎn jiǎo cǎo

① 瞧，它多美丽！娇巧的小嘴，啄理着绿色的羽毛，鸭子样的扁脚，呈现出春草的鹅黄。(作品 11 号《可爱的小鸟》)

shǒu xiān wǒ yǒu xiǎng duǎn duǎn yǐ miǎo lǐ yǐng kě yǐ zhěng xiǎng

② 首先是我从来没有想到在短短的以秒计算的单位时间里，电影胶片可以完成一个完整的构想。(作品 28 号《感受电视》)

2. 三个上声相连的词语变调

(1) 记忆方法

① 单双格:(单音节+双音节)是指一个三字词中,后两个音节的意义关系更加紧密,这时第一个上声变为半上,调值[211],第二个上声变为阳平,调值[35],第三个上声读原调,即半上+阳平+上声。例如:小|老虎、好|总理。

② 双单格:(双音节+单音节)是指一个三字词语中,前面两个音节的意义关系紧密,这时前两个上声都变为阳平,调值[35],第三个上声读原调,即阳平+阳平+上声。例如:演讲|稿、展览|馆。

③ 多个上声相连,先划分语音停顿,再依据情况变调。例如:我有|五把|纸雨伞。

(2) 词语练习

单双格:

厂党委 chǎngdǎngwěi　　好小伙 hǎoxiǎohuǒ
老保姆 lǎobǎomǔ　　老首长 lǎoshǒuzhǎng
老祖母 lǎozǔmǔ　　冷处理 lěngchǔlǐ
李厂长 lǐchǎngzhǎng　　米老鼠 mǐlǎoshǔ
耍笔杆 shuǎbǐgǎn　　小两口 xiǎoliǎngkǒu
纸老虎 zhǐlǎohǔ

双单格:

处理品 chǔlǐpǐn　　古典美 gǔdiǎnměi
古典舞 gǔdiǎnwǔ　　蒙古语 měnggǔyǔ
跑马场 pǎomǎchǎng　　水彩笔 shuǐcǎibǐ
五百米 wǔbǎimǐ　　洗脸水 xǐliǎnshuǐ
选举法 xuǎnjǔfǎ　　雨水少 yǔshuǐshǎo
展览馆 zhǎnlǎnguǎn

(3) 绕口令练习

wǔ zǔ de xiǎo zǔ zhǎng tā xìng Lǔ　jiǔ zǔ de xiǎo zǔ zhǎng tā xìng Lǐ
五组的小组长他姓鲁,九组的小组长他姓李,
Lǔ zǔ zhǎng bǐ Lǐ zǔ zhǎng xiǎo yì diǎnr　Lǐ zu zhǎng bǐ Lǔ zǔ zhǎng lǎo yì
鲁组长比李组长小一点儿,李组长比鲁组长老一
diǎnr　Lǔ zǔ zhǎng zūn zhòng Lǐ zǔ zhǎng　Lǐ zǔ zhǎng ài hù Lǔ zǔ zhǎng
点儿。鲁组长尊重李组长,李组长爱护鲁组长。

(4) 上声变调的句子练习

① 有(yǒu)一夜,那个在哥伦波上船的英国人指(zhǐ)给(gěi)我(wǒ)看天上的巨人。他用手(shǒu)指(zhǐ)着(zhe):那四颗明亮的星是头,下面的几(jǐ)颗是身子,这几(jǐ)颗是手(shǒu),那几颗是腿(tuǐ)和脚(jiǎo),还有三颗星算是腰带。(作品3号《繁星》)

② 小(xiǎo)鸟(niǎo)给(gěi)远(yuǎn)航生活蒙上了一层浪漫色调。(作品11号《可爱的小鸟》)

(二)“一”“不”的变调

1. 记忆方法

(1)“一”“不”单念或在句末念原调。“一”为序数词,表示“第一”的含义时读原调。例如:一、二、三,三十一,一九一九年,第一;不!我不。

(2)“一”“不”在去声前变阳平(“不”的变调只此一种)。例如:一样、不对。

(3)“一”在非去声前变去声。例如:一天、一年、一起。

(4)“一”夹在重叠式动词中间,“不”夹在动词、形容词中间或充当动词后面的补语时,都轻读,属于“次轻音”。例如:听一听、去不去、看不清。

由于“次轻音”的声调仍依稀可见,当“一”和“不”夹在两个音节中间时,不是依前一个音节变为轻声的调值,而是当音量稍有加强,就依后一个音节产生变调,变读为“次轻音”。例如:听一听、试一试、买不买、会不会。

2.“一”“不”变调的词语练习

在阴平前

一般 yìbān	一斑 yìbān	一发 yìfā	一经 yìjīng
一瞥 yìpiē	一身 yìshēn	一天 yìtiān	一应 yìyīng
一些 yìxiē	一心 yìxīn	一朝 yìzhāo	不安 bù'ān
不禁 bùjīn	不拘 bùjū	不堪 bùkān	不一 bùyī
不依 bùyī			

在阳平前

一连 yìlián　一齐 yìqí　一如 yìrú　一头 yìtóu

一行 yìxíng　一时 yìshí　一隅 yìyú　一直 yìzhí

不才 bùcái　不曾 bùcéng　不辞 bùcí　不成 bùchéng

不妨 bùfáng　不符 bùfú　不得劲 bùdéjìn

在上声前

一举 yìjǔ　一览 yìlǎn　一起 yìqǐ　一手 yìshǒu

一统 yìtǒng　一晃 yìhuǎng　一准 yìzhǔn　一总 yìzǒng

一把手 yìbǎshǒu　一口气 yìkǒuqì　一丁点儿 yìdīngdiǎnr

一股脑儿 yìgǔnǎor　不比 bùbǐ　不逞 bùchěng

不齿 bùchǐ　不揣 bùchuǎi　不爽 bùshuǎng　不韪 bùwěi

在去声前

一带 yídài　一定 yídìng　一度 yídù　一概 yígài

一贯 yíguàn　一晃 yíhuàng　一律 yílǜ　一瞬 yíshùn

一向 yíxiàng　一再 yízài　不啻 búchì　不惮 búdàn

不当 búdàng　不吝 búlìn　不适 búshì　不肖 búxiào

不孝 búxiào　不屑 búxiè　不在乎 búzàihu

不见得 bújiàn·dé　不至于 búzhìyú

不速之客 búsùzhīkè　不动声色 búdòngshēngsè

不胫而走 bújìngérzǒu

夹在词语中间

读一读 dú·yìdú　想一想 xiǎng·yìxiǎng　试一遍 shì·yíbiàn

行不行 xíng·bùxíng　好不好 hǎo·bùhǎo　热不热 rè·búrè

听不清 tīng·bùqīng　看不见 kàn·bújiàn　起不来 qǐ·bùlái

拿不了 ná·bùliǎo

3. 绕口令练习

yí gè dà　yí gè xiǎo　yí jiàn yī fu　yì dǐng mào　yì biān duō　yì

一个大，一个小，一件衣服一顶帽。一边多，一

biān shǎo　yì dá qian bǐ　yì bǎ dāo

边少，一打铅笔一把刀。

yí gè dà　yí gè xiǎo　yì zhī xī guā　yì kē zǎo　yì biān duō　yì biān

一个大，一个小，一只西瓜一颗枣。一边多，一边

shǎo yì hé bǐng gān yí kuài gāo
少，一盒饼干一块糕。

yí gè dà yí gè xiǎo yì zhī féi zhū yì zhī māo yì biān duō yì
一个大，一个小，一只肥猪一只猫。一边多，一

biān shǎo yì qún dà yàn yì zhī niǎo
边少，一群大雁一只鸟。

yì biān chàng yì biān tiào dà xiǎo duō shǎo jì de láo
一边唱，一边跳，大小多少记得牢。

4.“一”“不”变调的句子练习

yí yì yí yì
① 没有一片绿叶，没有一缕炊烟，没有一粒泥土，没有一丝花香，只有水的世界，云的海洋。

yí yì
一阵台风袭过，一只孤单的小鸟无家可归，落到被卷到洋里的木板上，乘流而下，姗姗而来，近了，近了！（作品11号《可爱的小鸟》）

bù
② 那哀痛的日子，断断续续地持续了很久，爸爸妈妈也不知道如

bù rú
何安慰我。他们知道与其骗我说外祖母睡着了，还不如对我说实话：

bú huì
外祖母永远不会回来了。

bú huì
“什么是永远不会回来呢？”我问着。（作品6号《和时间赛跑》）

二、轻声

轻声是一种特殊的变调现象，也是普通话特有的一种语音现象。

（一）轻声的语音特性

1. 轻声都是从普通话的阴平、阳平、上声、去声四个声调变化而来的，不是普通话四声之外的第五个声调。如说说、玩玩、写写、看看，这四个词语的第二个音节都是轻声，原来的声调分别为阴平、阳平、上声、去声，变为轻声以后，失去了原来的调值，听感上显得轻短模糊。

2. 轻声音节不能单独存在，总是体现在词语和句子中，因此轻声的读音也不能独立存在，它们的实际轻声调值总是依据前一个音节的调值来确定的，而不论轻声音节原来的调值是什么。如“村子、麻烦”

中的轻声音节“子”和“烦”，在阴平和阳平的后面念31（调值下加短横表示读音的音长比较短），而不论“子”原来的调值是214，“烦”原来的调值是35。这是轻声的“特殊”所在。

3. 轻声主要是由音高和音长这两个因素构成的。从轻声的音高看，轻声音节失去原来的调值，变为轻声音节特有的音高形式，形成轻声调值。从轻声的音长看，轻声音节一般短于非轻声音节，调型虽短但依稀可辨，这是轻声音节发音的另一个重要因素。音强则在轻声音节发音中不起明显的作用。

4. 轻声音节在音色上会发生一些变化，比如声母浊化、韵母弱化等。例如“爸爸”中轻声音节的声母 b 有浊化的倾向，韵母 a 有些弱化，开口度稍变小。

（二）轻声的实际读法

普通话轻声音节的实际读法有以下两种形式：

1. 轻声音节在阴平、阳平、去声后面时，念短促的低降调，调值为31。例如：大夫 dàifu、合同 hé · tóng、婆家 pó · jiā、认识 rènshi、拾掇 shíduo、时候 shíhou、吓唬 xiàhu、妖精 yāojing、衣服 yīfu、作坊 zuōfang。

2. 轻声音节在上声后面时，念短促的半高平调，调值为44。例如：打扮 dǎban、耳朵 ěrduo、打量 dǎliang、打算 dǎsuan、喇叭 lǎba、老实 lǎoshi、脑袋 nǎodai、眼睛 yǎnjing。

（三）轻声的记忆方法

1. 固定读轻声的有：

（1）名词、代词的后缀（子、头、们等）。例如：石头 shítou、儿子 érzi、你们 nǐmen。

（2）助词（的、地、得、着、了、过等）。例如：他的tāde、激动地 jīdòngde、跑得快 pǎodekuài、听着 tīngzhe、完了 wánle、去过 qùguo。

（3）语气词（啊、吗、吧、呢等）。例如：听啊 tīng’a、去吗 qùma、好吧 hǎoba、他呢 tāne。

（4）叠音名词和动词重叠式的后一成分。例如：妈妈 māma、哥哥 gēge、姑姑 gūgu、舅舅 jiùjiu、叔叔 shūshu、星星 xīngxing、听听 tīngting、看看 kànkan、说说 shuōshuo、走走 zǒuzou。

(5) 以“上、下、里、头、面、边”等构成的表方位意义的词语，其后面的方位词或词素一般念轻声。例如：树上 shùshang、地下 dìxia、屋里 wūli、前头 qiántou、外面 wàimian、西边 xībian。

(6) 动词后面的一部分趋向动词（来、去、上、下等），可以轻读。例如：起来 qǐlai、回去 huíqu、看起来 kànqilai、看上去 kànshangqu、说下去 shuōxiaqu、穿上 chuānshang、坐下 zuòxia。

2. 少部分用于分辨词义词性的。例如：大意 dàyì—大意 dàyi、对头 duìtóu—对头 duìtou、结实 jiē · shí—结实 jiēshi、本事 běnshì—本事 běnshi、利害 lìhài—利害 lìhai、兄弟 xiōngdì—兄弟 xiōngdi。

3. 习惯上读轻声的。例如：舒服 shūfu、亲戚 qīnqi、故事 gùshi、打量 dǎliang、晚上 wǎnshang、苍蝇 cāngying、萝卜 luóbo、暖和 nuǎnhuo。（详见本书 114 页《普通话水平测试用必读轻声词语表》）

（四）轻声的练习

1. 词语练习

阴平+轻声

巴结 bājie	巴掌 bāzhang	差事 chāishi	掺和 chānhuo
哆嗦 duōsuo	风筝 fēngzheng	花哨 huāshao	家伙 jiāhuo
交情 jiāoqing	舒服 shūfu	稀罕 xīhan	秧歌 yāngge
张罗 zhāngluo	招呼 zhāohu	折腾 zhēteng	作坊 zuōfang

阳平+轻声

蛤蟆 háma	狐狸 húli	活泼 huópo	篱笆 líba
麻烦 máfan	蘑菇 mógu	能耐 néngnai	盘算 pánsuan
朋友 péngyou	枇杷 pípa	石榴 shíliu	学生 xuésheng
玄乎 xuánhu	云彩 yúncai	匀称 yúnchen	折磨 zhémo

上声+轻声

打发 dǎfa	打听 dǎting	耳朵 ěrduo	讲究 jiǎngjiu
喇叭 lǎba	老爷 lǎoye	脑袋 nǎodai	扭捏 niǔnie

爽快 shuǎngkuai　稳当 wěndang　眼睛 yǎnjing　指甲 zhǐjia
指头 zhǐtou　主意 zhǔyi　爪子 zhuǎzi　嘴巴 zuǐba

去声+轻声

地方 dìfang　动静 dòngjing　豆腐 dòufu　厚道 hòudao
利落 lìluo　念叨 niàndao　漂亮 piàoliang　热闹 rènao
亲家 qìngjia　位置 wèizhi　吓唬 xiàhu　笑话 xiàohua
钥匙 yàoshi　月亮 yuèliang　栅栏 zhàlan　丈夫 zhàngfu
自在 zìzai　做作 zuòzuo

2. 绕口令练习

dà luóbo fàng jìn xiǎo pǒ luo xiǎo luóbo fàng jìn dà pǒluo dà luó bo
大萝卜放进小笸箩，小萝卜放进大笸箩。大萝卜
fàng xiǎo pǒ luo pǒ luo xiǎo luó bo dà xiǎo luó bo fàng dà pǒ luo pǒ luo dà
放小笸箩笸箩小萝卜大，小萝卜放大笸箩笸箩大
luó bo xiǎo
萝卜小。

3. 轻声的句子练习

de fang
① 三年前在南京我住的地方有一道后门，每晚我打开后门，便
de ·miàn ·miàn de
看见一个静寂的夜。下面是一片菜园，上面是星群密布的蓝
men de ·lǐ men de
天。星光在我们的肉眼里虽然微小，然而它使我们觉得光明无
hou de de xing
处不在。那时候我正在读一些天文学的书，也认得一些星星，好
men de you men
像它们就是我的朋友，它们常常在和我谈话一样。（作品3号《繁星》）

dǒng·de men de
② 爸不懂得怎样表达爱，使我们一家人融洽相处的是我
men guo de
妈。他只是每天上班下班，而妈则把我们做过的错事开列清单，然
men
后由他来责骂我们。（作品4号《父亲的爱》）

普通话水平测试用必读轻声词语表

说明：1. 本表轻声词语选自《普通话水平测试实施纲要·普通话水平测试用必读轻声词语表》（商务印书馆 2004.1），词的后缀“—子”、音节重叠的亲属称谓等固定轻声词语未选入。

2. 条目中的非轻声音节只标本调，不标变调；条目中的轻声音节，注音不标调号。

3. 本表按轻声音节前面的音节声调排列。

阴平+轻声

bā zhang	bāngshou	bāo fu	bāohan	bō nong
巴掌	帮手	包袱	包涵	拨弄
cāngying	chāishi	chēnghu	chuānghu	dā la
苍蝇	差事	称呼	窗户	耷拉
dā ying	dānge	dānwu	dēnglong	dī fang
答应	耽搁	耽误	灯笼	提防
dōngjia	dōng xi	dū nang	duōme	fēngzheng
东家	东西	嘟囔	多么	风筝
gān zhe	gāoliang	gāo yao	gē da	gē bo
甘蔗	高粱	膏药	疙瘩	胳膊
gēntou	gōngfu	gōngfu	gū niang	guān xi
跟头	工夫	功夫	姑娘	关系
guān si	guī ju	guīnü	jī ling	jiā huo
官司	规矩	闺女	机灵	家伙
jiāngjiu	jiāoqing	jiē shi	jiē fang	jīngshen
将就	交情	结实	街坊	精神
kū long	liū da	mī feng	pū gai	qī fu
窟窿	溜达	眯缝	铺盖	欺负
qīn qi	qīngchu	shāngliang	shāobing	shēng yi
亲戚	清楚	商量	烧饼	生意
shēngkou	shīfu	shīfu	shōucheng	shōushi
牲口	师父	师傅	收成	收拾
shū fu	shūtan	shūhu	sī liang	tā men
舒服	舒坦	疏忽	思量	他们
tiāo ti	wāku	xī han	xiānsheng	xiāng xia
挑剔	挖苦	稀罕	先生	乡下

xiāo xi	xīn si	xīngxing	xīngxing	xiōng di
消息	心思	星星	猩猩	兄弟
xiū xi	yā tou	yānzhi	yāntong	yāngge
休息	丫头	胭脂	烟筒	秧歌
yāohe	yāojing	yī fu	yī shang	yuānwang
吆喝	妖精	衣服	衣裳	冤枉
zhā shi	zhāng luo	zhāo hu	zhāo pai	zhē teng
扎实	张罗	招呼	招牌	折腾
zhī ma	zhī shi	zhuāng jia	zuō fang	
芝麻	知识	庄稼	作坊	

阳平+轻声

bái jing	cái feng	cái zhu	chú tou	chái huo
白净	裁缝	财主	锄头	柴火
fú qi	há ma	hán hu	háng dang	hé·tóng
福气	蛤蟆	含糊	行当	合同
hé shang	hé tao	hóng huo	hú li	hú qin
和尚	核桃	红火	狐狸	胡琴
hú tu	huáng shang	huó po	jué de	ké sou
糊涂	皇上	活泼	觉得	咳嗽
léi zhui	lí ba	lián lei	liáng kuai	liáng shi
累赘	篱笆	连累	凉快	粮食
luó bo	má fan	má li	mán tou	máng huo
萝卜	麻烦	麻利	馒头	忙活
méi mao	méi ren	mén dao	mí hu	miáo tiao
眉毛	媒人	门道	迷糊	苗条
miáo tou	míng tang	míng zi	míng bai	mó gu
苗头	名堂	名字	明白	蘑菇
mó hu	nán wei	néng nai	niáng·jiā	nú cai
模糊	难为	能耐	娘家	奴才
pái lou	pán suan	péng you	pí qi	pián yi
牌楼	盘算	朋友	脾气	便宜
pó·jiū	qián tou	qín kuai	quán tou	rén jia
婆家	前头	勤快	拳头	人家
rén men	shé tou	shén me	shí jiang	shí tou
人们	舌头	什么	石匠	石头

shí liu 石榴	shí hou 时候	shí zai 实在	shí duo 拾掇	tóu fa 头发
wá wa 娃娃	xí fu 媳妇	xíng li 行李	xué wen 学问	xué sheng 学生
yá men 衙门	yún cai 云彩	zán men 咱们	zuó mo 琢磨	bù yóu de 不由得

上声+轻声

běn shi 本事	bǐ fang 比方	biǎn dan 扁担	bǔ ding 补丁	dǎ ban 打扮
dǎ dian 打点	dǎ fa 打发	dǎ liang 打量	dǎ suan 打算	dǎ ting 打听
diǎn xin 点心	ěr duo 耳朵	gǔ tou 骨头	guǎ fu 寡妇	jǐ liang 脊梁
huǒ hou 火候	huǒ ji 伙计	jiě fu 姐夫	kǒu dai 口袋	lǎ ba 喇叭
lǎ ma 喇嘛	lǎn de 懒得	lǎo po 老婆	lǎo shi 老实	lǎo ye 老爷
lǐ tou 里头	mǎ hu 马虎	mǎ tou 码头	mǎi mai 买卖	nǎo dai 脑袋
nǐ men 你们	nǚ xu 女婿	nuǎn huo 暖和	shǐ huan 使唤	shǒu shi 首饰
shuǎng kuai 爽快	tiě jiang 铁匠	tuǒ dang 妥当	wǎn shang 晚上	wěi ba 尾巴
wěi qu 委屈	wěn dang 稳当	wǒ men 我们	xǐ huan 喜欢	xiǎo qi 小气
yǎ ba 哑巴	yǎn jing 眼睛	yǎng huo 养活	zǎo shang 早上	zěn me 怎么
zhǎ ba 眨巴	zhěn tou 枕头	zhǐ jia 指甲	zhǐ tou 指头	zhǔ yi 主意
zhǔ zi 主子	zǔ zong 祖宗	zuǐ ba 嘴巴		

去声+轻声

ài ren 爱人	bàng chui 棒槌	biè niu 别扭	bò ji 簸箕	bú zài hu 不在乎

bù fen 部分	chù sheng 畜生	cì wei 刺猬	còu he 凑合	dà fang 大方
dà ye 大爷	dài fu 大夫	dào shi 道士	dì dao 地道	dì fang 地方
dì xiong 弟兄	dòng jing 动静	dòng tan 动弹	dòu fu 豆腐	duì fu 对付
duì tou 对头	duì wu 队伍	gàn shi 干事	gào su 告诉	gù shi 故事
guài wu 怪物	guàn tou 罐头	hòu tou 后头	hòu dao 厚道	hù shi 护士
jì hao 记号	jì xing 记性	jià shi 架势	jià zhuang 嫁妆	jiàn shi 见识
jiào huan 叫唤	jiè zhi 戒指	kè qi 客气	kuài huo 快活	kùn nan 困难
kuò qi 阔气	làng tou 浪头	lì qi 力气	lì hai 厉害	lì luo 利落
lì suo 利索	lì ji 痢疾	luò tuo 骆驼	mào shi 冒失	miàn zi 面子
mù jiang 木匠	mù tou 木头	nà me 那么	niàn dao 念叨	niàn tou 念头
nüè ji 疟疾	pì gu 屁股	piào liang 漂亮	qìng jia 亲家	rè nao 热闹
rèn shi 认识	sào zhou 扫帚	shàng si 上司	shàng tou 上头	shào ye 少爷
shì de 似的	shì qing 事情	shì gu 世故	suàn ji 算计	suì shu 岁数
tè wu 特务	tài tai 太太	tiào zao 跳蚤	tuò mo 唾沫	wèi zhi 位置
xià hu 吓唬	xià ba 下巴	xiàng sheng 相声	xiào hua 笑话	xiè xie 谢谢
xiù cai 秀才	xiù qi 秀气	yào shi 钥匙	yì si 意思	yìng chou 应酬
yuè bing 月饼	yuè liang 月亮	yùn qi 运气	zài hu 在乎	zhà lan 栅栏
zhàng fu 丈夫	zhàng ren 丈人	zhàng peng 帐篷	zhè ge 这个	zhè me 这么

zhuàn you　zhuàng shi　zhuàng yuan　zì hao　zì zai
转 悠　壮 实　状 元　字 号　自 在

三、轻重格

普通话语音在词语结构中并非都读得一样重,各音节的轻重分量、强弱程度不尽相同,大致可以分为重、中、次轻、轻四级。朗读和说话时,如果不能基本正确掌握普通话的轻重格式,听起来语感上会不自然,还会带明显的方言语调,普通话也就不纯正了。要克服轻重格式方面的读音缺陷,必须养成多听辨多模仿的习惯,才能形成词语的轻重格式的正确语感,在此基础上多练习,才能掌握好普通话词语的轻重格式。

重音是词语的重读音节。普通话的词语中处在末尾的音节大多数读重音。例如"生活、开会、走路"后面的音节是重音。

中音是不强调重读也不特别轻读的一般音节,一般在多音节词的前一个音节和中间的音节。例如"生活、学习、开会、走路"前面的音节是中音。

轻音是特别轻读的音节。轻音比重读音节的音长短得多,也完全失去了原有声调的调值,而依前一个音节调值形成轻声特有的调值。普通话中轻音音节都属于轻声,在双音节中只出现在后面的音节。

次轻音是与轻音相比,声调依稀可辨的音节。例如"书记、客人、制度、教育"等,后面的音节是次轻音。这类词的轻重一般不太稳定。

常见的普通话词语的轻重音的基本格式是,双音节词语绝大多数读为"中・重"的格式,三音节词语大多数读为"中・次轻・重"的格式,四音节词语大多数为"中・次轻・中・重"的格式。双音节、三音节、四音节词语大多数最后一个音节为重音。具体列举如下。

(一) 双音节词语的轻重格式

1. "中・重"格式,在普通话双音节词语中占绝大多数。例如:

白云 báiyún　比较 bǐjiào　不妨 bùfáng　号召 hàozhào
花草 huācǎo　教室 jiàoshì　尽快 jǐnkuài　蓝天 lántiān
流水 liúshuǐ　美妙 měimiào　田野 tiányě　特殊 tèshū
远足 yuǎnzú　友谊 yǒuyì　着急 zháojí　专家 zhuānjiā

2. “重 · 次轻”格式(或“重 · 中”格式)。例如:

才气 cáiqì　干部 gànbù　教育 jiàoyù　设计 shèjì

(详见本书 120 页《普通话“重 · 次轻”格式词语表》)

3. “重 · 轻”格式。例如:

东西 dōngxi　孩子 háizi　钥匙 yàoshi　记号 jìhao　觉得 juéde

(详见本书 114 页《普通话水平测试用必读轻声词语表》)

(二) 三音节词语的轻重格式

1. 绝大多数为“中 · 次轻 · 重”格式。例如:

百分比 bǎifēnbǐ　办公室 bàngōngshì　病虫害 bìngchónghài
博物馆 bówùguǎn　电话线 diànhuàxiàn　电信局 diànxìnjú
共产党 gòngchǎndǎng　火车头 huǒchētóu
解放军 jiěfàngjūn　空调机 kōngtiáojī　展览馆 zhǎnlǎnguǎn
医学院 yīxuéyuàn　迫击炮 pǎijīpào

2. 少数为“中 · 重 · 轻”格式。例如:

爱面子 àimiànzi　不在乎 búzàihu　胡萝卜 húluóbo
看样子 kànyàngzi　老大爷 lǎodàye　老伙计 lǎohuǒji
老婆子 lǎopózi　老太太 lǎotàitai　老头子 lǎotóuzi
两口子 liǎngkǒuzi　没关系 méiguānxi　没意思 méiyìsi
小媳妇 xiǎoxífu　钻空子 zuānkòngzi

3. 也有少数为“重 · 轻 · 轻”格式。例如:

出来了 chūlaile　姑娘家 gūniangjia　伙计们 huǒjimen
看起来 kànqilai　朋友们 péngyoumen　钻出来 zuānchulai
先生们 xiānshengmen

(三) 四音节词语的轻重格式

1. 绝大多数是“中 · 次轻 · 中 · 重”格式。例如:

二氧化碳 èryǎnghuàtàn　高等学校 gāoděngxuéxiào
高楼大厦 gāolóudàshà　各行各业 gèhánggèyè
公用电话 gōngyòngdiànhuà　公共汽车 gōnggòngqìchē
乱七八糟 luànqībāzāo　逆水行舟 nìshuǐxíngzhou
万马奔腾 wànmǎbēnténg　网络文学 wǎngluòwénxué
心不在焉 xīnbúzàiyān　一览无余 yìlǎnwúyú

2. 少部分为“中·轻·中·重”格式。例如：

慌慌张张 huānghuangzhāngzhāng　坑坑洼洼 kēngkengwāwā

嘻嘻哈哈 xīxihāhā　哆哆嗦嗦 duōduosuōsuō

迷迷糊糊 mímihūhū　神神道道 shénshendāodāo

慌里慌张 huānglihuāngzhāng　噼里啪啦 pīlipālā

稀稀拉拉 xīxilālā

普通话“重·次轻”格式词语表

本表所列的词语，一般的辞典没有标注轻声，但在纯正的普通话口语中却大多读“重·次轻”的格式。

在普通话水平测试中，应试人在“读多音节词语”中，将下表中的词语读作“中·次轻”或“中·重”格式的，都被判为正确。在“朗读短文”和“命题说话”中，将下表中的词语读作“中·重”格式的，会让人感觉到生硬或语感差，将会影响其得分。

本表中的词语，出自《普通话水平测试实施纲要·普通话水平测试用普通话词语表[表一]》，宋欣桥老师整理。

【a】阿门 ā mén　爱护 ài hù　爱惜 ài xī　安顿 ān dùn　安排 ān pái　安生 ān shēng　安慰 ān wèi　安稳 ān wěn　安置 ān zhì　暗下 àn xià　傲气 ào qì

【B】巴望 bā wàng　把柄 bǎ bǐng　把握 bǎ wò　霸气 bà qì　白菜 báicài　白露 bái lù　拜望 bàiwàng　斑鸠 bānjiū　搬弄 bānnòng　办法 bàn fǎ　扮相 bànxiàng　帮助 bāngzhù　包庇 bāo bì　宝贝 bǎo bèi　报务 bàowù　倍数 bèi shù　比喻 bǐ yù　编辑 biān jí　便利 biàn lì　表示 biǎoshì　病人 bìngrén　博士 bó shì　布置 bù zhì

【C】才气 cái qì　材料 cáiliào　财神 cáishén　参与 cānyù　操持 cāochí　岔口 chàkǒu　差役 chāi yì　产物 chǎnwù　产业 chǎn yè　长度 chángdù　敞亮 chǎngliàng　车钱 chēqián　成绩 chéng jì　成全 chéng quán　承应 chéng yìng　乘务 chéng wù　程度 chéng dù　程序 chéng xù　尺度 chǐ dù

chōng yù　chóu rén　chòu chóng　chǔ fèn　chǔ zhì　chuò hào
充裕　仇人　臭虫　处分　处置　绰号

cì shù　cì xù
次数　次序

dǎ kāi　dài yù　dān dài　dǎo huàn　dào shì　dí rén　dí xì
【D】打开　待遇　担待　倒换　倒是　敌人　嫡系

dì bù　dì shì　dì wèi　dōng guā　dǒng shì　dòng wù
地步　地势　地位　冬瓜　董事　动物

dòng zuò　dǒu lì　dū cù　dú wù　dù liàng　dù liàng
动作　斗笠　督促　读物　肚量　度量

ēn rén
【E】恩人

fān yì　fǎn yìng　fàn rén　fāng biàn　fāng shì　fáng bèi　fēn xī
【F】翻译　反映　犯人　方便　方式　防备　分析

fēng qì　fèng xì　fú tiān　fú wù　fú lì　fù yù
风气　缝隙　伏天　服务　福利　富裕

gān yù　gàn bù　gēn jù　gōng chéng　gòu zhì　gū jì
【G】干预　干部　根据　工程　购置　估计

guān wàng
观望

hán zhàn háng yè　hé mù　huì wù　huì lù　huò wù　huò liàng
【H】寒战　行业　和睦　会务　贿赂　货物　豁亮

jí tā　jì lǜ　jì shù　jì dù　jiā wù　jiā yè　jià mù　jiàn zhù
【J】吉他　纪律　技术　季度　家务　家业　价目　建筑

jiāng jūn　jiǎng qiú　jiàng rén　jiàng shì　jiāo dài　jiāo dài　jiāo jì
将军　讲求　匠人　将士　交代　交待　交际

jiāo shè　jiào liàng　jiào yù　jiē jì　jié mù　jié rì　jiě shì
交涉　较量　教育　接济　节目　节日　解释

jiè xiàn　jiè xiàn　jīn tiān　jìn dù　jìn shì　jīng jì　jiǔ cài　jiù jì
界线　界限　今天　进度　进士　经济　韭菜　救济

jú shì　jù mù　jué wù　jué shì　jūn rén　jūn shì
局势　剧目　觉悟　爵士　军人　军事

kān wù　kòng zhì
【K】刊物　控制

lǎo hǔ　lǐ shù　lì dù　lì yì　lì yòng　lián luò　liè shì　liè wù
【L】老虎　礼数　力度　利益　利用　联络　烈士　猎物

lìn xī　líng qì　líng suì　lún bā
吝惜　灵气　零碎　伦巴

mányuàn　miàn jī　míngfèn　mìnglìng　mótuō　múyàng
【M】埋怨　面积　名分　命令　摩托　模样

mù dì
目的

nán shì　nán zǐ　néng shǒu　nǚ'ér　nǚ shì　nǚ zǐ
【N】男士　男子　能手　女儿　女士　女子

ǒu'ěr
【O】偶尔

pēn tì　pī píng　pì jìng　piān mù　pò fèi
【P】喷嚏　批评　僻静　篇目　破费

qī qiāo　qì fēn　qì hòu　qì liàng　qì zhì　qì wù　qì zhòng
【Q】蹊跷　气氛　气候　气量　气质　器物　器重

qià dàng　qiān jiù　qiān shè　qiān zhì　qián tiān　qīng biàn
恰当　迁就　牵涉　牵制　前天　轻便

qīng kuài　qīng jìng　qǐng shì　qióng rén　qiū jì　qiū qiān
轻快　清静　请示　穷人　秋季　秋千

qiū tiān　qù chù　qù wèi　quán lì　quán lì　quàn wèi
秋天　去处　趣味　权利　权力　劝慰

rén wù　róng yì　róng yù　ruò shì
【R】人物　容易　荣誉　若是

shā qì　shāng shì　shāng yì　shè jì　shè zhì　shè shǒu
【S】杀气　伤势　商议　设计　设置　射手

shēn dù　shèn zhì　shēng jì　shēng wù　shēng yù　shēng shì
深度　甚至　生计　生物　生育　声势

shēng yīn　shěng fèn　shèng rén　shī rén　shí wù　shí huì
声音　省份　圣人　诗人　时务　实惠

shí wù　shì qì　shì dào　shì gù　shì wù　shì yìng　shì hào
食物　士气　世道　事故　事务　适应　嗜好

shǒu qì　shǒu shì　shǒu yì　shù mù　shù mù　shuǎ nòng
手气　手势　手艺　树木　数目　耍弄

shuì wù　shùn xù　shuò shì　sī xià　sù zhì　sù dù　suàn shì
税务　顺序　硕士　私下　素质　速度　算是

tài jiàn　tàn gē　táng shàng　tǐ huì　tiān qì　tiān zhì　tiáo lǐ
【T】太监　探戈　堂上　体会　天气　添置　条理

tiáo jì 调剂　tǒng jì 统计　tòng chù 痛处　tóumù 头目　tuǐ jiǎo 腿脚　tuì wǔ 退伍
tuōfú 托福（~考试）

【W】wēi fēng 威风　wéi hù 维护　wèi shì 卫士　wén píng 文凭　wén shū 文书　wén yì 文艺
wǔ shì 武士　wù zhì 物质　wù huì 误会

【X】xí qì 习气　xí wèi 席位　xí fù 媳妇　xì nòng 戏弄　xì shù 系数　xì zhì 细致　xià wǔ 下午　xián qì 嫌弃
xiǎn shì 显示　xiàn mù 羡慕　xiāng lǐ 乡里　xiāng qīn 乡亲　xiāng chūn 香椿　xiàng mù 项目
xiāo lù 销路　xiào jìng 孝敬　xiào shùn 孝顺　xiào lǜ 效率　xiào yì 效益　xiào yìng 效应　xīn jì 心计
xìn rèn 信任　xìn yòng 信用　xìn yù 信誉　xíng jù 刑具　xíng shì 刑事　xíng shì 形式　xíng shì 形势
xìng zhì 兴致　xìng zhì 性质　xiū kè 休克　xù shù 序数

【Y】yán wù 延误　yán fèn 盐分　yǎn shì 掩饰　yàng shì 样式　yào cái 药材　yào wù 药物　yào bù 要不
yè wù 业务　yī wù 医务　yí qì 仪器　yí shì 仪式　yí wù 贻误　yí qì 遗弃　yì wù 义务　yì shù 艺术
yì qì 意气　yìn tái 印台　yìn xiàng 印象　yǐng bì 影壁　yìng chéng 应承　yǒng shì 勇士　yóu yù 犹豫
yóu xìng 油性　yòu zhì 幼稚　yú shì 于是　yuàn shì 院士　yuàn wàng 愿望　yuè fèn 月份
yuè qì 乐器　yùn dòng 运动

【Z】zá huò 杂货　zá zhǒng 杂种　zé rèn 责任　zhài wù 债务　zhàn shì 战士　zhàng mù 账目
zhàng ài 障碍　zhāodài 招待　zhè yàng 这样　zhēn xī 珍惜　zhèng zhì 政治　zhí wù 职务
zhí wù 植物　zhì dù 制度　zhì liàng 质量　zhì xù 秩序　zhì huì 智慧　zhì lì 智力　zhòng liàng 重量
zhòng shì 重视　zhuāng shì 装饰　zhuāng zhì 装置　zhuàng shì 壮士　zī shì 姿势　zī wèi 滋味

zì jù　zǔ zhī　zuò wù　zuò yòng
字据　组织　作物　作用

普通话“可轻读词语”表

本表所列的词语是《普通话水平测试实施纲要》中“一般轻读、间或重读”的词语，拼音标注形式是在可轻读音节上标注声调，但同时在可轻读音节前面加圆点表示，例如：别人 bié · rén。这些词语在《现代汉语词典》里，有约一半标注为“一般轻读、间或重读”，其余大多标注为轻声，个别词标注为有声调词语。

本表双斜线“//”前面的词语来自《实施纲要 · 词语表》表一，双斜线后面的词语来自表二。

bào·chóu　bào·fù　bié·rén　bō·lí　bǎ·shǒu　bǎi·bù
【B】报酬　报复　别人　玻璃　//把手　摆布

bǎi·nòng　bǎi·shè　bāo·biǎn　bào·yìng　bào·yuàn　běi·biān
摆弄　摆设　褒贬　报应　抱怨　北边

běn·qián　bí·tì　bié·zhì
本钱　鼻涕　别致

cháng·chù　chéng·fèn　chéng·shí　chū·lái　chū·qù　cì·jī
【C】长处　成分　诚实　出来　出去　刺激

cōng·míng　cuò·wù　cán·jí　chǐ·cùn　chōu·tì
聪明　错误　//残疾　尺寸　抽屉

dá·fù　dào·lǐ　dǐ·xià　dì·xià　dǒng·dé　duō·shǎo
【D】答复　道理　底下　地下　懂得　多少

dā·shàn　dàng·pù　dé·zuì　dǐ·xì　diǎn·zhuì　diàn·jì
//搭讪　当铺　得罪　底细　点缀　惦记

dōng·biān　dōng·guā　duǎn·chù
东边　冬瓜　短处

fǎn·zhèng　fèi·yòng　fèn·liàng　fū·rén　fù·qīn　fān·téng
【F】反正　费用　分量　夫人　父亲　//翻腾

fēn·cùn　fēng·shuǐ　fèng·huáng　fú·shǒu　fú·shì　fǔ·tóu
分寸　风水　凤凰　扶手　服侍　斧头

gān·jìng　gǎn·jī　gēn·qián　gōng·rén　gōng·píng　gù·zhí
【G】干净　感激　跟前　工人　公平　固执

guò·lái　guò·qù　gān·liáng　gào·shì　gé·shì　gōng·qián
过来　过去　//干粮　告示　格式　工钱

gōng·dào　gōng·láo　gōng·wéi　gōng·jiā　gòu·dàng
公道　功劳　恭维　公家　勾当

gū ·liáng
估量

【H】
hǎo·chù 好处　hóu·lóng 喉咙　hòu·biān 后边　hòu·miàn 后面　huā·fèi 花费　huí·lái 回来
huí·qù 回去　huó dòng 活动　// hài·chù 害处　háng·jiā 行家　hé·bāo 荷包　hé·qì 和气
huá·jī 滑稽　huāng·táng 荒唐　huáng·guā 黄瓜　huǎng·hū 恍惚　huì·qì 晦气　huǒ·qì 火气
huǒ·shí 伙食　huò·hài 祸害

【J】
jī·huì 机会　jī·qì 机器　jì·dé 记得　jiā·jù 家具　jià·qián 价钱　jiǎng·jiū 讲究　jìn·lái 进来
jìn·qù 进去　// jì·huì 忌讳　jiāng·shéng 缰绳　jìn·shì 近视

【K】
kàn·jiàn 看见　kè·rén 客人　kuài·jì 会计　// kǎo·jiū 考究　kǔ·tóu 苦头　kuān·chǎng 宽敞
kuí·wú 魁梧

【L】
lǎo·shǔ 老鼠　lǐ·biān 里边　lǐ·miàn 里面　lì·liàng 力量　lín·jū 邻居　luó·jí 逻辑
// lā·lǒng 拉拢　láo·sāo 牢骚　lěng·qīng 冷清　lǐ·shì 理事　líng·lì 伶俐　liú·lí 琉璃
lù·shuǐ 露水

【M】
máo·bìng 毛病　méi·yǒu 没有　mián·huā 棉花　mō·suǒ 摸索　mǔ·qīn 母亲　//
mái·fú 埋伏　mài·nòng 卖弄　méi·guī 玫瑰　méi·mù 眉目　mén·miàn 门面
miǎn·dé 免得　mǔ·dān 牡丹

【N】
nǎ·lǐ 哪里　nà·lǐ 那里　// nán·biān 南边　nán·guā 南瓜　nán·miàn 南面　nán·chù 难处
ní·qiu 泥鳅　nuó·dòng 挪动

pèi · fú　pú · sà　pú · táo　pái · chǎng　pái · fāng　pēn · tì

【P】佩服　菩萨　葡萄　// 排场　牌坊　喷嚏

pèng · jiàn　pí · pá　piān · fú　piē · kāi　pō · là　pò · zhàn　pò · lì

碰见　琵琶　篇幅　撇开　泼辣　破绽　魄力

qī · zi　qǐ · lái　qián · biān　qián · miàn　qíng · xíng　qíng · xù

【Q】妻子　起来　前边　前面　情形　情绪　//

qiāo · dǎ　qiáo · jiàn　qiào · pí　qīn · shì　qīng · qiǎo　qù · chù

敲打　瞧见　俏皮　亲事　轻巧　去处

rèn · wù

【R】任务

shàng · biān　shàng · miàn　shàng · lái　shàng · qù　shēn · fèn

【S】上边　上面　上来　上去　身份

shén · qì　shǐ · dé　shì · lì　shū · jì　shú · xī　shuō · fǎ

神气　使得　势力　书记　熟悉　说法　//

sǎ · tuō　shén · xiān　shēng · rì　shī · shǒu　shì · tóu　shǒu · jīn

洒脱　神仙　生日　尸首　势头　手巾

suàn · pán　sūn · nǚ

算盘　孙女

tài · dù　tài · yáng　tīng · jiàn　tòng · kuài　tí · bá　tǐ · liàng

【T】态度　太阳　听见　痛快　// 提拔　体谅

tǐ · miàn　tì · huàn　tōng · róng　tòu · liàng　tú · dì

体面　替换　通融　透亮　徒弟

wài · biān　wài · miàn　wèi · dào　wéi · qún

【W】外边　外面　味道　// 围裙

xī · guā　xià · biān　xià · lái　xià · miàn　xià · qù　xiǎn · dé　xiǎng · fǎ

【X】西瓜　下边　下来　下面　下去　显得　想法

xiǎo jiě　xiǎo xīn　xiǎo de　xīn · lǐ　xīn · xiān　xǐ · què

小姐　小心　晓得　心里　新鲜　// 喜鹊

xīn · shuǐ　xiū · xíng

薪水　修行

yān · cōng　yáo · huàng　yè · lǐ　yǐ jīng　yì · jiàn　yì · shí

【Y】烟囱　摇晃　夜里　已经　意见　意识

yīn · wèi　yìng · fù　yòng · chù　yòu · biān　yù · jiàn　yuàn · yì

因为　应付　用处　右边　遇见　愿意　//

yāo·guài　yì·chù　yì·qì　yīng·táo　yòu·miàn　yuān·yāng
妖怪　益处　义气　樱桃　右面　鸳鸯

yuè·jì　yún·chèn
月季　匀称

zǎo·chén　zhào·gù　zhé·mó　zhè·lǐ　zhī·dào　zhí·dé
【Z】早晨　照顾　折磨　这里　知道　值得

zhǔ·fù　zī·gé　zuǒ·biān　zāo·tà　zhào·yìng　zhèn·shì
嘱咐　资格　左边　//糟蹋　照应　阵势

zhèng·rén　zhí·nǚ　zhì·qì　zhōu·dào　zhù·chù　zuǒ·miàn
证人　侄女　志气　周到　住处　左面

zuò·wèi
座位

chà·bù duō　duì·bù qǐ　jī·qì rén　lái·bù jí　lǎo·rén·jia
三音节：差不多　对不起　机器人　来不及　老人家

liǎo·bù qǐ　pú·táo jiǔ　pú·táo táng　shě·bù·dé　bú jiàn·dé
了不起　葡萄酒　葡萄糖　舍不得　//不见得

chī·bù xiāo　dǎ jiāo·dào　dà·bù liǎo　jīn·bú zhù　kàn·bù qǐ
吃不消　打交道　大不了　禁不住　看不起

kào·bú zhù　lěng·bù fáng　liǎo·bù·dé
靠不住　冷不防　了不得

四、儿化

“儿化”是普通话的一个音变现象，读的时候处于词尾的“儿”，只保留卷舌的动作，与前一个音节融合成一个音节。普通话卷舌韵母“er”有两个作用，一个是独立成音节，表示某个字的字音，例如：而、耳。二是附着于其他韵母，使之成为带有卷舌色彩的韵母，人们称之为“儿化韵”，例如儿化词“小孩儿”中的“孩儿”就是儿化韵，“儿化”指的是第二种情况。-r 是儿化韵的形容性符号，不要把它作为一个音素看。

（一）儿化的发音

儿化韵的正确发音方法是：把“儿”字与前面一个音节融成一个音节，即“儿”字前面的那个音节韵腹发音的同时就把舌头卷起来，不要把韵腹和卷舌变成一前一后两个动作。广西各方言区的人在念普通话“儿化”词语时，常常把“儿”字读成不卷舌的“蛾”，并且与前面一个音节分开，读成两个音节，这是不正确的。儿化韵的正确发音与韵腹元音和韵尾有关。

1. 音节末尾是 a、o、e、ê、u 的音节，韵母直接卷舌。

a→ar	zàinǎr 在哪儿	dǎzár 打杂儿
ia→iar	dòuyár 豆芽儿	yí xiàr 一下儿
o→or	ěr mór 耳膜儿	wéibór 围脖儿
uo→uor	gànhuór 干活儿	bèiwōr 被窝儿
e→er	āi gèr 挨个儿	chànggēr 唱歌儿
ie→ier	bànjiér 半截儿	guōtiēr 锅贴儿
üe→üer	zhǔjuér 主角儿	
u→ur	méipǔr 没谱儿	xiǎotùr 小兔儿
ao→aor	hǎohāor 好好儿	kǒushàor 口哨儿
iao→iaor	miàntiáor 面条儿	xiǎoniǎor 小鸟儿
ou→our	yī dōur 衣兜儿	niǔkòur 纽扣儿
iou→iour	dǐngniúr 顶牛儿	yí liùr 一溜儿

2. 韵尾是-i、-n 的（除了 in、ün 外）音节，丢掉韵尾，韵腹直接卷舌。

ai→ar	xiǎo háir 小孩儿	míng páir 名牌儿
uai→uar	yí kuàir 一块儿	
uei→uer	yí huìr 一会儿	xiāng wèir 香味儿

	bǎi tānr	suàn bànr
an→ar	摆 摊儿	蒜 瓣儿
	liáo tiānr	yǔ diǎnr
ian→iar	聊 天儿	雨点儿
	chá guǎnr	dà wànr
uan→uar	茶 馆儿	大腕儿
	shǒu juànr	pū gai juǎnr
üan→üar	手 绢儿	铺盖卷儿
	nà mènr	lǎo běnr
en→er	纳闷儿	老 本儿
	bīng gùnr	dǎ dǔnr
uen→uer	冰 棍儿	打盹儿

3. 韵母是 in、ün 的音节，丢掉韵尾，加 er[r]，把舌头后缩一下，再卷舌。

	yǒu jìnr	jiǎo yìnr
in→ier	有劲儿	脚印儿
	hóng qúnr	
ün→[yər]	红 裙儿	

4. er[r]这类包括韵母是 i、ü 的音节。

	wán yìr	xié dǐr
i→ier：er	玩 意儿	鞋底儿
	xiǎo qǔr	jīn yúr
ü→üer	小 曲儿	金鱼儿

5. 韵母变作 er[ər]。这类包括韵母是-i(前)和-i(后)的音节。

	shí zǐr	tóu fà sīr
-i(前)→er	石子儿	头发丝儿
	méi shìr	mò zhīr
-i(后)→er	没 事儿	墨 汁儿

6. 韵尾是 ng 的音节，丢掉韵尾，韵腹鼻化(发音时口腔鼻腔同时共鸣，称作鼻化音，用 ~ 表示)并卷舌。

	gǎn tàngr	
ang→ãr	赶 趟儿	
	huā yàngr	tòu liàngr
iang→iãr	花 样儿	透 亮儿

yǎn jìngr　　　rén yǐngr

ing→ier(~)r 眼 镜儿　　人 影儿

注意:普通话中有的词语的末尾也是儿字,例如:婴儿、幼儿、健儿等,这些词语中的"儿"字是自成音节的一个语素,不是儿化韵。在某些诗歌、散文中,为了节奏和韵律的和谐,词尾的"儿"也是自成音节的,例如:"树上的鸟儿成双对","风儿吹动着绿叶","花儿朵朵向太阳"等,其中的"儿"必须独立成音节,否则会打乱诗歌或散文句子的节奏。

(二) 儿化的练习

1. 绕口令练习

小兰儿

yǒu·gè xiǎo háir míngrjiào Xiǎolánr kǒudai lǐ ·miàn zhuāngzhe jǐ ·gè

有 个 小 孩儿名儿叫 小兰儿,口袋 里 面 装 着几个

xiǎo qiánr yòu dǎ cù yòu mǎi yánr hái mǎi le yí ·gè xiǎo fàn wǎnr

小 钱儿,又 打 醋,又 买 盐儿,还 买 了 一 个 小 饭 碗儿。

xiǎo fàn wǎnr zhēn hǎo wánr hónghuār lǜ yèr xiāng jīn biānr zhōng jiānr

小 饭 碗儿,真 好 玩儿,红 花儿绿 叶儿 镶 金 边儿,中 间儿

hái yǒu·gè xiǎo hóng diǎnr

还 有 个 小 红 点儿。

2. 儿化的句子练习

yín tiáor

① 落光了叶子的柳树上,挂满了毛茸茸亮晶晶的银条儿;而那些

xuě qiúr

冬夏常青的松树和柏树上,则挂满了蓬松松沉甸甸的雪球儿。一阵

yín tiáor　xuě qiúr

风吹来,树枝轻轻地摇晃,美丽的银条儿和雪球儿簌簌地落下来,玉

xuě mòr

屑似的雪末儿随风飘扬,映着清晨的阳光,显出一道道五光十色的彩虹。(作品 2 号《第一场雪》)

quānr　kǒur

② 小山把济南围了个圈儿,只有北边缺着点口儿。这一圈小山在冬天特别可爱,好像是把济南放在一个小摇篮里,它们安静不动地

zhèr

低声地说:"你们放心吧,这儿准保暖和。"(作品 8 号《济南的冬天》)

普通话水平测试用儿化词语表

说　　明

1. 本表参照《普通话水平测试用普通话词语表》及《现代汉语词典》编制。加*的是以上二者未收,根据测试需要而酌增的条目。

2. 本表仅供普通话水平测试第二项——读多音节词语测试使用。本表儿化音节,在书面上一律加“儿”,但并不表明所列词语在任何语用场合都必须儿化。

3. 本表共收词 189 条,按儿化韵母的汉语拼音字母顺序排列。

4. 本表列出原形韵母和所对应的儿化韵,用>表示条目中儿化音节的注音,只在基本形式后面加 r,如“一会儿 yíhuìr”,不标语音上的实际变化。

一

a>ar	刀把儿 dāobàr	号码儿 hàomǎr
	戏法儿 xìfǎr	在哪儿 zàinǎr
	找碴儿 zhǎochár	打杂儿 dǎzár
	板擦儿 bǎncār	
ai>ar	名牌儿 míngpáir	鞋带儿 xiédàir
	壶盖儿 húgàir	小孩儿 xiǎoháir
	加塞儿 jiāsāir	
an>ar	快板儿 kuàibǎnr	老伴儿 lǎobànr
	蒜瓣儿 suànbànr	脸盘儿 liǎnpánr
	脸蛋儿 liǎndànr	收摊儿 shōutānr
	栅栏儿 zhàlanr	包干儿 bāogānr
	笔杆儿 bǐgǎnr	门槛儿 ménkǎnr

二

ang>ar(鼻化)	药方儿 yàofāngr	赶趟儿 gǎntàngr
	香肠儿 xiāngchángr	瓜瓤儿 guārángr

三

ia>iar	掉价儿 diàojiàr	一下儿 yíxiàr
	豆芽儿 dòuyár	
ian>iar	小辫儿 xiǎobiànr	照片儿 zhàopiānr
	扇面儿 shànmiànr	差点儿 chàdiǎnr

一点儿 yìdiǎnr　　雨点儿 yǔdiǎnr
聊天儿 liáotiānr　　拉链儿 lāliànr
冒尖儿 màojiānr　　坎肩儿 kǎnjiānr
牙签儿 yáqiānr　　露馅儿 lòuxiànr
心眼儿 xīnyǎnr

四

iang>iar（鼻化）　鼻梁儿 bíliángr　　透亮儿 tòuliàngr
花样儿 huāyàngr

五

ua>uar　脑瓜儿 nǎoguār　　大褂儿 dàguàr
麻花儿 máhuār　　笑话儿 xiàohuar
牙刷儿 yáshuār

uai>uar　一块儿 yíkuàir

uan>uar　茶馆儿 cháguǎnr　　饭馆儿 fànguǎnr
火罐儿 huǒguànr　　落款儿 luòkuǎnr
打转儿 dǎzhuànr　　拐弯儿 guǎiwānr
好玩儿 hǎowánr　　大腕儿 dàwànr

六

uang>uar（鼻化）　蛋黄儿 dànhuángr　　打晃儿 dǎhuàngr
天窗儿 tiānchuāngr

七

üan>üar　烟卷儿 yānjuǎnr　　手绢儿 shǒujuànr
出圈儿 chūquānr　　包圆儿 bāoyuánr
人缘儿 rényuánr　　绕远儿 ràoyuǎnr
杂院儿 záyuànr

八

ei>er　刀背儿 dāobèir　　摸黑儿 mōhēir

en>er　老本儿 lǎoběnr　　花盆儿 huāpénr
嗓门儿 sǎngménr　　把门儿 bǎménr
哥们儿 gēmenr　　纳闷儿 nàmènr
后跟儿 hòugēnr　　高跟儿鞋 gāogēnrxié

	别针儿 biézhēnr	一阵儿 yízhènr
	走神儿 zǒushénr	大婶儿 dàshěnr
	小人儿书 xiǎorénrshū	杏仁儿 xìngrénr
	刀刃儿 dāorènr	
九		
eng>er(鼻化)	钢镚儿 gāngbèngr	夹缝儿 jiāfèngr
	脖颈儿 bógěngr	提成儿 tíchéngr
十		
ie>ier	半截儿 bànjiér	小鞋儿 xiǎoxiér
üe>üer	旦角儿 dànjuér	主角儿 zhǔjuér
十一		
uei>uer	跑腿儿 pǎotuǐr	一会儿 yíhuìr
	耳垂儿 ěrchuír	墨水儿 mòshuǐr
	围嘴儿 wéizuǐr	走味儿 zǒuwèir
uen>uer	打盹儿 dǎdǔnr	胖墩儿 pàngdūnr
	砂轮儿 shālúnr	冰棍儿 bīnggùnr
ueng>uer(鼻化)	*小瓮儿 xiǎowèngr	
十二		
-i(前)>er	瓜子儿 guāzǐr	石子儿 shízǐr
	没词儿 méicír	挑刺儿 tiāocìr
-i(后)>er	墨汁儿 mòzhīr	锯齿儿 jùchǐr
	记事儿 jìshìr	
十三		
i>i:er	针鼻儿 zhēnbír	垫底儿 diàndǐr
	肚脐儿 dùqír	玩意儿 wányìr
in>i:er	有劲儿 yǒujìnr	送信儿 sòngxìnr
	脚印儿 jiǎoyìnr	
十四		
ing>i:er(鼻化)	花瓶儿 huāpíngr	打鸣儿 dǎmíngr
	图钉儿 túdīngr	门铃儿 ménlíngr
	眼镜儿 yǎnjìngr	蛋清儿 dànqīngr

	火星儿 huǒxīngr	人影儿 rényǐngr
十五		
ü>ü:er	毛驴儿 máolǘr	小曲儿 xiǎoqǔr
	痰盂儿 tányúr	
ün>ü:er	合群儿 héqúnr	
十六		
e>er	模特儿 mótèr	逗乐儿 dòulèr
	唱歌儿 chànggēr	挨个儿 āigèr
	打嗝儿 dǎgér	饭盒儿 fànhér
	在这儿 zàizhèr	
十七		
u>ur	碎步儿 suìbùr	没谱儿 méipǔr
	儿媳妇儿 érxífur	梨核儿 líhúr
	泪珠儿 lèizhūr	有数儿 yǒushùr
十八		
ong>or(鼻化)	果冻儿 guǒdòngr	门洞儿 méndòngr
	胡同儿 hútòngr	抽空儿 chōukòngr
	酒盅儿 jiǔzhōngr	小葱儿 xiǎocōngr
iong>ior(鼻化)	*小熊儿 xiǎoxióngr	
十九		
ao>aor	红包儿 hóngbāor	灯泡儿 dēngpàor
	半道儿 bàndàor	手套儿 shǒutàor
	跳高儿 tiàogāor	叫好儿 jiàohǎor
	口罩儿 kǒuzhàor	绝着儿 juézhāor
	口哨儿 kǒushàor	蜜枣儿 mìzǎor
二十		
iao>iaor	鱼漂儿 yúpiāor	火苗儿 huǒmiáor
	跑调儿 pǎodiàor	面条儿 miàntiáor
	豆角儿 dòujiǎor	开窍儿 kāiqiàor

二十一

ou>our	衣兜儿 yīdōur	老头儿 lǎotóur
	年头儿 niántóur	小偷儿 xiǎotōur
	门口儿 ménkǒur	纽扣儿 niǔkòur
	线轴儿 xiànzhóur	小丑儿 xiǎochǒur
	加油儿 jiāyóur	

二十二

iou>iour	顶牛儿 dǐngniúr	抓阄儿 zhuājiūr
	棉球儿 miánqiúr	

二十三

uo>uor	火锅儿 huǒguōr	做活儿 zuòhuór
	大伙儿 dàhuǒr	邮戳儿 yóuchuōr
	小说儿 xiǎoshuōr	被窝儿 bèiwōr
(o)>or	耳膜儿 ěrmór	粉末儿 fěnmòr

五、"啊"的变读

(一) "啊"在句首的变读

普通话的"啊"出现在句首时是感叹词,它的音变只是声调发生一些变化。例如:

1. 表示追问、惊疑等时,一般读阳平或上声

á　　　　　　　wa
啊,你怎么还没走啊?

ǎ　　　　　　ya
啊,原来是你呀!

2. 表示惊异、赞叹、感叹或应诺(一般音长较短)时读去声

à
啊,我马上去!

à
啊,黄河!

à
啊,是这样!

（二）“啊”在句末的变读

“啊”的音变主要是指普通话里的“啊”作为语气词出现在句末或句中，在语流中由于常受到前一字（音节）末尾音素的影响会发生不同的音变，这是广西方言区的人学说普通话时需要注意掌握的。

当“啊”发生音变时，在文字上既可以仍然写作“啊”，也可以写成音变之后的实际读音的字，如呀、哇、哪等。但是在口语中应该变读。

1. 语气词“啊”的变读规律

（1）前一个音节结尾音素是 a、o（ao、iao 除外）、e、ê、i、ü 时，“啊”读作 ya，书面可写作“呀”。例如：

dà ya
这棵树真大 啊（呀）！

mó ya
是航模 啊（呀）！

me ya
这是什么 啊（呀）？

xuě ya
好大的雪 啊（呀）！

（2）前一个音节结尾音素是 u（包括 ao、iao）时，读作 wa，书面写作“哇”。例如：

fú wa
这都是千金难买的幸福 啊（哇）！

gāo wa
真糟糕 啊（哇）！

kǔ wa
真苦 啊（哇）！

（3）前一个音节结尾音素是 -n 时，“啊”读作 na，书面可写作“哪”。例如：

rén na
是个好人 啊（哪）！

kàn na
快来看 啊（哪）！

jīng shen na
这老太太多精 神 啊（哪）！

lián na
可怜啊(哪)!

jìn na
使劲啊(哪)!

(4) 前一个音节结尾的音素是 ng 时,“啊”读作 nga,书面仍写作“啊”。如:

xiàng nga
他们长得挺像啊!

xíng nga
这可不行啊!

lěng nga
天冷啊!

tòng nga
叫人好心痛啊!

(5) 前一个音节结尾音素是舌尖前元音-i 时,“啊”读作[z]a。如:

cì [z]a
你去过几次啊!

zì [z]a
我在写字啊!

sì [z]a
前面就是灵隐寺啊!

(6) 前一个音节结尾音素是舌尖后元音-i 时,“啊”读作 ra。如:

zhì ra
没治啊!

chī ra
你还吃啊?

shì ra
他没事啊!

2. 绕口令练习

xià xuě le xuěhuār ra nà gè dà ya cóng tiān·shàng piāo xià·lái ya gāo
下雪了,雪花儿啊,那个大啊,从天上飘下来啊。高

shān na tiányě ya fángzi [z]a dà shù wa quán dōu biàn le yàngr ra bú
山啊、田野啊、房子啊、大树啊,全都变了样儿啊。不

guò càishìchǎng· lǐ jī ya yā ya zhū wa yáng nga háiyǒu jiǎo zi [z]a

过，菜市场里鸡啊，鸭啊，猪啊，羊啊，还有饺子啊，

dōng xi yì diǎnr yě bù shǎo wa

东西一点儿也不少啊。

3. 句子练习

① 大雪整整下了一夜。今天早晨，天放晴了，太阳出来了。推开门一看，嗬！好大的雪啊（ya）！（作品 2 号《第一场雪》）

② 天长日久，小鸟和水手的感情日趋笃厚。清晨，当第一束阳光射进舷窗时，它便敞开美丽的歌喉，唱啊（a）唱，嘤嘤有韵，宛如春水淙淙。（作品 11 号《可爱的小鸟》）

六、部分形容词的变读

形容词+重叠式后缀的词语，即 ABB 式，一般读阴平，如软绵绵、黄澄澄、香喷喷、沉甸甸等；也可以读原调，例如慢腾腾 mànténgténg、慢腾腾 màntēngtēng，明晃晃 mínghuǎnghuǎng、明晃晃 mínghuānghuāng 均可。

常见的习惯读原调的 ABB 式叠字形容词举例：

白茫茫 báimángmáng　　恶狠狠 èhěnhěn

红艳艳 hóngyànyàn　　金灿灿 jīncàncàn

亮闪闪 liàngshǎnshǎn　　圆鼓鼓 yuángǔgǔ

赤裸裸 chìluǒluǒ　　泪涟涟 lèiliánlián

喜洋洋 xǐyángyáng　　空荡荡 kōngdàngdàng

乱蓬蓬 luànpéngpéng　　油腻腻 yóunìnì

雾沉沉 wùchénchén　　直挺挺 zhítǐngtǐng

第二章　普通话词汇和语法的规范

普通话水平测试所要测试的语言能力主要是指从方言转到标准语的口语运用能力，即应试人按照普通话语音、词汇、语法规范说话的能力。相对语音这个外显的物质外壳来说，词汇和语法是更深层的两个系统，方言和普通话的主要差异同样不可忽视。普通话水平测试对应试人词汇、语法规范程度的考查主要是看其是否出现典型方言性质的词汇、语法现象。

普通话水平测试对词汇规范评定的具体依据是：1.《现代汉语常用词表》中所收的词语。2. 规范性、权威性语文词典所收的词语。3. 语言比较规范的现代、当代重要著作使用的一般词语。4. 全国性重要传媒使用的一般词语。5. 北方话地区普遍使用的一般词语。"一般词语"就是普遍使用的、为大多数人所认可的词语。

对普通话语法规范评定的具体依据是：1. 语言比较规范的现当代重要著作使用的普遍语法。2. 规范性、权威性语文词典释词和例句体现的语法。3. 全国性重要传媒使用的普遍语法。4. 北方话地区普遍使用的语法。5. 权威性教材和语法专著描述的教学语法体系和普遍语法规律。

第一节　普通话与方言词语

一、什么是方言词语

广西语言复杂，除拥有不少汉语方言，还存在较多的少数民族语言。汉语方言词汇和少数民族语言词汇均会对普通话水平测试造成影响，因此普通话水平测试中所指的"方言词语"应是广义的用法，即不仅指汉语方言词语，也包含测试中出现的少数民族语言词语。

语言具有三要素:语音、词汇、语法。汉语方言与普通话在三者中都有差异。一般而言,三者中,语音的差异最大,词汇、语法的差异相对较小。在日常交流中,人们对语音的标准程度一般会给予更多的关注,而往往忽略词汇、语法的规范,甚至以语音作为评判一个人普通话水平的唯一标准,这是一个误区。事实上,我们在生活中常常能遇到语音较标准,却因词汇使用不当而导致交际障碍的事。如:

①他的普通话好漏嘢的。

"漏嘢"在粤方言中大致指"差劲",但其他方言区的人很难领会。

②这块地比较平。

粤方言中,"便宜"说成"平",这样表达很容易被人误以为指"地平坦"。

以方言或少数民族语言为母语的人学习普通话,即使语音已比较标准,词汇的运用还是非常容易出现错误。当前参加普通话水平测试的人,对书面材料的阅读一般不存在问题,但在说话项的测试中,由于没有文字凭借,词汇的不规范很容易显现出来,从而导致失分。

二、普通话与广西汉语方言词语的差异

广西各汉语方言都有一定数量的独特的方言词。这里所说的方言词语,指的是未进入普通话词汇,只通行于方言地区,会在不同方言区人交际中造成交际障碍的词语。

广西汉语方言词语与普通话的差异主要有如下体现。

(一) 义同形异的词语

这里所说的"义同形异",是指同样的意思,方言用甲词,普通话用乙词。如:

普通话	南宁	梧州	玉林	桂林	柳州	陆川	全州
爸爸	老豆	阿爸	阿叔			阿爸	
伯父	伯爷	阿伯	伯公	伯爷	伯	阿伯	
伯母	伯娘	阿娘	伯婆	伯娘	伯妈		
小孩儿	细鬼	细佬仔	侬儿	把爷	娃仔	大细儿	小噶崽
浴室	冲凉房	冲凉房	开身屋		洗凉房		
壁虎	檐蛇	檐蛇	草檐蛇			足八蛇	

普通话	南宁	梧州	玉林	桂林	柳州	陆川	全州
鼻孔	鼻哥窿	鼻窿	鼻窿	鼻窟窿		鼻哥窿	
扁担	担挑	担挑		扁挑	扁挑	担十	
辫子	孖辫	孖辫	头辫			毛辫	
渴	颈渴	颈渴	口爽	口干	口干		
噎住了	哽颈	哽颈	着哽	卡倒	卡喉	哽住	噎倒/卡了

此外,普通话中的双音节词,在广西部分汉语方言中对应的是单音节词。例如:绳/索;水稻/禾;衣裳/衫;知道/识。

广西各汉语方言中还有一部分词语和普通话语素相同,语序相反。例如:夜宵/宵夜;客人/人客;热闹/闹热;母鸡/鸡母。

(二) **形同义异的词语**

有些词方言和普通话都有,但意义不尽相同。

普通话中,臀部以下,踝关节以上为腿,踝关节以下为脚。广西方言统统称为"脚"。

普通话中,"杀"既可与表人名词搭配,也可与表动物名词搭配,如"杀人""杀猪"。广西方言中宰杀动物往往说"劏",除了人和动物,还可以说"劏西瓜""劏柚子"等;由"劏"的用法,有些方言区的人还有"杀西瓜""杀柚子"的用法。

粤语的"吃"或"食"的范围比普通话大,除了"吃(食)饭""吃(食)东西",水、茶、酒、烟、鸦片等都可以与"吃(食)"搭配。

广西方言中的"烂"往往还可表示"物品损坏",如"公路烂""汽车烂""电脑烂""热水器烂"等。

广西不少方言中的"见",搭配的范围比普通话宽。如:"我见这片电影不成看。""我见今年天气热过去年。"

普通话中,"胖"与表人名词搭配,"肥"与表动物名词搭配。粤语、官话无论人或动物都说"肥",例如可说"肥猪",也可说"他很肥"。桂北土话中动物、肉说"肥",人说"壮";"肥"还有油多、油腻腻的意思,可以说"锅头肥肥的""手好肥"。

"准备"一词在普通话中指人的预先安排、打算。但南宁白话在使用范围上更广,可以与人的预先安排、打算无关,如可以说:"准备六十岁了。”“菜准备熟了。”

（三）**方言与普通话没有对应的词语**

除了以上两种情况，有的方言还有无法在普通话中找到对应词的词语。例如：

南宁白话中，“qie lie”形容人多嘴多舌，爱管闲事，贬义；也可指开朗健谈。“yi yao”指马虎，不稳重。“孖”指把两样东西拼在一起或双生子。“臭青”指语言不地道、不正规。

柳州话中，“沙州”指女子爱打扮、卖弄风情，“ngao dao”指不通情理，“nga za”指爱唠叨。

桂林话中，“luo 水”指人、物或者地方邋遢、寒酸、不体面。

玉林话中，“烟屎蛇”指行为、行动迟缓而没精打采的人。

客家话中，“货草”指能耐很差的人，“欠”指拇指和食指张开的距离，“酿”指往豆腐、瓜类等填肉的一种烹饪方法。

平话中，“发豪”指女子爱打扮、卖弄风情。

桂北湘语中，“si 子”指各种把儿或提手，“co 鸡公”指出拇指、食指、小指论输赢，“做得 mo”指干活不停且干得慢。

此外，某些方言词语还有可能经过说话人的改造，或用普通话翻译某些词语而改造局部的构成成分，从而对相应方言词语进行改造。例如：

桂林话“诊倒”意义等同于普通话“治好”，经改造后说成“诊好”。

柳州话“落尾”意义等同于普通话“后头”，经改造后说成“后尾”。

柳州话“搞折、搞跌”意义等同于普通话“丢、掉、不见”，经改造后说成“搞丢、搞掉、搞没见”。

平话“跌落”意义等同于普通话“掉下”，经改造后说成“掉落”。

平话“打忘”意义等同于普通话“忘记”，经改造后说成“打忘记”。

平话“有个阵”意义等同于普通话“有时候”，经改造后说成“有个时候”。

平话“尾底”意义等同于“后面”，经改造后说成“后尾”。

玉林话“开身、冲凉”意义等同于普通话“洗澡”，经改造后说成“洗身”。

客家话“寒酸”意义等同于普通话“寒碜”，经改造后说成“贫酸”。

客家话“小崽子”意义等同于普通话“小孩”，经改造后说成“小崽”。

如果本节中“二”所列方言词(包括经过改造的方言词)在普通话水平测试中出现，均可认定为词汇不规范现象。

三、母语为少数民族语言者说普通话常见的词语错误类型

母语为少数民族语言者说普通话出现的词语错误比较复杂。广西有壮语、勉语、布努语、拉珈语、苗语、侗语、仫佬语、毛南语、京语、彝语、水语、仡佬语等少数民族语言，有的语言包括几种方言，有些方言还有几种亚方言(土语)。各种民族语言使用者学习普通话出现的词汇错误难以作全面的分析，现仅以壮语南部方言中的靖西壮语(以下简称壮语)为例略作介绍。

(一) 因对普通话词语意义理解不准确而导致误用

1. 对词性理解错误导致的误用。如“他们家老二当开车”，意思等同于“他们家老二当司机”，把动词“开车”当作名词来使用。

2. 把不及物动词作为及物动词使用。例如：“他超车我。”“我生气他。”

3. 表义范围有交叉导致的误用。例如：壮语中与普通话“甜”对应的词 wan 既有和普通话一样的意义，也可以表示“够味儿，味道鲜美”等义。因此常有“菜够甜吗？不够再加盐”的说法。

4. 壮语单音节词居多，普通话则以双音节词为主。因而说普通话时单音节词的使用相当普遍。例如“这条路石多多，不好走”“动不动就拿木来打我”“这么大的骨用斧砍才得”。

(二) 套用壮语词语

1. 套用壮语中的汉借词。例如将“调羹”说成“瓢羹”，将“抽屉”说成“拖箱”或“拖桶”等。

2. 直接使用壮语词。例如壮语中，水牛叫[mo^{13}]，黄牛叫[$wa{:}i^{13}$]，习惯上把水牛和黄牛合称[$mo^{13}wa{:}i^{13}$]。因此有人说“我是来放[mo wa:i]的”。

(三) 改造壮语词语并使用

1. 按壮语词语的结构将语素一一对译为普通话语素，所译出的词语是普通话没有的，不符合普通话词语组合习惯，例如把“洗澡”说成

“洗身”。

2. 将壮语语素与普通话语素组合。一般又可分为两种类型：一是壮语实语素和汉语实语素组合。如壮语“公猪”读为[mou^{53}tak^{21}]，加之壮语中修饰语、中心语的语序与普通话相反，因而说普通话时把“公猪”说成“猪[tak^{21}]”；二是将普通话单音节动词、形容词与壮语叠音后缀组合。例如“哭[səp^{21}səp^{21}]”（抽泣的样子）、“看[le^{13}le^{13}]”（斜眼看人的样子）、“酸[pja:t^{33}pja:t^{33}]”（酸溜溜）、“乱[ɲa:n^{33}ɲa:n^{33}]”（乱糟糟）等。

显然，持不同民族语言的人，或持不同方言、土语的人学说普通话总会出现各种词语错误，以上只是通过壮语南部方言中的靖西壮语略为举例。要克服说普通话时词汇使用的错误，应该对母语词汇与普通话的对应了然于心，并养成以普通话进行思维和表达的习惯。

如果应试人在测试中使用本节中“三”所列的与普通话不相符的词语，应判定为词汇不规范，根据评分细则加以扣分。但是，作为语言中最活跃的要素，词汇总是处在不断地变化当中，方言词语、民族语言中的词语本身也是普通话词汇的一个来源，因此，对应试人在测试过程中所使用的词语是否应认定为方言词语应持谨慎态度。部分原在方言中使用而现今逐渐进入普通话词汇并获认同的词语，在测试中应不认定为不规范词语。《现代汉语词典》收入一些常见的方言词语、方言意义，并标上“〈方〉”，表明这些是在一定程度上超越了某一种方言区域，已被普通话词汇系统所关注和吸收，但尚未被完全同化的方言词语。这其中有一部分已被较广泛使用，甚至为权威媒体所使用，为大众熟知，基本上不形成交际障碍。例如：“单车”，在部分方言区指“自行车”；“乐儿”，在部分方言区中指“乐子”；“冷不丁”，在部分方言区指“冷不防”；“立马”，在部分方言区指“立刻”等。这些暂时还处于模糊地带的词语，在普通话水平测试中一般会从宽处理，而不是生硬地认为属于不规范词语。

第二节　普通话与方言语法

一、什么是方言语法

任何一种汉语方言都有一套语法系统，它们跟普通话语法不同程度地存在着相同、相异、相交叉的方面，因为方言和普通话在历史上有共同的来源，在现实中有相互的交融。普通话水平测试中提出的方言语法是指在测试中表现出来的“地方普通话”（处于方言向普通话过渡中的一种“中介状态”）和标准普通话之间在句式、表达习惯等方面的差别。它有时是某种方言特有而普通话没有的一些词法和句法上的表达习惯，有时是不同方言区之间相互渗透的一些方言句式或表达习惯。

从句式来看，广西人的普通话中大量存在着的一些方言语法，即便是文化水平高的学习者也不容易理清它们和标准普通话之间的区别，如“你什么时候请我吃饭过？”“你去柳州帮我看看石头一下”“他喝不得酒”之类的语句随处可听见。标准普通话应该说“你什么时候请我吃过饭？”“你去柳州帮我看一下石头”“他不能喝酒”。这些不合乎普通话语法规范的句式，直接影响表达效果。

同上节所述一样，广西少数民族语言语法也会对普通话水平学习和测试造成影响，本节将少数民族语言语法对学习普通话的影响一并加以讨论。

二、普通话与方言语法对照

普通话与方言语法上的差异主要体现在词法、句法等几个方面。下面列举广西人说普通话中具有典型方言性质的一些语法现象，并与普通话相对照，远非方言与普通话语法差异的全部。所列例句“误”是具有典型方言性质的，“正”是普通话的正确说法。

（一）词法

1. 词缀

广西方言和普通话都有一些词缀，常见的如前缀“阿、老”，后缀

"家、佬"等,但它们构成的词却有所不同。例如带"阿、老"前缀的词,广西人常用来表示亲属、排行和人名,像"阿婆、阿公、阿爷、阿奶、阿爸、阿妈、阿哥、阿姐、阿妹、阿三、阿华"等,普通话有"阿姨、阿斗、阿Q",近年来"阿公、阿婆、阿爸、阿妈"这些词也收入了权威性、规范性语文词典。但在广西,"阿公"既可以表示亲属称谓,还可以表示"公家","阿爷"亦如此。

前缀"老",广西普通话中也有一些在标准普通话中不用的词,例如"老弟、老妹、老爸、老妈、老豆(父亲)"等。

带后缀"佬、家"的词,广西方言和普通话都用来表示身份、性状、特点等,但它们构成的词也有不同。例如普通话有"乡巴佬、江北佬、阔佬、女人家、孩子家、姑娘家、学生家"等。有些带"妹、仔"的方言词已进入或逐渐进入普通话,例如"外来妹、农家妹、打工仔、肥仔、靓仔"等。但下面这些词还是具有方言色彩。

佬:痴佬 癫佬 村佬 两佬(两口子) 讨饭佬 劏猪佬 有钱佬

公:癫公 啰唆公 咸湿公

婆:啰唆婆 是非婆 多嘴婆 癫婆 大肚婆 小气婆 女人婆 三八婆 猪肉婆 带仔婆

妹:酸嘢妹 切唰妹 刁嘴妹

仔:妹仔 娃仔 癫仔 小人仔 小姨仔 徒弟仔 手仔 脚仔 萝卜仔 碗仔 鸡仔 锅仔 鱼仔

家:妹仔家(或"妹仔家家") 娃仔家(或"娃仔家家")

2. 一些副词

广西人的普通话中习惯用"几、算、完"表程度或范围,用"敢"表情态。例如:

误	正
张曼玉身材几好哦。	张曼玉身材多好啊。
这双鞋算贵了。	这双鞋真贵呀。
一想到这事,我心都烦完去。	一想到这事,我就特别心烦。
一说考试我头都昏完。	一说考试我就头晕。
他们两个配完。	他俩般配极了。

我见他累完。	我觉得他太累了。
整幅墙都是他的照片完。	整面墙都是他的照片。
下雨时我跑回家,全身淋湿完。	下雨时我跑回家,浑身都淋湿了。
他成绩那么好敢考不上大学。	他成绩那么好竟然考不上大学。
算癫了,敢做出这种事来。	大概是发疯了,竟然做出这种事来。

3. “多”“几多”

广西人在动词、形容词后面加“多、几多”表示程度或“什么、怎么、常”等意思,这是普通话没有的。例如:

误	正
啰嗦多。	太唠叨了。
好笑多。	太好笑了。
风大多,关窗户给我。	风太大,给我把窗关了。
没要在街上拉来拉去,难看多。	别在街上拉拉扯扯,多难看哪。
走开,好看多啊?	走开,有什么好看的?
这种电影我不爱看几多的。	这种电影我不怎么喜欢看/我不太喜欢看。
这件衣服我不穿几多的。	这件衣服我不常穿。

4. 某些表示语法意义的虚词

用“先、去、来的(来到的)”表语气,用“要、做”表方式,用“想、过、倒、住”表时态,这也是广西人口语中大量存在的现象。例如:

误	正
我还高过他先。	我还比他高呢。
你看清楚先。	你先看清楚了。
你说有什么用先。	你说有什么用啊。
连这个都不懂,还是大学生先。	连这个都不懂,还是大学生呢。
你还要睡到几时去?	你还要睡到什么时候啊?
怎么搞到吵架去?	怎么弄到吵架的地步?

辣到我冒汗去。	辣得我都冒汗了。
臭多,苍蝇都飞来去。	太臭,苍蝇都飞来了。
气死我去。	气死我了。
玩到电脑烂去。	把电脑玩到坏为止。
这衣服是牌子来的。	这衣服是牌子的。
他是博士来的。	他是博士呀。
桌子怎么搬?抬要。	桌子怎么搬?抬。/抬过去。
饺子怎么吃?煮做。	饺子怎么吃?煮。/煮着吃。
那个鸡想死想死的。	那只鸡快死的样子。
我想感冒了。	我快感冒了。
这天想下雨了。	这天要下雨了。
这稿子你不满意的话,我再写过。	这稿子你不满意的话,我重写。
看不清楚,再印过。	看不清楚,再印一遍。
以前从来没听讲有父亲节过。	以前从没听说过有父亲节。
你什么时候请我吃饭过?	你什么时候请我吃过饭?
这方案行吗?看过先。	这方案行吗?看了再说。
没饱,再吃一碗先。	没饱,再吃一碗。
你打电话时我吃倒饭。	你打电话时我吃着饭。
煮饭了吗?煮住。	煮饭了吗?煮着。
收收住,不给他们看。	收着/收起来,不让他们看。
去年这栋楼还没有拆到。	去年这座楼还没拆。
昨晚我没跟他们喝酒到。	昨晚我没跟他们喝酒。
我可以帮到你吗?	我可以帮你什么吗?
你会吵到他们的。	你会影响他们的。

还有一些从方言直接转过来的语气词。例如:

误	正
快点过来喂。	快点儿过来呀。
星期天你在家咩?	星期天你在家吗?
不是这样子滴。	不是这样的。
你说他好不好捏?	你说他好不好呢?

5.“得”的多功能用法

“得”在广西人的口语里使用频率很高,既可放在动词后面表示“可以、可能、完成、结果”等动作,还可表示“能”和程度。例如:

误	正
她嫁去台湾得三年了,总没回来过。	她嫁到台湾有三年了,没回来过。
走几远了?走得30公里了。	走多远了?走了30公里了。
这双鞋刚穿得两个星期就坏了。	这双鞋刚穿两个星期就坏了。
五一节我们得发200块钱。	五一节我们发了200块钱。
我今天得老师表扬了。	今天老师表扬我了。
民歌节时我得同刘德华照相。	民歌节时我跟刘德华照了相。
这段时间太忙,总不得去看她。	这段时间太忙,总不能去看她。
他喝得酒。	他能喝酒。
你明天来得吗?不得。	你明天能来吗?不能。
晚上也照得相?得啊。	晚上也能照相?能啊。
你又得去香港啊。	你又能去香港啊。
我吃得睡得。	我能吃能睡。
老张几做得的。	老张很能干的。
六点了,饭还没煮得。	六点了,饭还没做好。
喊得你来,我都做好了。	叫了你来,我都做好了。
我家房子起得了。	我家的房子盖好了。
他种的20亩芒果,今年卖得10万块钱。	他种的20亩芒果,今年卖了10万块钱。

小丽漂亮得。	小丽真漂亮。
他们两个好得。	他俩很要好。
今天逛了一天街,累得。	今天逛了一天街,累得够戗。

6. 缺少某些词语

广西人说的普通话有时缺少一些必要的词语。例如:

误	正
错多说明你没检查。	错得多说明你没检查。
你这么啰唆,论天讲不停。	你这么唠叨,成天说个不停。
明天我再打电话你。	明天我再打电话给你。
上班到24号就放假。	上班上到24号就放假。
看电视到半夜3点。	看电视看到半夜3点。

7. 词的重叠

普通话名词、动词可以重叠,单音节名词重叠含有"每"的意思,例如"人人、年年、月月、天天"等。但有的广西人使用单音节名词重叠则不含"每"意。例如:

误	正
饺子我不喜欢吃皮皮。	饺子我不喜欢吃皮。
他画了两个圈圈。	他画了两个圈儿。
甘蔗的头头甜,尾尾不甜。	甘蔗头部甜,尾部不甜。
这个瓶子的盖盖去哪了?	这个瓶子的盖儿到哪儿去了?

还有一些名词广西人习惯用"ABB"式重叠。例如:

误	正
山上有一群羊咩咩。	山上有一群羊。
我有一只狗汪汪。	我有一只狗。
这些鸡咕咕好可爱。	这些鸡真可爱。
肥得像个猪喏喏。	肥得像头猪。
那时他还是个小人崽崽。	那时他还是个小孩儿。

动词重叠普通话用"听听、说说、学习学习、鼓动鼓动"这样的形式表示动作短暂、轻微,广西人则有一种"ABB"的形式,表示性状、轻微。例如:

误	正
他冲咋咋过来。	他冲过来。
他整天骂咋咋的。	他整天骂骂咧咧的。
他在楼下喊喳喳的。	他在楼下大声喊叫。
他成天忙得转啰啰的。	他整天忙得转个不停。
动点点就哭。	动不动就哭。
讲点点都不得。	说一点都不行。

8. 量名搭配

误	正
一条气	一股味
一条村	一个村子
一条圩	一个集市
一条炮(象棋子)	一只炮
一条题	一道题目
一条桥	一座桥
一嚿石头	一块石头
一架彩电	一台彩电
一架汽车	一辆/台/部汽车
一架单车	一辆自行车
一间饭店	一家饭店
一口烟	一支烟
一口针	一根针
一口钉	一颗钉子
这/那把嘴	这/那张嘴
一碌甘蔗	一节甘蔗
一张被	一床被子
一铺床	一张床
一筒胶卷/纸	一卷胶卷/纸
一坡/兜树	一棵树
骂一餐	骂一顿
讲一轮	批评一通

一间学校 / 医院/幼儿园　一所学校 / 医院 / 幼儿园

（二）**句法**

1. 语序

广西人学习普通话时，受方言影响，常把普通话中的“动+补+宾”句式说成“动+宾+补”句式。例如：

误	正
我们吃饭完了。	我们吃完饭了。
做作业完了才得看电视。	做完作业才可以看电视。
洗手干净才吃饭。	洗干净手再吃饭。
你去柳州，帮我看看石头一下。	你去柳州，帮我看一下石头。

普通话有些做状语的词语，广西人习惯放在补语的位置。例如：

误	正
我走先了。	我先走了。
去先的有座位，去后的没有。	先去的有座位，后去的没有。
是你爸来柳州先还是你妈来柳州先？	是你爸先来柳州还是你妈先来柳州？
这有什么难的，看多两眼就会了。	这有什么难的，多看两眼就会了。
今天冷多，穿多件衣服。	今天很冷，多穿一件衣服。

有些修饰动词的词语，普通话通常用“地”和动词连接，对动作的性质、程度等进行描绘。广西人则常用“动+补”的形式。例如：

误	正
他一见我就跑快快的。	他一见我就飞快地跑。
花这么多钱给你读书，你要学好点。	花这么多钱给你读书，你要好好地学。

2. “形容词+名词”的谓词性功能

误	正
她好命哦。	她运气好哇。
他女朋友小小个的。	他女朋友小个子。
他大大块的。	他大块头。
猪肉切大大片的。	肉切得块儿太大。
他做事快手快脚。	他做事手脚麻利。

这菜好干水的，不重秤。　　这菜没水分，秤着不重。

3. 比较句

误	正
小张高过小李。	小张比小李高。
一天好过一天。	一天比一天好。
人这么挤，走路舒服过坐车。	人这么挤，走路比坐车舒服。
这双鞋多贵一点。	这双鞋贵一点。
他不够我胖。	他没我胖。
这件衣服不够那件漂亮。	这件衣服不如那件漂亮。

4.“挨”字句

广西人的“挨”字句有部分可换成普通话的“被”字句，有部分不行。例如：

误	正
他挨公安局抓去过两次。	他被公安局抓了两次。
他挨你骗过两次。	他被你骗过两次。
下雨路滑，我差点挨跌跤。	下雨路滑，我差点摔跤。
为什么他得坐我挨站？	为什么他能坐我得(děi)站着？

5. 双宾语句

普通话里有些动词后面带两个宾语：一个指人，称间接宾语；一个指事物，称直接宾语。间接宾语紧跟在动词之后，离动词最近，也称近宾语。直接宾语一般位于间接宾语之后，也称远宾语。但广西人常把直接宾语放在动词之后。

误	正
给张票我。	给我一张票。
我给三斤苹果他。	我给他三斤苹果。
送两瓶酒你爸。	送你爸两瓶酒。

6. 处置句

有些表示处置的句子，广西人习惯用动词宾语句，或者把补语放在宾语后。普通话则习惯用“把”字句，或者把补语放在宾语前。

误	正
关门起来。	把门关起来。

喝这瓶啤酒完去。	把这瓶啤酒喝完了。
好久不见,剪头发短了?	好久不见,把头发剪短了?
写你的名字上去。	把你的名字写上去。
放衣服进衣柜去。	把衣服放进衣柜里。
扫房间干净给他们住。	把屋子收拾干净给他们住。
快点摆桌子好来。	快把桌子摆好。/快摆好桌子。
他搞鞋子湿了。	他把鞋弄湿了。/他弄湿了鞋。

三、母语为少数民族语言者说普通话常见的语法错误类型

与第一节相同的理由,广西各种民族语言使用者学习汉语普通话出现的语法错误难以作全面的分析,本节仍然以壮语南部方言中的靖西壮语(以下简称壮语)为例略作举例。

(一) 词法

1. 重叠形式

与汉语一样,壮语的名词、动词和形容词也可以重叠,但形式与普通话有差异。这种差异影响到人们学说普通话时,往往出现一些与规范普通话相异的重叠形式。以下按名词、动词、形容词分述如下。

(1)名词重叠式

①部分单音节名词以 AA 和 AABB 的格式重叠,对事物进行列举。如:

误	正
房房没有,住哪里?	要房没房,住哪里?
书书笔笔很多,够乱的。	书啊笔啊太多了,够乱的。

②部分方位名词以 AA 式重叠,表示更进一步,或程度最高。如:

误	正
上到顶顶去,下到底底去。	上到最上面,下到最底下。
摆在里里。	摆在最里面。

(2)形容词重叠式

①形容词 AA 式重叠,表示程度深。与普通话的区别是,后边不加“的”。如:

误	正
他们家牛多多。	他们家牛很多。
跑快快,不给他们追上。	快点跑,不让他们追上。

②普通话双音节形容词一般按 AABB 式重叠,表示程度深,壮语以 ABAB 式重叠,因此,靖西人说普通话往往也用 ABAB 式表示程度深。如:

误	正
她长得好看好看,难怪追的人多多。	她长得很漂亮,难怪追求的人很多。
热天喝一点冰水,舒服舒服。	热天喝一点冰水,很舒服。

(3)动词重叠式

①AA 又 B 式

壮语中,常常用“$AAle^{2323}B$”式表示“短暂地做甲事,然后停止,做乙事”。靖西人说普通话时受这种重叠形式影响,把中间的[le^{2323}]一般说成“又”,即“AA 又 B 式”。如:

误	正
他坐坐又起。	他才坐一会儿,又站起来。
妹妹笑笑又哭。	妹妹笑一会儿,又哭了。

②A 上 A 下,A 去 A 来

壮族的传统方位感多体现为纵向,因而喜欢说“~上~下”;而在“来”和“去”的表述上,与汉语相反,习惯将“来”置于“去”后。如壮语“到(我)家玩”常说成“上家来玩”;“交际,交往”常常说成“上下”。“来来往往”说成“去去来来”。壮语中则多用“A 上 A 下”或“A 去 A 来”形式来表示“反复做”。此种形式也常见于靖西人说普通话中。

误	正
他看上看下,都不见那个错别字。	他反复看,还是找不到那个错别字。
他读去读来,都背不得课文。	他反复地读,课文还是背不下来。
这帮人在水里摸去摸来,都不见那个桶。	这群人在水里来回摸索,还是找不到那个桶。

2. 靖西人说普通话常见而与普通话相异的虚词

①先

壮语一般以“动词 + kon^{45}”（[kon^{45}]直译为“先”）表示“做了（完）、再说”。受此影响，“动词+先”结构在靖西人说普通话时相当普遍。如：

误	正
他哪时才到啊？我们吃饭先。	他什么时候才到啊？我们吃饭再说。
你们光懂吃，我点歌先。	你们只知道吃，我先点歌再说。

②完

壮语中常常用“~leu^{213}”（[leu^{213}]直译为“完”）表示程度极高。受其影响，靖西人说普通话经常用“~完”的结构。如：

误	正
我到十一点都没过早，饿完。	我到十一点还没吃早餐，非常饿。
我见那个女人妖妖的，想吐完。	我觉得那个女人妖里妖气的，真恶心。
我们申办得奥运会，那晚我激动完。	我们成功申办奥运会，那晚我非常激动。

③过

壮语一般用“动词+kwa^{45}”（[kwa^{45}]即“过”）表示“重新，再”的意思。受其影响，靖西人说普通话时此用法非常普遍。如：

误	正
唱个歌都那么不认真，来过。	唱首歌都那么不认真，再来。
你作业潦草完，写过。	你的作业太潦草了，重写。
跳不整齐，跳过。	跳不整齐，重跳。

④住

壮语中往往以“动词+jou^{45}”（[jou^{45}]直译为“住”或“在”）表示类似普通话中“动词+着”的意思。受其影响，靖西人说普通话时常有“动词+住”或“动词+在”的用法。如：

误	正
车床开住，不小心就挨伤。	车床开着，不小心会受伤。
课还上住，你就跑回来啦？	课还上着，你就跑回来啦？
我喝酒住，你得不得来？	我正在喝酒，你能来吗？

⑤多

壮语常以“形容词+la:i^{53}”的形式表示程度深；[la:i^{53}]与汉语“多”义同，相当于普通话中的程度副词“很，十分，非常，特别”等，此形式大约可译为“太～了”。受其影响，靖西人说普通话时，“形容词+多”的形式非常普遍。如：

误	正
他走路快多，我跟不上。	他走得太快，我跟不上。
天气热多，怎么都睡不得。	天气太热，怎么都睡不着。
我见她厉害多，怕完。	我觉得她很厉害，真怕她。

⑥要

壮语常常以“动词+au^{53}”([au^{53}]即“要”)表示“采取……方式、形式”的意思。受其影响，靖西人说普通话常常用“动词+要”的结构。如：

误	正
他眼睛看不到，认人用听要。	他眼睛看不见，通过听觉认人。
蕹菜炒要好吃过煮汤。	空心菜炒着吃比煮汤好吃。

⑦同

壮语中“tɔ:ŋ^{21}+单音节动词”([tɔ:ŋ^{21}]即“同”)表示“互相……”。“同+单音节动词”的结构在靖西人说普通话时也经常出现。如：

误	正
我才不像他们，老是同骂。	我才不像他们，老是对骂。
小孩不能同打，同打不乖。	小孩不能打架，打架不是乖孩子。
我们去旅游得见马同斗。	我们旅游的时候见到斗马。
爸他和妈他天天同争，他怎么不变坏？	他爸爸和他妈妈天天争吵，他怎么会不变坏？

3. 量词

壮语中名词、量词的搭配关系与普通话有差异。这种差异势必影响到靖西人学说普通话，使靖西人说普通话时，量词出现明显的壮语痕迹。以下就靖西人说普通话常见的不符合普通话名量搭配关系的规则，略举一些例子。其他民族语言区的人，学说普通话时，可以认真体会，举一反三。

误	正
一个锁	一把锁
一个汽车	一辆汽车
一个帐篷	一顶帐篷
一个心脏	一颗心脏
一个床	一张床
一个黄瓜	一根黄瓜
一个桥	一座桥
一个鼓	一面鼓
一个卧室	一间卧室
一条手枪	一把手枪
一条蜡烛	一支蜡烛
一条钥匙	一把钥匙
一件裤子	一条裤子
一件壮锦	一幅壮锦
一张被子	一床被子
一片纸	一张纸
一片毛巾	一条毛巾
一片电影	一部电影
一只鱼	一条/尾鱼
一只马	一匹马
一只龙	一条龙
一张扇子	一把扇子
一张旗子	一面旗子
一把针	一根针

4. 数词

(1)“二”和“两”

壮语没有类似普通话的“两”这个数词,这个数量都用[θo:ŋ⁵³]（即“二”）表示。受此影响,靖西人说普通话时也常常以“二”代替“两”。如:

误	正
你们二个前世是冤家啊?	你们两个前世是冤家吗?
从这里去南宁有二条路。	从这里去南宁有两条路。
二人一起有事才得商量。	两人在一起有事才方便商量。
你都不见他包里放得二个西瓜。	你都没看见他包里能放两个西瓜。

(2)以“二”表示数量小

壮语常常用[θo:ŋ⁵³]“二”表示数量较少。此种用法在靖西人说普通话时也常有体现。如:

误	正
放二颗盐得了,我吃不得咸。	少搁点盐就行了,我不喜欢太咸。
那个村小完,才二个房。	那个村很小,只有几幢房子。
他们家穷完,二粒豆就做菜。	他们家很穷,一点豆就是菜肴。

(二) **句法**

1. 语序

(1)双宾句

壮语双宾句中指人宾语一般在指物宾语之后,这种语序往往影响到靖西人对普通话的习得。如:

误	正
我给十块钱他,他都还不满意。	我给他十块钱,他还不满意。
他们给那么多东西你们,不谢人家啊?	他们给你们那么多东西,还不谢谢人家啊?

(2)修饰语与中心语的位置

汉语语序基本上是修饰语在前、中心语在后,而壮语的中心语却一般放在修饰语之前。壮语的“中心语+修饰语”的语序,也不同程度地影响到人们对普通话的学习。

①中心语+定语

误	正
朋友他多多,做事容易了。	他的朋友很多,办事很容易。
肉肥不成吃,买多肉精不得啊?	肥肉不好吃,为什么不多买些瘦肉?
马矮德保靖西都有,在这里也见得。	德保靖西都有矮马,在这里也能见到。

②中心语+状语

误	正
来早才得吃好的,来晚菜都不好。	早点来才能吃到好的,来晚了没有好菜。
他来多多,我们熟完。	他经常来,我们很熟。
扫赶快,老师快来了。	赶快扫,老师快来了。
能给多一点吗?我见今天饿多。	能多给一点吗?我觉得今天很饿。

(3)“给+名词”的介词结构

壮语常把“给+名词”的结构置于动词性成分之后充当补语。作用与普通话中相应的动词性成分的状语相同。这种用法在靖西人说普通话时非常普遍。如:

误	正
过年都不买衣服给我,还说关心我。	过年都不给我买衣服,还说关心我。
你拿这些果给他,他才高兴嘛。	你给他这些水果,他才高兴嘛。
我要一点米给鸡。	我拿一点米喂鸡。

(4)表人的同位短语

壮语表人的同位短语语序和普通话相反。靖西人说普通话也常有这样的语序。如:

误	正
嫂林对哥林那么好,哥林还打她!	林嫂对林哥那么好,林哥还打她!

几人他看来都是学生。	他们几位看来都是学生。

(5)名词+数量短语

壮语中表示"每……"的时候常常在名词后直接加数量短语。在表义清楚的情况下,有时也省略量词。靖西人说普通话时这种结构也常出现。如:

误	正
吃结婚酒桌八个。	喝喜酒每桌八人。
这个不贵,个五毛。	这个不贵,每个五角。
车票张五十。	车票每张五十元。

(6)方位词的位置

壮语的方位词一般放在名词之前,与普通话方位词在名词之后不同,这种语序也会出现在靖西人说普通话时。如:

误	正
袜掉在底桌,好好找,肯定找得。	袜子掉在桌底,好好找,一定能找到。
我见以前顶山树多多。	我记得以前山顶有很多树。
里冰箱还有一点果。	冰箱里还有一点水果。

2. 比较句("过"字句)

壮语进行比较时,一般采用"……过……"的结构,即"我好过你(我比你好)"。这种结构在靖西人说普通话时常有表现。如:

误	正
这条路不好过那条啊?	这条路不如那条好吗?
我见他跑快过你。	我觉得他比你跑得快。
汽车肯定贵过单车啊。	汽车肯定比自行车贵呀。
你不肯吃饭,妹妹都高过你啊。	你不肯吃饭,妹妹已经比你高了。
今天凉过昨天,你不见啊?	今天比昨天凉,你不觉得吗?
这种木沙发硬过,不容易烂。	这种木沙发比其他的结实,不容易坏。

3. 与"把"字句相关的句式

壮语没有与普通话相对应的"把"字句,其职能由不同的句式承担,往往也影响靖西人学说普通话,这主要有以下两类:

①"拿(要)"字句

误	正
要(拿)这种书来做教材。	把这种书当作教材。
要(拿)这桶水去冲教室。	把这桶水提去冲教室。

②动词+宾语

误	正
扫房子干净去。	把房子扫干净。
吃完洗碗一下。	吃完把碗洗一下。
我们煮饭得了。	我们把饭煮好了。
你们砍这棵树断去。	你们把这棵树砍断。
他倒水在院里面。	他把水倒在院子里。

4.“挨”字句

壮语中,借自汉语的“挨(ɑ́i)”充当普通话中“被”的职能,且运用范围极为广泛,只要有“被动,不情愿”等义,都可使用。这种用法深刻地影响到靖西人学说的普通话,并时时体现出来。如:

误	正
又不小心,怎么不挨痛?	又不小心了,怎么会不疼?
哪个喊你不认真,挨不及格没有?	谁让你不认真,不及格了吧?
那时候我们没有钱,挨吃不饱。	那时候我们没有钱,吃不饱。
他在学校不听老师讲,挨告诉爸爸。	他在学校不听老师的话,老师告诉他爸爸了。
他补考多多,挨不得毕业。	他补考太多,不能毕业。
老板不好,我的工资挨少多多。	老板不好,我的工资少了很多。

5.“得”字句

壮语中的[nai^{2323}]一般与普通话中的“得,得到”基本对应,但同时还表示与普通话中“行”“可以”“能”等一致的意义。受此影响,靖西人说普通话时出现许多“得”字句。如:

误	正
今年我得赚钱,给爸买一点东西过年。	今年我能挣到钱,可以给爸爸买些东西过年。
我过生日给我一个蛋糕都不得啊?	我过生日给我一个蛋糕都不行吗?

带我去你们村一次,得吗?	带我去你们村一次,行吗?
他的小说得发表,我佩服完。	他的小说能发表,我很佩服。

6."见"字句

壮语中的[than⁵³]一般相当于普通话中的"见,看见",但也有"感觉,觉得"义。受壮语影响,靖西人说的普通话中,用"见"代替"感觉,觉得"的用法很多。如:

误	正
我见这种很漂亮。	我觉得这种很漂亮。
我见这里吵完,回去好过。	我觉得这里很吵,回去好些。

7."动词/形容词+到——去"句式

壮语常常将[thaŋ⁵³](到)放在动词、形容词结构和补语之间做联结成分,补语后面常用[pai⁵³](去)配合使用,表示对结果的强调。受此影响,靖西人说普通话时常用"动词/形容词+到——去"结构。如:

误	正
我妈气到疯去。	我妈气得发疯。
我伯做工到老去。	我伯伯干活一直干到老。
这件事传得全市懂完去。	这件事传得全市都知道了。
作业多到一晚都做不完去。	作业多得整晚都做不完。

8. 动词(动词性成分)+得了

受壮语影响,靖西人说普通话常将"得了"置于动词或动词性成分之后,表示动作已经完成。如:

误	正
我们煮饭得了。	我们煮好饭了。
作业做得了。	作业做好了。
浇花得了。	花浇好了。
那支歌录得了。	那首歌录完了。

四、普通话水平测试中方言语法的判定原则

当前社会发展变化很快,新词语、新用法急剧增加,传播迅速;南北交往空前活跃,方言与普通话的相互影响较大。一些原来认为不太

规范或有方言色彩的用法已进入普通话，一些还会在使用过程中观望或逐渐被淘汰。譬如“副词+名词”这种形式以前认为不规范，但如：“他显得很牛仔。”“他背着手，很局长地走了。”这些句子因其生动而经济，已时常出现在公共媒体。又譬如以“妹”做构词成分的词本来是从方言来的，但“打工妹、外来妹”这些词已大量进入媒体，收入词典；“学生妹”媒体还鲜见，词典也未收入；“酸嘢妹、切咧妹”更具有典型的方言色彩了。还有南味儿的“好字句”，如“我好害怕”人们已接受，“北京烤鸭好好吃耶”则方言味十足。因此在普通话水平测试当中，一般要求测试员树立正确的语言观和规范观，确立语言发展和动态的观念，对方言语法的判定采取弹性原则，以是否出现典型方言性质的语法现象作为评定的主要视点，对在重要媒体中经常出现但还未收入规范性、权威性语文词典和教科书的语法现象，一般要求持宽容态度。

第三章　普通话水平测试简介及辅导

第一节　普通话水平测试试卷构成及评分

一、普通话水平测试试卷构成

普通话水平测试试卷包括四个组成部分,满分为100分。

（一）读单音节字词(100个音节),限时3.5分钟,共10分。

（二）读多音节词语(100个音节),限时2.5分钟,共20分。

（三）朗读短文(1篇,400个音节),限时4分钟,共30分。

（四）命题说话,时间3分钟,共40分。

二、普通话水平测试模拟试卷

10份。未经信度测评,仅供练习使用。

普通话水平测试模拟试卷 1

(一) 读单音节字词 100 个(限时 3.5 分钟,10 分)

频 痒 罚 凹 入 举 春 填 想 刻 扔 娘 虾 涌 憋 娃 甩 日 钦
孩 饿 霜 准 员 踢 饮 狼 瞟 窝 连 癌 妹 掩 职 喊 旺 坑 耀
拨 嘴 愁 嗓 捏 税 夫 派 流 麻 铁 密 孙 敌 刮 肯 纵 循 揣
荣 否 嫩 群 拆 贼 苦 攀 层 赚 雄 匪 松 串 刀 碾 约 眺 捐
篡 然 刷 扫 河 窥 页 脚 并 喉 匆 晾 遮 或 揪 惨 绳 尊 鬼
屋 朵 蓄 僧 请

(二) 读多音节词语(限时 2.5 分钟,20 分)

论文 加倍 丰收 屡次 牙刷 热闹 小厂 轰鸣 邮筒 好玩儿
投奔 不日 脊髓 洞穴 夸奖 捉摸 茄子 选择 慌忙 扇面儿
军队 关心 虐待 评分 乖巧 一色 牛绳 俗气 挥洒 跑腿儿
赔偿 蓊郁 让座 所属 生产力 泄露 欢快 窘迫 计算机 女儿
勘探 穷困 采访 允诺 债券 强壮 讴歌 灯笼 够劲儿

(三) 朗读作品 6 号(限时 4 分钟,30 分)

(四) 命题说话

1. 我的学习生活
2. 难忘的旅行(要求说满 3 分钟,40 分)

普通话水平测试模拟试卷　2

（一）读单音节字词100个(限时3.5分钟,10分)

怕 拥 非 决 春 国 档 掰 色 鸟 傲 怎 窈 轮 抬 报 餐 屡 歪
魁 倡 葛 佳 俄 水 盟 暖 丢 竹 秀 讲 要 翁 词 斌 骇 零 沤
思 穷 吭 惩 反 阵 明 质 孙 爽 入 群 日 黑 辛 荣 对 擦 探
除 均 杨 宽 牛 则 瓦 耕 慎 篇 谎 性 抓 存 晚 若 搜 懂 恰
题 锐 超 兰 虐 盐 宗 李 仍 需 肯 券 甩 配 嗓 框 说 谋 特
罚 冤 宅 纂 赃

（二）读多音节词语(限时2.5分钟,20分)

剖析 悲哀 咱俩 踏板 闹腾 草料 昂贵 分神 窗户 这会儿
寻求 偶尔 晕车 空缺 森林 一绺 锻铁 改期 掌勺儿
威风 批语 抹杀 欢快 紧缩 松口 装载 不懈 酿造 裤衩儿
选举 棉花 符合 热水器 染坊 约定 采取 文凭 算卦 没事儿
跳伞 窘迫 占有 胸怀 种子 软弱 层叠 闰年 卷筒纸 牙刷

（三）朗读作品 3 号(限时4分钟,30分)

（四）命题说话

1. 学习普通话的体会
2. 童年的记忆(要求说满3分钟,40分)

普通话水平测试模拟试卷 3

(一) 读单音节字词 100 个(限时 3.5 分钟,10 分)

趴 匀 付 丁 诡 半 疼 亏 让 形 倦 桃 黑 怯 摇 扛 米 辣 风
彼 瞧 束 陪 车 酿 匣 凑 挖 尊 物 欲 抓 昂 所 震 薛 柳 媚
天 菊 陈 稍 可 腔 造 翁 峡 濒 漏 耻 窜 丢 品 宅 宋 垂 三
凌 你 恩 狗 翻 瑞 同 休 垮 渠 愿 寒 瞥 负 愁 压 惹 念 均
海 层 堤 窘 换 贴 眼 杂 吨 晚 雄 润 粗 扩 怎 筛 贼 掉 冷
柴 桑 许 向 肯

(二) 读多音节词语(限时 2.5 分钟,20 分)

扑灭 一样 分寸 撒网 绝代 旷工 巡视员 家庭
差点儿 洽谈 偏题 司法 诚然 荒废 机能 夜盲
爱惜 浑浊 老头儿 旅长 破裂 月钱 生产力 选本
凝神 挑拨 雍容 儿女 刀把儿 花圈 此外 棉袄
中心 怪物 作者 不屑 仓库 平常 金鱼儿 准备
牛虻 夸口 否则 温暖 怀揣 光明 水厂 亲家
考究

(三) 朗读作品 16 号(限时 4 分钟,30 分)

(四) 命题说话

1. 我的业余生活
2. 我知道的风俗(要求说满 3 分钟,40 分)

普通话水平测试模拟试卷　4

（一）读单音节字词100个(限时3.5分钟,10分)

瞥 燕 否 抓 绝 去 婆 揪 惯 层 塔 欣 毛 亏 人 所 拆 玲 费
起 斌 额 张 砸 跌 就 跟 产 牌 促 天 恰 网 声 米 算 门 写
麻 悬 林 东 请 荀 贺 欧 揣 很 拥 唐 腐 匀 婚 赛 裙 酿 迎
灭 遮 耸 夏 炯 如 配 舀 摘 丙 滑 轰 可 序 文 北 驴 绰 双
袄 在 条 捐 睡 康 惨 略 软 牛 环 森 款 月 左 世 歪 鬼 年
肉 村 逐 暂 杨

（二）读多音节词语(限时2.5分钟,20分)

铁片 牙齿 错怪 傍晚 孔雀 计时器 老翁 哈欠 针鼻儿
漂白 光荣 内贼 挨次 日后 穷困 一件 名分 设想 金鱼儿
远祖 军民 抹平 血染 嫂子 捏造 了解 转身 伎俩 哥们儿
运行 桑叶 证明 场地 热乎 责成 儿女 胸怀 守法 脸蛋儿
违反 草地 拳头 滞留 损毁 不恼 窗户 衰败 耍弄 四方框

（三）朗读作品19 号(限时4分钟,30分)

（四）命题说话

1. 我的假日生活
2. 谈谈美食(要求说满3分钟,40分)

普通话水平测试模拟试卷　5

(一) 读单音节字词 100 个(限时 3.5 分钟,10 分)

喷 运 否 高 机 得 追 北 森 泽 秋 瞪 浊 专 饿 聊 日 翁 引
刷 蹦 响 灵 剜 姐 河 损 憋 如 暖 悬 山 够 网 宅 耳 耐 宾
昂 百 苦 踹 酸 传 错 末 念 缺 含 装 永 肉 雄 掐 南 复 响
招 若 迎 催 小 放 童 惨 卞 空 锐 恩 审 调 胡 歪 锁 虫 喜
坑 陶 民 臭 均 贼 双 法 块 紧 拉 忙 咬 硕 攻 佩 轮 亚 庭
慌 踩 赠 巡 她

(二) 读多音节词语(限时 2.5 分钟,20 分)

剖面 许可 比分 从未 能源　倔强　不齿 曲子 融化 掌勺儿
参数 稳定 丰润 冷枪 收成　饲养员 垮台 茶楼 没事儿
明天 此后 由于 上学 男女　热爱　让贤 咱们 操作 胖墩儿
一直 三角 赌气 绯红 计算机 扎针　见识 主体 送行 牙签儿
沙鸥 古老 哪些 遭遇 缆车　毁坏　肃清 岁月 沸腾 表演

(三) 朗读作品 23 号(限时 4 分钟,30 分)

(四) 命题说话

1. 我喜爱的职业

2. 我喜欢的书刊(要求说满 3 分钟,40 分)

普通话水平测试模拟试卷　6

（一）读单音节字词 100 个(限时 3.5 分钟,10 分)

萍 偶 文 发 歪 赠 鼻 森 强 街 跨 虎 垂 压 逛 准 掏 日 说
窘 哀 河 喜 绕 什 此 潘 迷 洽 投 卡 档 锄 写 略 苏 魁 色
宅 拉 肥 资 浪 九 穷 篇 鸟 驳 砖 缓 退 爷 甩 濒 卓 妹 丢
宠 仍 酝 拐 吃 昂 倦 雪 驴 村 格 民 谚 擦 饱 坏 钻 睡 条
空 然 否 颂 鱼 爽 辍 经 浑 负 三 捧 巡 娘 嘴 到 滚 能 凑
囚 莽 蓝 今 筹

（二）读多音节词语(限时 2.5 分钟,20 分)

委派　特定　家庭　省份　桑麻　而且　勇敢　录音笔
照面儿　撒谎　觉察　春耕　手风琴　熊猫　改悔　花坛
撞车　苍凉　人影儿　帆船　咳嗽　漂白　错误　湿润
损伤　指点　杂念　珠宝　纽扣儿　整天　锐利　早晨
一瞥　柔嫩　溃烂　小品　不够　快件　拐弯儿　佛教
选择　暖流　刷新　颤悠　脆弱　诊断　收款　凑趣　关注

（三）朗读作品 30 号(限时 4 分钟,30 分)

（四）命题说话

1. 童年的记忆
2. 我的朋友(要求说满 3 分钟,40 分)

普通话水平测试模拟试卷 7

(一) 读单音节字词 100 个(限时 3.5 分钟,10 分)

培 耳 费 把 接 下 赶 字 罗 康 与 谋 扭 杀 恰 翁 瓢 滴 盖
雄 外 扫 活 贪 审 留 村 否 穿 窘 挪 网 泵 堆 广 带 韵 紧
忙 破 夸 女 泉 类 所 吃 快 杨 兵 短 瓜 由 森 斧 柴 头 浅
皮 抓 组 睡 吕 思 雅 别 讯 知 景 面 棵 虐 团 混 咱 拽 枪
才 略 潘 儒 奥 先 随 准 民 剃 亲 证 爽 钵 举 葬 春 仍 闹
远 眺 决 海 恩

(二) 读多音节词语(限时 2.5 分钟,20 分)

蓬松 白嫩 烘托 乘凉 小米 萱草 阿胶 班长 舌苔 快板儿
纠纷 一行 盛开 手法 秀气 总得 勇将 工厂 财政 够本儿
码头 弱点 全局 灰心 天伦 模糊 日月潭 拼命 怪罪 顶事儿
骏马 主管 安危 疙瘩 不屈 确认 捆扎 玩耍 调查 人影儿
娘俩 重要 磁铁 吝啬鬼 测验 冷暖 里边 潮汐 冻疮

(三) 朗读作品 19 号(限时 4 分钟,30 分)

(四) 命题说话

1. 我喜欢的节日
2. 我的学习生活(要求说满 3 分钟,40 分)

普通话水平测试模拟试卷　8

（一）读单音节字词 100 个(限时 3.5 分钟,10 分)

票 昂 罚 两 罪 德 否 吹 句 隐 竹 泼 遇 洒 厅 这 叠 凶 后
须 葬 新 饼 催 慢 型 捏 瞟 色 谈 缺 美 闩 四 轴 敢 瞥 尺
倦 聊 抓 抢 润 柴 若 刷 存 扭 君 买 骗 狂 稍 错 炯 该 泵
黄 矮 腰 运 眼 黑 年 琼 爽 坏 风 崇 搞 斌 腻 疼 剃 松 考
仍 拽 朗 掐 临 细 钻 有 荣 月 纯 江 窜 棉 帅 决 团 论 轨
究 光 零 河 俊

（二）读多音节词语(限时 2.5 分钟,20 分)

贫困 菲薄　防洪 开辟 疮疤　流派 敏锐 指甲 明日 走神儿
打扰 虐待　短工 不振 凉快　字典 案头 调节 盆栽 一顺儿
揣摩 增添　内政 喧闹 格律　掠夺 壮实 恶棍 损耗 小曲儿
群雄 篮球场 下次 蔬菜 请柬　叉子 虽然 而且 傻劲儿
所谓 巡夜　永远 测算 苍蝇拍 诚朴 柔软 繁华 无畏 宽容

（三）朗读作品 38 号(限时 4 分钟,30 分)

（四）命题说话

1. 学习普通话的体会

2. 我知道的风俗(要求说满 3 分钟,40 分)

普通话水平测试模拟试卷 9

(一) 读单音节字词100个(限时3.5分钟,10分)

品 压 放 回 网 决 类 村 屡 恰 丑 穷 贰 妞 耕 杂 喘 风 赛

形 跨 播 左 丢 时 耸 软 握 甘 水 层 灭 仁 筒 恩 盘 损 劝

某 若 非 款 湖 肉 闯 事 平 灾 夏 丝 句 歌 组 档 匀 被 扫

吹 内 两 块 苗 惨 吨 田 木 脚 您 粗 地 表 腾 扣 修 凝 憋

染 号 仓 团 胸 坠 墙 体 抓 略 军 想 汗 法 怀 诗 确 审 腹

破 连 孤 者 闸

(二) 读多音节词语(限时2.5分钟,20分)

跳高 拔河 专刊 辍学 乔迁 招呼 帮忙 陪衬 撇开 大伙儿

执着 赞美 家庭 揣测 方圆 朋友 哪些 锐利 埋伏 一下儿

窘态 太阳镜 挖潜 爽快 色盲 遵命 熏陶 宾馆 好玩儿

扁担 润泽 选票 绷带 起床 仍旧 摧残 传令 葱茏 金鱼儿

省份 伺候 成功 披挂 能够 规律 酸菜 挪用 流失 计价器

(三) 朗读作品 22 号(限时4分钟,30分)

(四) 命题说话

1. 谈谈个人修养

2. 我的成长之路(要求说满3分钟,40分)

普通话水平测试模拟试卷　10

（一）单音节字词 100 个(限时 3.5 分钟,10 分)

贫 凹 法 埋 崩 二 美 防 设 可 逼 逃 姜 表 跃 朋 恳 丢 慢
年 拴 皮 丙 拽 光 寻 复 犬 对 擦 女 迟 字 开 雷 体 抓 豆
航 舔 站 陈 捏 整 您 想 跳 领 归 轮 末 要 窜 雄 黄 踹 雨
钟 夏 渠 黑 洒 俄 摘 后 英 场 残 绕 纠 电 丝 毒 算 解 辣
隐 柔 窝 怎 让 刮 摇 赠 崇 润 圆 甩 均 穷 测 森 锐 葬 来
位 尊 网 恰 穴

（二）读多音节词语(限时 2.5 分钟,20 分)

破坏 仰泳 缤纷 男排 昏迷 序曲 若干 偶然 蓊郁 巧劲儿
民风 胚胎 我们 否定 敦促 家庭 诈骗 允许 不错 找碴儿
捐款 窗帘 聪明 随同 囊括 总统 车辆 手软 觉得 上座儿
草拟 高层 咱俩 一线 喧哗 僧侣 热水器 扫描 烟嘴儿
窘况 球迷 鞋袜 人群 知识 装载 夜晚 癌变 损坏 省略号

（三）朗读作品 21 号（限时 4 分钟,30 分）

（四）命题说话

1. 谈谈科技发展与社会生活

2. 我向往的地方(要求说满 3 分钟,40 分)

三、普通话水平测试的评分

广西普通话水平测试共设置4个测试项,满分为100分。

(一)**读单音节字词**

1. 要求和目的

读单音节字词100个,限时3.5分钟,共10分。

测查应试人声母、韵母、声调读音的标准程度。

2. 评分

(1)语音错误,每个音节扣0.1分。

(2)声母韵母缺陷,每个音节扣0.05分。

(3)声调缺陷,每个音节扣0.05分。

(二)**读多音节词语**

1. 要求和目的

读多音节词语100个音节,限时2.5分钟,共20分。

测查应试人声母、韵母、声调和变调、轻声、儿化读音的标准程度。

2. 评分

(1)语音错误,每个音节扣0.2分。

(2)声母韵母缺陷,每个字扣0.1分。

(3)声调缺陷,每个音节扣0.1分,最多扣1分。

(4)词语轻重格式明显不对的,或一字一顿的,该词语整体算一个语音缺陷扣0.1分,最多扣1分。

(三)**朗读短文**

1. 要求和目的

朗读短文1篇,400个音节,限时4分钟,共30分。

短文从本书中选取,评分以朗读作品的前400个音节为限,不包括标点符号。

测查应试人用普通话朗读书面作品的水平,在测查声母、韵母、声调读音标准程度的同时,还测查语流音变、语调以及流畅程度。

2. 评分

(1)语音错误,每个音节扣0.1分。(语音错误包括:声母、韵母、声调、上声变调、"一、不"变调、"啊"音变、轻声、儿化等错误,以及漏、添音节)。

(2) 声韵缺陷:声母或韵母语音缺陷,视程度扣0.5分、1分。

(3) 语调偏误:略有显露扣0.5分,偏误明显扣1分,偏误严重扣2分。

(4) 停连不当:视程度扣0.5分、1分、2分。

(5) 朗读不流畅及回读:视程度扣0.5分、1分、2分。

(四) 命题说话

1. 要求和目的

根据话题单向说一段话,时间3分钟,共40分。

说话话题从《普通话水平测试用话题》中选取。此项测查应试人在没有文字凭借的情况下说普通话的水平,重点测查语音标准程度、词汇语法规范程度和自然流畅程度。

2. 评分

(1) 语音标准程度,共25分。

(2) 词汇语法规范程度,共10分。

(3) 自然流畅程度,共5分。

(4) 缺时。说话不足3分钟,依据缺时多少酌情扣分。说话不满30秒,本测试项扣40分。

(5) 无效话语。无效话语,主要指与测试话题毫不相关的话语,多次简单重复相同的语句,以背诵他人文本代替说话。累计占时扣分,每10秒加扣0.5分。有效话语不满30秒,本测试项扣40分。

(6) 离题。离题每持续1分钟加扣2分,全程离题加扣6分。

第二节　计算机辅助普通话水平测试介绍及辅导

一、计算机辅助普通话水平测试的优势

计算机辅助普通话水平测试,简称为"机辅测试",其优势主要有四个方面:

第一,"机辅测试"最大限度地避免了人工测试打分过程中出现的主观因素,所有考生都是唯一一个评测标准,测试结果更加客观、公正。

第二，“机辅测试”时考生面对的是计算机，可以降低考生在面对测试员测试时的紧张感，有助于考生调整状态，发挥出更好的水平。

第三，“机辅测试”实现了即使无测试员也可以开展考前模拟测试，通过模拟测试，计算机可以指出考生目前的普通话大致等级水平及存在的主要发音问题，考生可以进行针对性训练，快速提高普通话水平。同时，考生可以通过模拟测试尽快地熟悉测试操作流程。

第四，“机辅测试”使普通话水平测试管理工作更加科学、规范，更能保证测试质量。

二、国家普通话水平智能测试系统介绍

国家普通话水平智能测试系统是参加普通话水平测试考生的考试应用软件，在考试过程中，考生可以按照测试程序的提示，逐步完成考试内容及相关操作。

完整的操作流程为：考生登录→核对考生信息→试音→考试→提交试卷

第一步：佩戴耳麦

考生入座后，考试机屏幕上会提示佩戴耳麦；考生戴上耳麦，将麦克风调节到离嘴2-3厘米的距离，注意麦克风在左侧；耳麦为头戴式或后挂式，考生需注意佩戴；戴好耳麦后，即可点击“下一步”按钮。

佩戴耳麦提示页面

第二步:登录

屏幕出现登录页面后,考生填入自己的准考证号;准考证号的前几位系统会自动显示,考生只需填写最后四位;填写完成后,点击"进入"按钮登录。

考生登录页面

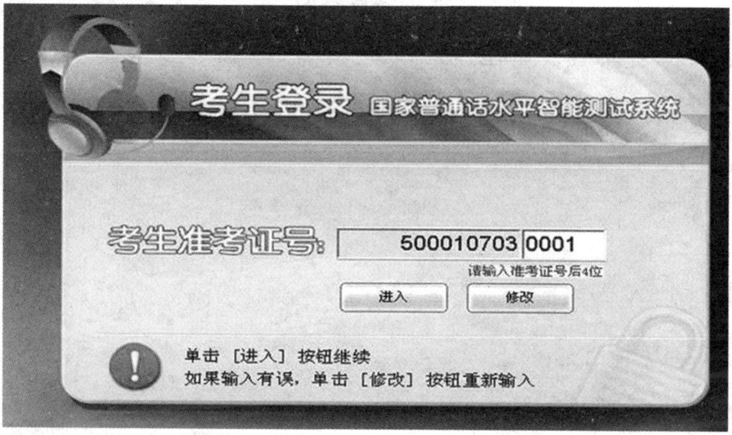

第三步:核对个人信息

考生登录成功后,考试机屏幕上会显示考生个人信息;考生认真核对所显示信息是否与自己相符,核对无误后,单击"确认"按钮继续。

核对时若发现错误,可以点击"返回"按钮重新登录。

核对个人信息页面

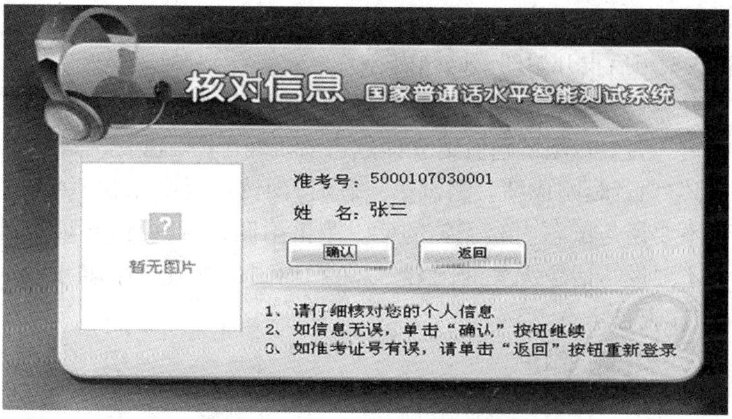

第四步：试音

进入试音页面后，考生会听到系统的提示语，提示语结束后，请以适中的音量和语速朗读文本框中的个人信息，进行试音。

若试音失败，请提高朗读音量重新进行试音。

考生试音页面

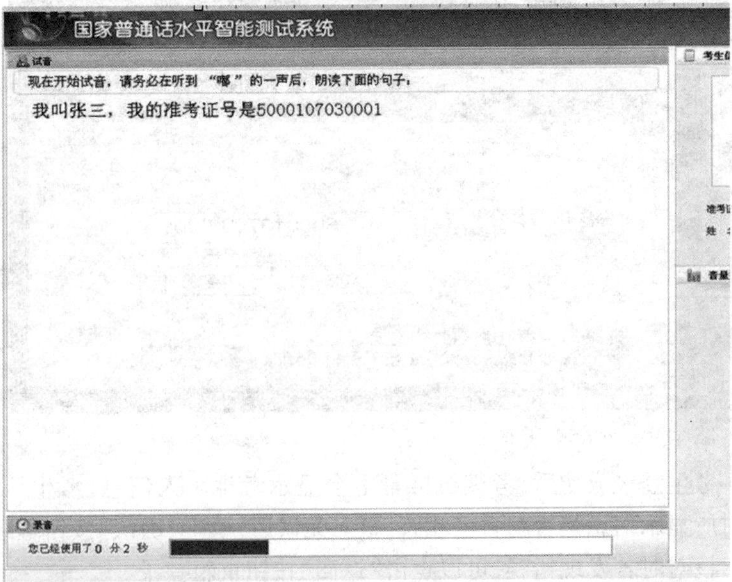

第五步：测试

测试开始时，每一题都会有语音提示，请在语音提示结束并听到“嘟”的一声后再开始朗读试题内容。

测试时第一题、第二题试题要横向朗读；朗读试题时注意不要漏行、错行。完成每项试题后请立即点击右下角“下一题”按钮，防止录入太多空白音影响成绩。测试第三题时，朗读过程中注意不要漏行、错行，不要说与试题内容无关的话。测试第四题时，说话必须说满3分钟，不要说与话题无关的内容，以免影响测试成绩。若有问题请举手向工作人员示意。

第六步：测试结束

测试结束页面

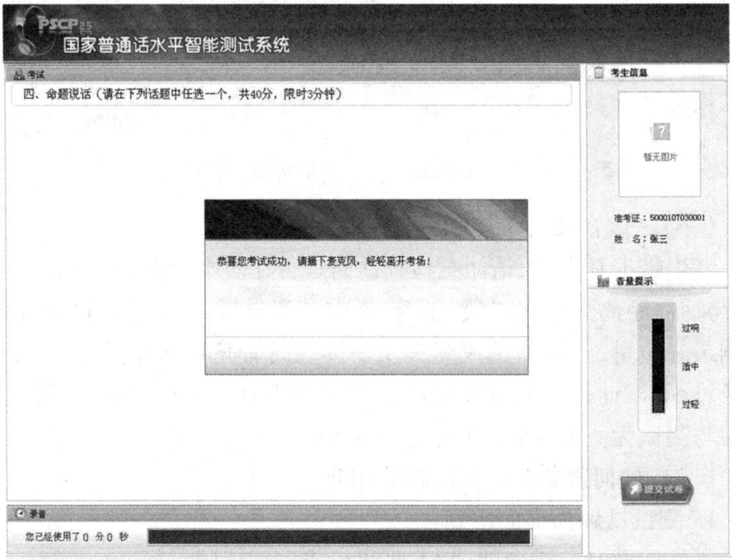

三、计算机辅助普通话测试考生注意事项

（一）　登录阶段

1. 请正确佩戴好耳麦，麦克风应在左侧，调整麦克风至距嘴巴 2-3 厘米的位置，避免麦克风与面部接触，测试时手不要触摸麦克风。

2. 请正确输入您的准考证号，准考证号的前几位系统已经自动给出，您只需要输入最后四位即可，信息确认无误后，点击“确认”按钮进入。

（二）试音阶段

请在试音提示结束后开始试音，以适中音量朗读试音界面上的文字。

（三）考试阶段

1. 测试共有四题，请横向朗读测试内容，注意不要错行、漏行（注：蓝字和黑字均需朗读），测试过程中，不要说与测试内容无关的话。

2. 每一题开始前都有一段提示音，请在提示音结束并听到“嘟”的一声后，再开始朗读。读完一题后，请马上点击界面右下方的“下一题”按钮，进入下一题的测试。

3. 第四题说话部分由人工评分，请考生注意不要离题、不要背稿，不要说与话题不相关的内容；说话满3分钟后，即可停止答题，结束测试。并请轻声慢步地离开考场。不需要点击“提交试卷”按钮，系统会自动提交试卷。

四、计算机辅助普通话水平测试应试指导

（一） 试音及音量控制

考生带上耳麦后，请注意检查话筒是否在对准口腔2-3厘米的位置，与话筒距离太近，会“喷”话筒，影响录音质量，距离话筒过远，同样影响录音质量，导致测试成绩失实。读题时音量应大小适中，不能过大或过小，以计算机上黄线显示居于中间为宜。测试过程中，考生不要说与测试无关的内容，以免影响测试成绩。

（二） 如何避免非语音问题的扣分

1. 测试试题为横向排列

考生读题时应横向朗读，不要漏行或重复读同一行。

2. 每题读题时间的把握

第一题读题时间不能超过3.5分钟，第二题读题时间不能超过2.5分钟，第三题读题时间不能超过4分钟，否则计算机会自动跳入下一个界面，本部分考试将无法完成。读完每一题后，请及时点击下一题进入下一部分测试，以免录入太多的空白杂音影响测试成绩。

3. 读音失误的更改

计算机辅助普通话水平测试，第一、第二项题测试过程中，如有读音失误，可以更改一次，以后一次读音为准；不能反复更改，以免影响测试成绩。第三项考题，读题时如有语音失误不能更改，否则影响测试成绩。

4. 看清说话题目

点击进入第四项题后，两个说话题目只能选择一个进行说话。请注意看清说话题目，例如“我喜欢的节日”不要说成“我喜欢的节目”，否则说话分就会被扣掉。

5. 避免缺时

进入第四项考题，尽快看清说话题目，然后至少在10秒钟以内就

要开始说话,否则会被扣缺时分。进行 3 分钟说话时,中间停顿时间不宜过长(指非正常的说话停顿),且避免反复出现此类现象。否则既扣缺时分也扣流畅分。

说话过程中如有语音失误可及时更改一次,但类似的更改反复出现,也将会导致说话不流畅,影响测试成绩。

6. 避免无效话语

围绕说话题目边想边说,有的考生偶尔会出现思维的空白和语塞现象,此时,应积极调整情绪,积极思维,尽快恢复话题说话,千万不能为了避免缺时而说些与话题不相关的话,如反复说同一句话、读准考证号或读考场张贴的考试规程等,这些都属于无效话语,属于被扣分的范围。

第三节　普通话水平测试辅导

一、读单音节字词辅导

普通话水平测试的第一项考题是读单音节字词 100 个。该考题主要检测应试人普通话声母、韵母、声调读音的准确和规范程度。应试的具体要求为:

(一) 测前训练阶段

测前训练时,要求应试人对每个字的声母韵母都读得准确到位,声调要正确饱满。

"准确、正确"指字音要读对,"到位、饱满"指字音要读好,所以不准确就包含了两个层次——错误和缺陷。

错误指没有读正确字音,即把甲声韵调读成了乙声韵调。比如:"辅 fǔ"读成 pǔ、"出 chū"读成 cū、"让 ràng"读成 yàng,这是声母错;"听 tīng"读成 tīn、"寸 cùn"读成 cèn、"耳 ěr"读成 ě,这是韵母错;"竿 gān"读成 gǎn、"室 shì"读成 shǐ 或 shi,这是声调错。凡读错字音,该字被扣 0.1 分。

缺陷指字音虽然没有读错,但是没有读准确。比如不少人发翘舌音 zh、ch、sh、r 声母字时,舌尖靠前翘得不够后,这叫发音不到位;或者发平舌音 z、c、s 声母字时,舌尖又抬得太高近似翘舌音声母;或者把舌面音声母 j、q、x 发得偏前或偏后,凡此种种都是声母发音有缺陷。又如有人发后鼻音韵母 ang、eng、ing 时,舌根部抬得不够高,不够紧张,音发得既像前鼻音又像后鼻音;发复韵母、鼻韵母时,口腔变化不大,音与音之间的动程不明显,这些都是韵母发音有缺陷。再如很多人发上声调字音时,只有下降的读音,没有上升的读音,即发音不是曲折形式,这叫发音不饱满;反之有人矫枉过正,发上声调时又曲折两次,这些都是声调发音有缺陷。凡字音读得有缺陷,该字被扣 0.05 分。

声韵调出现错误和缺陷,主要是方音影响造成。所以,应试人平时练习普通话时,首先要克服方音,抓住自己突出的问题重点攻克;此外要力争字字发音准确到位,不留缺陷。

应试人应明确,第一项考题除测查声韵调的读音外,还检测应试人字音的归属是否正确。除受方音影响外,普通话测试时,字音归属不正确通常由两种情况造成:

一是没有掌握异读词的规范读音。异读词指同一个书写形体、意义相同却有多个读音的字,例如“波”有 bō、pō 两个读音,“召”有 zhāo、zhào 两个读音等。异读词经过我国审音委员会审定后,已经确定其中一个为规范读音,比如“波 bō”“召 zhào”是规范读音,其余为不规范读音,普通话测试要求读规范读音。下面是普通话常见的异读词,标注的是规范读音:

从 cóng　拂 fú　即 jí　酵 jiào　揩 kāi　混 hùn　侵 qīn

室 shì　袭 xí　械 xiè　亚 yà　暂 zàn　拙 zhuō　卓 zhuó

还有一种情况是受书写形体相近字的影响把握不准正确读音,或本来就没读准字音的。例如:掰 bāi、涩 sè、闩 shuān、瓮 wèng、褶 zhě、渍 zì、纂 zuǎn。详见本书的《常用形近字读音辨析表》。

以上情况说明,应试人平时练习普通话时,除注意克服方音外,还要注意字音的正确读音,提高自己的识字能力。

(二)候测准备阶段

此阶段时间一般有 10 分钟左右,拿到试题,先初步扫读一遍第一项考题中的 100 个字,如有不认识的字,可以查测试用书,若一时无法查到,就按自己的估计读一个音。准备阶段的时间安排要合理,不能因为某个字音耗掉大部分时间，要把准备的时间均衡地分布给四项考题。

（三）**测试阶段**

认准字的形体，注意发音的饱满、到位。

对多音字的要求：如果试卷没有给出组词语境，多音字允许读任何一个读音，只要没有读错，该字均可得分。

对读错字音的处理：第一项考题字音读错允许纠正一遍，以第二遍为准。第二遍读对，该字得分；如果第一遍读对，第二遍读错，该字扣分。

如果使用计算机进行普通话水平测试，在无人工提醒的状态下，请注意不要漏读，不要错行。读完本项后再点击“下一步”，不要在未读完题的状态下误点“下一步”，以免因未能读完题而影响测试成绩。读题也应注意速度，不要超时。超时计算机会自动跳到“下一步”，进入第二项考题，导致第一项题未完成。

二、读多音节词语辅导

普通话水平测试的第二项考题是读多音节词语50个。此项测查比起第一项读单音节字词，测查应试人普通话应用能力的程度更深、范围更广泛，它不仅测查应试人声母、韵母、声调的发音规范标准、规范程度，同时还测查应试人的上声、“一”“不”的变调、轻声、儿化等语流音变的准确自然程度。应试具体要求：

（一）**测前训练阶段**

应试人在了解第一项读单音节字词要求的基础上，首先必须掌握普通话常用基本词的声母、韵母、声调的准确读音，因为这些基本词构词能力强，准确地读好这些基本词，测试中的大部分词语就能顺利地通过了，而这往往又是容易被应试人忽略的，有的考生训练时候只注重一些生僻字词的认读，而忽略了基本词语的发音，这是训练阶段的误区。请参见本书《常见单音节字词表》及本书各项的词语练习和各个词表。其次适当识别一些生僻词语的读音和常见异读词的读音；再次，注意牢固掌握语流音变的规律，加强轻声、儿化的练习，直到读准、读自然为止；最后，要加强听读的总体训练，掌握普通话词语的轻重格式,多听多读,努力培养自然的语感而不只是见字发音,尤其要注意一些非轻声但需轻读的词语,如教育、艺术、气氛等词。只有多听多读,充分感受,才能体会普通话词语发音在轻重上的细微差别,使自己的普通话发音更加准确、自然。

（二）**候测准备阶段**

应试人拿到考试题目后,一般有大约 10 分钟的测前准备时间,此段时间对 50 个多音节词语的准备方法是,迅速读一遍所有词语,斟酌自己把握不准的词语的读音,不要把意思相近的词语混读,如“转角”不要念成“拐弯”,“批评”不要读作“批判”,“评价”不要念成“评论”等;对“一”和“不”以及有上声变调的词语,重点判断其读音,然后练读一遍;确定轻声词和儿化词,重点练读一遍。最后快速阅读所选的文章,准备说话的内容。

在测试第二项读多音节词语、第三项朗读短文,以及命题说话中,要注意多音字组词后的正确读音,例如“尽管”的“尽”读上声、“尽力”的“尽”读去声。详见本书《常见多音字词表》。

（三）**测试阶段**

在朗读多音节词语的过程中,语速要适中,既要注意发音时声、韵、调的准确饱满,又要注意词语的轻重格式,还要注意读好音变,不能把词语生硬地“字化”(即一字一顿地读词语),应连贯自然地读出普通话词语本身具有的韵律。应注意末尾是上声的音节的读音,不要把后一音节的上声调读成半上(调值 21),如歌曲、管理、指导等词。另外,儿化词语的“儿”应与它前面的音节融成一个音节,不能分开读。

对读错字音的处理:第二项考题词语读错允许纠正一遍,以第二遍为准。第二遍读对,该词得分;如果第一遍读对,第二遍读错,该词扣分。

如果使用计算机进行普通话水平测试,在无人工提醒的状态下,请注意不要漏读,不要错行。读完本项后再点击“下一步”,不要在未读完题的状态下误点“下一步”,以免因未能读完题而影响测试成绩。读题也应注意速度,不要超时,超时计算机会自动跳到“下一步”,进入第二项考题,导致第一项题目未完成。

三、朗读短文辅导

（一）普通话水平测试朗读辅导

普通话水平测试的“朗读短文”目的是测查应试人使用普通话朗读书面作品的水平。在测查声母、韵母、声调读音标准程度的同时，重点测查连读音变、停连、语调以及流畅程度。要求应试人朗读指定的一篇作品，评分以朗读作品的前400个音节（不含标点符号和括注的音节）为限。限时4分钟，分值30分。

“朗读短文”练习和测试应当注意以下问题。

1. 字音正确，音变符合普通话规范

字音正确指读准作品中每个字词的声、韵、调，多音字要“据词定音”。例如：

在我生日会上，爸总是显得有些不大相称。

这里的“生日、上、是、称”的声母要翘舌，“在、总”的声母要平舌，“相称”读为xiāngchèn。如果把翘舌音读成平舌音，平舌音读成翘舌音，“相称”读成xiāngchēng，就是语音错误。语音错误一个音节扣0.1分。

音变是指上声变调、“一、不”变调，轻声、儿化、语气词“啊”的变读要符合普通话规范。例如：

雪纷纷扬扬，下得很大。开始还伴着一阵儿小雨，不久就只见大片大片的雪花，从彤云密布的天空中飘落下来。地面上一会儿就白了。冬天的山村，到了夜里就万籁俱寂，只听得雪花簌簌地不断往下落，树木的枯枝被雪压断了，偶尔咯吱一声响。

这段文字中需要音变的有“小雨、偶尔”两词的第一个字变读为阳平；“一阵儿、一会儿”的“一”读阳平，“一声”的“一”读去声；“不久、不断”前一个“不”读去声，后一个“不”读阳平；“得、着、的、了、地”几个字读轻声；“一阵儿、一会儿”的后一个音节读为儿化韵。如果这些音节不按音变规律读也被看作语音错误而扣分。

为了帮助大家在朗读短文中读准字音，本书每一篇朗读作品后都有拼音对照，练习的时候对把握不准的字音应多对照着读。

测试时朗读还应严格忠实于作品，不漏读、增读、改读，否则会影响得分。

声母、韵母的语音缺陷或“吃字”也会影响标准程度。

2. 语调自然

语调指朗读时语音高低轻重配置而形成的腔调。方言区的人容易在声调、句调、词语的轻重格上与标准普通话有偏误。广西人的语调偏误主要有以下表现。

(1) 声调缺陷。主要表现为声调的调域不够宽,升降幅度过小。即高音不够高,低音不够低,升调上不去,降调下不来,听感上觉得声调低而平。

(2) 句调不当。句调指一句话音高的趋向,它表达不同的语气和感情运动状态。句调可以简单地分为降调、平调、升调、曲折调几种。朗读时因句调失误而导致的语气表达错误、唱读,或句末机械地一个调子,就是句调不当。例如:

爸不懂得怎样表达爱,使我们一家人融洽相处的是我妈。

这是一个较长的陈述句,宜用降调读出,句末的“妈”稍低且读重音。如果把句末的“妈”读得高而短,听起来就像是语气词“吗”,句子变成疑问句了,句意就会改变。

又譬如:

你以为这是什么车?旅游车?

这是两个疑问句,前一个句调稍平,后一个句调升起,就能准确表达语气。如果把前一个句调升起来,后一个句调降下来,听上去就像是一问一答,语气表达违背文意了。

(3) 轻重不当。轻重不当指词语的轻重格式不当和语句重音不当。(轻重格式请参考本书第一章第五节)

词语的轻重格式举例。

a. 中重格式:怎样、表达、上班、清单、汽车、蛋糕

b. 中轻重(中中重)格式:急诊室、自行车、运动场

c. 中重中重格式:融洽相处、拆箱卸货、紧急车辆、笑容可掬

d. 重轻格式:懂得、明白、孩子、爸爸、样子

如果把中重格式读为重轻格式,重轻格式读为中重格式,中轻重格式读为中重轻格式,中重中重格式读为重轻重轻格式,就是词语的轻重格式不当。

朗读时为了准确地表达语意和思想感情,有时强调那些起重要作用的词或短语,句中被强调的词或短语叫语句重音。语句重音举例:

① 朋友说这里是“鸟的天堂”。

② “鸟的天堂”里没有一只鸟,我这样想到。

③ 从学校出发,我们又经过那“鸟的天堂”。

例①的语句重音是“鸟的天堂”,例②的语句重音是“一只”,例③的语句重音是“又”。语句重音不对就不能准确表达语意,甚至有时候听起来有点怪。

3. 停连得当

停连是指语流中声音的停顿和连接。有些较短的句子,按书面标点停顿就可以;有些较长的句子,结构比较复杂,停连要根据语意决定。停连得当,能清楚表达语言的层次。停连不当,重者可造成语意偏误,如肢解词语或句子;轻者会影响语言节律,造成语意不连贯。另外,不管词语的疏密度如何,总是机械地三、五字一顿或字化,也是停连不当的表现。要把握好停连,必须熟悉作品、理解作品,学习一点朗读技巧。例:

① 果然过了一会儿,在那里就出现了太阳的一小半,红是红得很,却没有光亮。

② 爸爸等于给我一个谜语,这谜语比课本上的“日历挂在墙壁,一天撕去一页,使我心里着急”和“一寸光阴一寸金,寸金难买寸光阴”还让我感到可怕;也比作文本上的“光阴似箭,日月如梭”更让我觉得有一种说不出的滋味。

例①的标点符号处都应有短暂的停顿,在没有标点符号的地方,要根据语意处理好词语的疏密度。如:红/是红得很,却/没有光亮。

例②在“爸爸等于给我一个谜语”之后稍停一下,后面的两个长句可依照分句内部的结构、分意群作停连处理,没有标点符号的地方也可以有短暂停顿。譬如“和”后面稍作停顿能清楚表现两个引用的句子,再配合语句重音使用,两个“比”字和“还让我”“更让我”等词语用重音读出,使整个句子上下呼应起来,有助于表现小孩子在思考“大问题”时的那种激烈的内心活动。如果不按意群做好停连,不注意呼应,很容易把长句读得支离破碎。

4. 朗读流畅

朗读流畅跟停连、语速有关。停连得当，语速适中就显得流畅；对作品很陌生，对作品的意思不清楚，读起来磕磕绊绊、犹疑不决、回读词语或句子、语速过慢，都会影响流畅程度。测试时应尽量不磕巴、不回读，语速相对统一，不要过快过慢或忽快忽慢，一分钟 200 ~ 240 个音节较为合适。

（二）普通话水平测试用朗读作品

说明：

1. 40 篇朗读作品供普通话水平测试第三项——朗读短文使用。为适应测试需要，对作者原作品做了部分改动或节选。

2. 每篇作品采用汉字和汉语拼音两种方式编排。

3. 每篇作品在第 400 个音节后用“//”标注。

4. 加注的汉语拼音原则依据《汉语拼音正词法基本规则》拼写。上声一律标本调，但本书“一、不”标变调。

5. 轻声分两种情况标注。一是必读轻声音节不标调号；二是一般轻读，间或重读的音节加注调号，并在注音前加圆点，如“因为”写为 yīn · wèi。

6. 作品中的儿化音节分两种情况。一是书面上加“儿”，拼音在其基本形式后加 r，如“小孩儿”写作 xiǎoháir；第二是书面上没有加“儿”，但口语里一般儿化的音节，拼音也在基本形式后加“r”，如“好好”写作 hǎohāor。

附：朗读作品目录

作品 1 号

在船上，为了看日出，我特地起个大早。那时天还没有亮，周围是很寂静的，只有机器房的声音。

天空变成了浅蓝色，很浅很浅的；转眼间天边出现了一道红霞，慢慢扩大了它的范围，加强了它的光亮，我知道太阳要从那天际升起来了，便目不转睛地望着那里。

果然过了一会儿，在那里就出现了太阳的一小半，红是红得很，却没有光亮。这太阳像负着什么重担似的，慢慢地，一步一步地，努力向上面升起来。到了最后，终于冲破了云霞，完全跳出了海面。那颜色真红得可爱。一刹那间，这深红的东西，忽然发出夺目的光亮，射得人眼睛发痛，同时附近的云也添了光彩。

有时太阳走入云里，它的光线却仍从云里透射下来，直射到水面上。这时候，人要分辨出何处是水，何处是天，很不容易，因为只能够看见光亮的一片。

有时天边有黑云，而且云片很厚，太阳出来了，人却不能够看见它。然而太阳在黑云里放射出光芒，透过黑云的周围，替黑云镶了一道光亮的金边，到后来才慢慢透出重围，出现在天空，把一片片黑云变成了紫云或红霞。这时候，光亮的不仅是太阳、云和海水，连我自己也成了光亮的了。

这不是//很伟大的奇观么？

（节选自巴金《海上日出》）

Zuòpǐn 1 Hào

Zài chuán·shàng, wèile kàn rìchū, wǒ tèdì qǐ gè dàzǎo. Nàshí tiān hái méi·yǒu liàng, zhōuwéi shì hěn jìjìng de, zhǐyǒu jī·qìfáng de shēngyīn.

Tiānkōng biànchéngle qiǎnlánsè, hěnqiǎn hěnqiǎn de;

zhuǎnyǎn jiān tiānbiān chūxiànle yí dào hóngxiá, mànmàn kuòdàle tā de fànwéi, jiāqiángle tā de guāngliàng, wǒ zhī·dào tài·yáng yào cóng nà tiānjì shēng ·qǐ·láile, biàn mùbùzhuǎnjīng de wàngzhe nà·lǐ.

Guǒrán guòle yíhuìr, zài nà·lǐ jiù chūxiànle tài·yáng de yìxiǎobàn, hóng shì hóng de hěn, què méi·yǒu guāngliàng. Zhè tài·yáng xiàng fùzhe shénme zhòngdàn shìde, mànmàn de, yí bù yí bù de, nǔlì xiàng shàng·miàn shēng·qǐ·lái. Dàole zuìhòu, zhōngyú chōngpòle yúnxiá, wánquán tiào·chūle hǎimiàn. Nà yánsè zhēn hóng de kě'ài. Yíchànà jiān, zhè shēnhóng de dōngxi, hūrán fā·chū duómù de guāngliàng, shè de rén yǎnjing fā tòng, tóngshí fùjìn de yún yě tiānle guāngcǎi.

Yǒushí tài·yáng zǒurù yún·lǐ, tā de guāngxiàn què réng cóng yún·lǐ tòushè xià·lái, zhíshè dào shuǐmiàn·shàng. Zhè shíhou, rén yào fēnbiàn·chū héchù shì shuǐ, héchù shì tiān, hěn bù róngyì, yīn·wèi zhǐ nénggòu kàn·jiàn guāngliàng de yípiàn.

Yǒushí tiānbiān yǒu hēiyún, érqiě yúnpiàn hěn hòu, tài·yáng chū·lái le, rén què bù nénggòu kàn·jiàn tā. Rán'ér tài·yáng zài hēiyún·lǐ fàngshè·chū guāngmáng, tòuguo hēiyún de zhōuwéi, tì hēiyún xiāngle yí dào guāngliàng de jīnbiānr, dào hòulái cái mànmàn tòu·chū chóngwéi, chūxiàn zài tiānkōng, bǎ yí piànpiàn hēiyún biànchéngle zǐyún huò hóngxiá. Zhè shíhou, guāngliàng de bùjǐn shì tài·yáng、yún hé hǎishuǐ, lián wǒ zìjǐ yě chéngle guāngliàng de le.

Zhè bú shì // hěn wěidàde qíguān me?

(Jiéxuǎn zì Bājīn《Hǎishang Rìchū》)

作品2号

这是入冬以来，胶东半岛上第一场雪。

雪纷纷扬扬，下得很大。开始还伴着一阵儿小雨，不久就只见大片大片的雪花，从彤云密布的天空中飘落下来。地面上一会儿就白了。冬天的山村，到了夜里就万籁俱寂，只听得雪花簌簌地不断往下落，树木的枯枝被雪压断了，偶尔咯吱一声响。

大雪整整下了一夜。今天早晨，天放晴了，太阳出来了。推开门一看，嗬！好大的雪啊！山川、河流、树木、房屋，全都罩上了一层厚厚的雪，万里江山，变成了粉妆玉砌的世界。落光了叶子的柳树上，挂满了毛茸茸亮晶晶的银条儿；而那些冬夏常青的松树和柏树上，则挂满了蓬松松沉甸甸的雪球儿。一阵风吹来，树枝轻轻地摇晃，美丽的银条儿和雪球儿簌簌地落下来，玉屑似的雪末儿随风飘扬，映着清晨的阳光，显出一道道五光十色的彩虹。

大街上的积雪足有一尺多深，人踩上去，脚底下发出咯吱咯吱的响声。一群群孩子在雪地里堆雪人，掷雪球儿。那欢乐的叫喊声，把树枝上的雪都震落下来了。

俗话说，“瑞雪兆丰年”。这个话有充分的科学根据，并不是一句迷信的成语。寒冬大雪，可以冻死一部分越冬的害虫；融化了的水渗进土层深处，又能供应//庄稼生长的需要。我相信这一场十分及时的大雪，一定会促进明年春季作物，尤其是小麦的丰收。有经验的老农把雪比作“麦子的棉被”。冬天“棉被”盖得越厚，明春麦子就长得越好，所以又有这样一句谚语：“冬天麦盖三层被，来年枕着馒头睡。”

我想，这就是人们为什么把及时的大雪称为“瑞雪”的道理吧。

（节选自峻青《第一场雪》）

Zuòpǐn 2 Hào

Zhè shì rùdōng yǐlái, Jiāodōng Bàndǎoshang dì-yī cháng xuě.

Xuě fēnfēn-yángyáng, xià de hěn dà. Kāishǐ hái bànzhe yízhènr xiǎoyǔ, bùjiǔ jiù zhǐ jiàn dàpiàn dàpiàn de xuěhuā, cóng tóngyún-mìbù de tiānkōng zhōng piāoluò xià·lái. Dìmiàn·shàng yíhuìr jiù bái le. Dōngtiān de shāncūn, dàole yè·lǐ jiù wànlài-jùjì, zhǐ tīng de xuěhuā sùsù de búduàn wǎngxià luò, shùmù de kūzhī bèi xuě yāduàn le, ǒu'ěr gēzhī yì shēng xiǎng .

Dàxuě zhěngzhěng xiàle yíyè. Jīntiān zǎochen, tiān fàngqíng le, tài·yáng chū·lái le. Tuīkāi mén yí kàn, hē! Hǎo dà de xuě ya! Shānchuān、héliú、shùmù、fángwū, quán dōu zhào·shàngle yì céng hòuhòu de xuě, wànlǐ jiāngshān, biànchéngle fěnzhuāng-yùqì de shìjiè. Luòguāngle yèzi de liǔshù·shàng, guàmǎnle máoróngróng liàngjīngjīng de yíntiáor; ér nàxiē dōng-xià chángqīng de sōngshù hé bǎishù·shàng, zé guàmǎnle péngsōngsōng chéndiàndiàn de xuěqiúr. Yí zhèn fēng chuīlái, shùzhī qīngqīng de yáo·huàng, měilì de yíntiáor hé xuěqiúr sùsù de luò xià·lái, yùxiè shìde xuěmòr suí fēng piāoyáng, yìngzhe qīngchén de yángguāng, xiǎnchū yí dàodào wǔguāng-shísè de cǎihóng.

Dàjiē·shàng de jīxuě zú yǒu yì chǐ duō shēn, rén cǎi shàng·qù, jiǎo dǐ·xià fāchū gēzhī gēzhī de xiǎngshēng. Yì qúnqún háizi zài xuědì·lǐ duī xuěrén, zhì xuěqiúr. Nà huānlè de jiàohǎnshēng, bǎ shùzhī·shàng de xuě dōu zhènluò xià·lái le.

Súhuà shuō,“Ruìxuě zhào fēngnián”. Zhège huà yǒu chōngfèn de kēxué gēnjù, bìng bú shì yí jù míxìn de chéngyǔ. Hándōng dàxuě, kěyǐ dòngsǐ yí bùfen yuèdōng de hàichóng;rónghuàle de shuǐ shènjìn tǔcéng shēnchù, yòu néng gōngyìng//zhuāngjia shēngzhǎng de xūyào. Wǒ xiāngxìn zhè yì cháng shífēn jíshí de dàxuě, yídìng huì cùjìn míngnián chūnjì zuòwù, yóuqí shì xiǎomài de fēngshōu. Yǒu jīngyàn de lǎonóng bǎ xuě bǐzuò “màizi de miánbèi”. Dōngtiān “miánbèi” gài de yuè hòu, míngchūn màizi jiù zhǎng de yuè hǎo, suǒyǐ yòu yǒu zhèyàng yí jù yànyǔ:“Dōngtiān mài gài sān céng bèi, láinián zhěnzhe mántou shuì.”

Wǒ xiǎng, zhè jiùshì rénmen wèishénme bǎ jíshí de dàxuě chēngwéi“ruìxuě” de dào·lǐ ba.

(Jiéxuǎn zì Jùn Qīng《Dì-yī Cháng Xuě》)

作品3号

我爱月夜,但我也爱星天。从前在家乡七八月的夜晚在庭院里纳凉的时候,我最爱看天上密密麻麻的繁星。望着星天,我就会忘记一切,仿佛回到了母亲的怀里似的。

三年前在南京我住的地方有一道后门,每晚我打开后门,便看见一个静寂的夜。下面是一片菜园,上面是星群密布的蓝天。星光在我们的肉眼里虽然微小,然而它使我们觉得光明无处不在。那时候我正在读一些天文学的书,也认得一些星星,好像它们就是我的朋友,它们常常在和我谈话一样。

如今在海上,每晚和繁星相对,我把它们认得很熟了。我躺在舱面上,仰望天空。深蓝色的天空里悬着无数半明半昧的星。船在动,星也在动,它们是这样低,真是摇摇欲坠呢！渐渐地我的眼睛模糊了，我好像看见无数萤火虫在我的周围飞舞。海上的夜是柔和的，是静寂的，是梦幻的。我望着许多认识的星，我仿佛看见它们在对我眨眼，我仿佛听见它们在小声说话。这时我忘记了一切。在星的怀抱中我微笑着，我沉睡着。我觉得自己是一个小孩子，现在睡在母亲的怀里了。

有一夜，那个在哥伦波上船的英国人指给我看天上的巨人。他用手指着：//那四颗明亮的星是头，下面的几颗是身子，这几颗是手，那几颗是腿和脚，还有三颗星算是腰带。经他这一番指点，我果然看清楚了那个天上的巨人。看，那个巨人还在跑呢！

（节选自巴金《繁星》）

Zuòpǐn 3 Hào

Wǒ ài yuèyè, dàn wǒ yě ài xīngtiān. Cóngqián zài jiāxiāng qī-bāyuè de yèwǎn zài tíngyuàn·lǐ nàliáng de shíhou, wǒ zuì ài kàn tiān·shàng mìmi-mámá de fánxīng. Wàngzhe xīngtiān, wǒ jiù huì wàngjì yíqiè, fǎngfú huídàole mǔ·qīn de huái·lǐ shìde.

Sān nián qián zài Nánjīng wǒ zhù de dìfang yǒu yí dào hòumén, měi wǎn wǒ dǎ·kāi hòumén, biàn kàn·jiàn yí gè jìngjì de yè. Xià·miàn shì yí piàn càiyuán, shàng·miàn shì xīngqún mìbù de lántiān. Xīngguāng zài wǒmen de ròuyǎn·lǐ suīrán wēixiǎo, rán' ér tā shì wǒmen jué·dé guāngmíng wúchù-búzài. Nà shíhou wǒ zhèngzài dú yìxiē tiānwénxué de shū, yě rènde yìxiē xīngxing, hǎoxiàng tāmen jiùshì wǒ de péngyou, tāmen chángcháng zài hé wǒ tánhuà yíyàng.

Rújīn zài hǎi·shàng, měi wǎn hé fánxīng xiāngduì, wǒ bǎ tāmen rènde hěn shú le. Wǒ tǎng zài cāngmiàn·shàng, yǎngwàng tiānkōng. Shēnlánsè de tiānkōng·lǐ xuánzhe wúshù bànmíng-bànmèi de xīng. Chuán zài dòng, xīng yě zài dòng, tāmen shì zhèyàng dī, zhēn shì yáoyáo-yùzhuì ne! Jiànjiàn de wǒ de yǎnjing móhu le, wǒ hǎoxiàng kàn·jiàn wúshù yínghuǒchóng zài wǒ de zhōuwéi fēiwǔ. Hǎi·shàng de yè shì róuhé de, shì jìngjì de, shì mènghuàn de. Wǒ wàngzhe xǔduō rènshi de xīng, wǒ fǎngfú kàn·jiàn tāmen zài duì wǒ zhǎyǎn, wǒ fǎngfú tīng·jiàn tāmen zài xiǎoshēng shuōhuà. Zhèshí wǒ wàngjìle yíqiè. Zài xīng de huáibào zhōng wǒ wēixiàozhe, wǒ chénshuìzhe. Wǒ jué·dé zìjǐ shì yí gè xiǎoháizi, xiànzài shuì zài mǔ·qīn de huái·lǐ le.

Yǒu yí yè, nàge zài Gēlúnbō shàng chuán de Yīngguórén zhǐ gěi wǒ kàn tiān·shàng de jùrén. Tā yòng shǒu zhǐzhe://Nà sì kē míngliàng de xīng shì tóu, xià·miàn de jǐ kē shì shēnzi, zhè jǐ kē shì shǒu, nà jǐ kē shì tuǐ hé jiǎo, háiyǒu sān kē xīng suàn shì yāodài. Jīng tā zhè yìfān zhǐdiǎn, wǒ guǒrán kàn qīngchule nàge tiān·shàng de jùrén. Kàn, nàge jùrén hái zài pǎo ne!

(Jiéxuǎn zì Bā Jīn《Fánxīng》)

作品 4 号

爸不懂得怎样表达爱，使我们一家人融洽相处的是我妈。他只是每天上班下班，而妈则把我们做过的错事开列清单，然后由他来责骂我们。

有一次我偷了一块糖果，他要我把它送回去，告诉卖糖的说是我偷来的，说我愿意替他拆箱卸货作为赔偿。但妈妈却明白我只是个孩子。

我在运动场打秋千跌断了腿，在前往医院途中一直抱着我的，是我妈。爸把汽车停在急诊室门口，他们叫他驶开，说那空位是留给紧急车辆停放的。爸听了便叫嚷道："你以为这是什么车？旅游车？"

在我生日会上，爸总是显得有些不大相称。他只是忙于吹气球，布置餐桌，做杂务。把插着蜡烛的蛋糕推过来让我吹的，是我妈。

我翻阅照相册时，人们总是问："你爸爸是什么样子的？"天晓得！他老是忙着替别人拍照。妈和我笑容可掬地一起拍的照片，多得不可胜数。

我记得妈有一次叫他教我骑自行车。我叫他别放手，但他却说是应该放手的时候了。我摔倒之后，妈跑过来扶我，爸却挥手要她走开。我当时生气极了，决心要给他点儿颜色看。于是我马上爬上自行车，而且自己骑给他看。他只是微笑。

我念大学时，所有的家信都是妈写的。他//除了寄支票外，还寄过一封短柬给我，说因为我不在草坪上踢足球了，所以他的草坪长得很美。

每次我打电话回家，他似乎都想跟我说话，但结果总是说："我叫你妈来接。"

我结婚时，掉眼泪的是我妈。他只是大声擤了一下鼻子，便走出房间。

我从小到大都听他说："你到哪里去？什么时候回家？汽车有没有汽油？不，不准去。"爸完全不知道怎样表达爱。除非……

会不会是他已经表达了，而我却未能察觉？

（节选自[美]艾尔玛·邦贝克《父亲的爱》）

Zuòpǐn 4 Hào

Bà bù dǒng·dé zěnyàng biǎodá ài, shǐ wǒmen yì jiā rén róngqià xiāngchǔ de shì wǒ mā. Tā zhǐshì měi tiān shàngbān xiàbān, ér mā zé bǎ wǒmen zuòguò de cuòshì kāiliè qīngdān, ránhòu yóu tā lái zémà wǒmen.

Yǒu yí cì wǒ tōule yí kuài tángguǒ, tā yào wǒ bǎ tā sòng huí·qù, gàosu mài táng de shuō shì wǒ tōu·lái de, shuō wǒ yuàn·yì tì tā chāi xiāng xiè huò zuòwéi péicháng. Dàn māma què míngbai wǒ zhǐshì gè háizi.

Wǒ zài yùndòngchǎng dǎ qiūqiān diēduànle tuǐ, zài qiánwǎng yīyuàn túzhōng yìzhí bàozhe wǒ de, shì wǒ mā. Bà bǎ qìchē tíng zài jízhěnshì ménkǒu, tāmen jiào tā shǐ kāi, shuō nà kòngwèi shì liúgěi jǐnjí chēliàng tíngfàng de. Bà tīngle biàn jiàorǎng dào: "Nǐ yǐwéi zhè shì shénme chē? Lǚyóuchē?"

Zài wǒ shēngrì huì·shàng, bà zǒngshì xiǎn·dé yǒuxiē búdà xiāngchèn. Tā zhǐshì máng yú chuī qìqiú, bùzhì cānzhuō, zuò záwù. Bǎ chāzhe làzhú de dàngāo tuī guò·lái ràng wǒ chuī de, shì wǒ mā.

Wǒ fānyuè zhàoxiàngcè shí, rénmen zǒngshì wèn: "Nǐ bàba shì shénme yàngzi de?" Tiān xiǎo·dé! Tā lǎoshì mángzhe tì bié·rén pāizhào. Mā hé wǒ xiàoróng-kějū de yì qǐ pāi de zhàopiàn, duō de bùkě-shèngshǔ.

Wǒ jì·dé mā yǒu yí cì jiào tā jiāo wǒ qí zìxíngchē. Wǒ jiào tā bié fàngshǒu, dàn tā què shuō shì yīnggāi fàngshǒu de shíhou le. Wǒ shuāidǎo zhīhòu, mā pǎo guò·lái fú wǒ, bà què huīshǒu yào tā zǒu kāi. Wǒ dāngshí shēngqì jí le, juéxīn yào gěi tā diǎnr yánsè kàn. Yúshì wǒ mǎshàng pá·

shàng zìxíngchē, érqiě zìjǐ qí gěi tā kàn. Tā zhǐshì wēixiào.

Wǒ niàn dàxué shí, suǒyǒu de jiāxìn dōu shì mā xiě de. Tā // chúle jì zhīpiào wài, hái jìguo yì fēng duǎnjiǎn gěi wǒ, shuō yīn·wèi wǒ bú zài cǎopíng·shàng tī zúqiú le, suǒyǐ tā de cǎopíng zhǎng de hěn měi.

Měi cì wǒ dǎ diànhuà huíjiā, tā sìhū dōu xiǎng gēn wǒ shuōhuà, dàn jiéguǒ zǒngshì shuō: "Wǒ jiào nǐ mā lái jiē."

Wǒ jiéhūn shí, diào yǎnlèi de shì wǒ mā. Tā zhǐshì dàshēng xǐngle yíxià bízi, biàn zǒu chū fángjiān.

Wǒ cóng xiǎo dào dà dōu tīng tā shuō: " Nǐ dào nǎ·lǐ qù? Shénme shíhou huíjiā? Qìchē yǒu méi·yǒu qìyóu? Bù, bù zhǔn qù." Bà wánquán bù zhī·dào zěnyàng biǎodá ài. Chúfēi……

Huì bú huì shì tā yǐ·jīng biǎodá le, ér wǒ què wèi néng chájué?

(Jiéxuǎn zì[Měi] Ài'ěrmǎ Bāngbèikè《Fù·qīn de Ài》)

作品5号

夕阳落山不久,西方的天空,还燃烧着一片橘红色的晚霞。大海,也被这霞光染成了红色,而且比天空的景色更要壮观。因为它是活动的,每当一排排波浪涌起的时候,那映照在浪峰上的霞光,又红又亮,简直就像一片片霍霍燃烧着的火焰,闪烁着,消失了。而后面的一排,又闪烁着,滚动着,涌了过来。

天空的霞光渐渐地淡下去了,深红的颜色变成了绯红,绯红又变为浅红。最后,当这一切红光都消失了的时候,那突然显得高而远了的天空,则呈现出一片肃穆的神色。最早出现的启明星，在这蓝色的天幕上闪烁起来了。它是那么大，那么亮，整个广漠的天幕上只有它在那里放射着令人注目的光辉，活像一盏悬挂在高空的明灯。

夜色加浓，苍空中的"明灯"越来越多了。而城市各处的真的灯火也次第亮了起来，尤其是围绕在海港周围山坡上的那一片灯光，从半空倒映在乌蓝的海面上，随着波浪，晃动着，闪烁着，像一串流动着的珍珠，和那一片片密布在苍穹里的星斗互相辉映，煞是好看。

在这幽美的夜色中，我踏着软绵绵的沙滩，沿着海边，慢慢地向前走去。海水，轻轻地抚摸着细软的沙滩，发出温柔的//唰唰声。晚来的海风，清新而又凉爽。我的心里，有着说不出的兴奋和愉快。

夜风轻飘飘地吹拂着，空气中飘荡着一种大海和田禾相混合的香味儿，柔软的沙滩上还残留着白天太阳炙晒的余温。那些在各个工作岗位上劳动了一天的人们，三三两两地来到这软绵绵的沙滩上。他们浴着凉爽的海风，望着那缀满了星星的夜空，尽情地说笑，尽情地休憩。

（节选自峻青《海滨仲夏夜》）

Zuòpǐn 5 Hào

Xīyáng luòshān bùjiǔ, xīfāng de tiānkōng, hái ránshāozhe yí piàn júhóngsè de wǎnxiá. Dàhǎi, yě bèi zhè xiáguāng rǎnchéngle hóngsè, érqiě bǐ tiānkōng de jǐngsè gèng yào zhuàngguān. Yīn·wèi tā shì huó·dòng de, měidāng yì páipái bōlàng yǒngqǐ de shíhou, nà yìngzhào zài làngfēng·shàng de xiáguāng, yòu hóng yòu liàng, jiǎnzhí jiù xiàng yí piànpiàn huòhuò ránshāozhe de huǒyàn, shǎnshuòzhe, xiāoshīle. Ér hòu·miàn de yì pái, yòu shǎnshuòzhe, gǔndòngzhe, yǒngle guò·lái.

Tiānkōng de xiáguāng jiànjiàn de dàn xià·qù le, shēnhóng de yánsè biànchéngle fēihóng, fēihóng yòu biànwéi qiǎnhóng. Zuìhòu, dāng zhè yíqiè hóngguāng dōu xiāoshīle de shíhou, nà tūrán xiǎn·dé gāo ér yuǎn le de tiānkōng, zé chéngxiàn chū yí piàn sùmù de shénsè. Zuì zǎo chūxiàn de qǐmíngxīng, zài zhè lánsè de tiānmù·shàng shǎnshuò·qǐ·lái le. Tā shì nàme dà, nàme liàng, zhěnggè guǎngmò de tiānmù·shàng zhǐyǒu tā zài nà·lǐ fàngshèzhe lìng rén zhùmù de guānghuī, huóxiàng yì zhǎn xuánguà zài gāokōng de míngdēng.

Yèsè jiā nóng, cāngkōng zhōng de "míngdēng" yuèláiyuè duō le. Ér chéngshì gè chù de zhēn de dēnghuǒ yě cìdì liàngle qǐ·lái, yóuqí shì wéirào zài hǎigǎng zhōuwéi shānpō·shàng de nà yí piàn dēngguāng, cóng bànkōng dàoyìng zài wūlán de hǎimiàn·shàng, suízhe bōlàng, huàngdòngzhe, shǎnshuòzhe, xiàng yí chuàn liúdòngzhe de zhēnzhū, hé nà yí piànpiàn mìbù zài cāngqióng·lǐ de xīngdǒu hùxiāng huīyìng, shà shì hǎokàn.

Zài zhè yōuměi de yèsè zhōng, wǒ tàzhe ruǎnmiánmián de shātān, yánzhe hǎibiān, mànmàn de xiàngqián zǒu·qù. Hǎishuǐ, qīngqīng de fǔmōzhe xìruǎn de shātān, fāchū wēnróu de// shuāshuā shēng. Wǎnlái de hǎifēng, qīngxīn ér yòu liángshuǎng. Wǒ de xīn·lǐ, yǒuzhe shuō·bùchū de xīngfèn hé yúkuài.

Yèfēng qīngpiāopiāo de chuītúzhe, kōngqì zhōng piāodàngzhe yì zhǒng dàhǎi hé tiánhé xiāng hùnhé de xiāngwèir, róuruǎn de shātān·shàng hái cánliúzhe bái·tiān tài·yáng zhìshài de yúwēn. Nàxiē zài gè gè gōngzuò gǎngwèi·shàng láodòngle yì tiān de rénmen, sānsān-liǎngliǎng de láidào zhè ruǎnmiánmián de shātān·shàng. tāmen yùzhe liángshuǎng de hǎifēng, wàngzhe nà zhuìmǎnle xīngxing de yèkōng, jìnqíng de shuōxiào, jìnqíng de xiūqì.

(Jiéxuǎn zì Jùn Qīng《Hǎibīn Zhòngxià Yè》)

作品6号

读小学的时候，我的外祖母去世了。外祖母生前最疼爱我，我无法排除自己的忧伤，每天在学校的操场上一圈儿又一圈儿地跑着，跑得累倒在地上，扑在草坪上痛哭。

那哀痛的日子，断断续续地持续了很久，爸爸妈妈也不知道如何安慰我。他们知道与其骗我说外祖母睡着了，还不如对我说实话：外祖母永远不会回来了。

“什么是永远不会回来呢？”我问着。

“所有时间里的事物，都永远不会回来。你的昨天过去，它就永远变成昨天，你不能再回到昨天。爸爸以前也和你一样小，现在也不能回到你这么小的童年了；有一天你会长大，你会像外祖母一样老；有一天你度过了你的时间，就永远不会回来了。”爸爸说。

爸爸等于给我一个谜语，这谜语比课本上的“日历挂在墙壁，一天撕去一页，使我心里着急”和“一寸光阴一寸金，寸金难买寸光阴”还让我感到可怕；也比作文本上的“光阴似箭，日月如梭”更让我觉得有一种说不出的滋味。

时间过得那么飞快，使我的小心眼儿里不只是着急，还有悲伤。有一天我放学回家，看到太阳快落山了，就下决心说：“我要比太阳更快地回家。”我狂奔回去，站在庭院前喘气的时候，看到太阳//还露着半边脸，我高兴地跳跃起来，那一天我跑赢了太阳。以后我就时常做那样的游戏，有时和太阳赛跑，有时和西北风比快，有时一个暑假才能做完的作业，我十天就做完了；那时我三年级，常常把哥哥五年级的作业拿来做。每一次比赛胜过时间，我就快乐得不知道怎么形容。

如果将来我有什么要教给我的孩子，我会告诉他：假若你一直和时间比赛，你就可以成功！

［节选自（台湾）林清玄《和时间赛跑》］

Zuòpǐn 6 Hào

Dú xiǎoxué de shíhou, wǒ de wàizǔmǔ qùshì le. Wàizǔmǔ shēngqián zuì téng'ài wǒ, wǒ wúfǎ páichú zìjǐ de yōushāng, měi tiān zài xuéxiào de cāochǎng·shàng yì quānr yòu yì quānr de pǎozhe, pǎo de lèidǎo zài dì·shàng, pū zài cǎopíng·shàng tòngkū.

Nà āitòng de rìzi, duànduàn-xùxù de chíxùle hěn jiǔ, bàba māma yě bù zhī·dào rúhé ānwèi wǒ. Tāmen zhī·dào yǔqí piàn wǒ shuō wàizǔmǔ shuìzháole, hái bùrú duì wǒ shuō shíhuà: wàizǔmǔ yǒngyuǎn bú huì huí·lái le.

"Shénme shì yǒngyuǎn bú huì huí·lái ne?" Wǒ wènzhe.

"Suǒyǒu shíjiān·lǐ de shìwù, dōu yǒngyuǎn bú huì huí·lái. Nǐ de zuótiān guò·qù, tā jiù yǒngyuǎn biànchéng zuótiān, nǐ bùnéng zài huídào zuótiān. Bàba yǐqián yě hé nǐ yíyàng xiǎo, xiànzài yě bùnéng huídào nǐ zhème xiǎo de tóngnián le; yǒu yì tiān nǐ huì zhǎngdà, nǐ huì xiàng wàizǔmǔ yíyàng lǎo; yǒu yì tiān nǐ dùguòle nǐ de shíjiān, jiù yǒngyuǎn bú huì huí·lái le." Bàba shuō.

Bàba děngyú gěi wǒ yí gè míyǔ, zhè míyǔ bǐ kèběn·shàng de "Rìlì guà zài qiángbì, yì tiān sī·qù yí yè, shǐ wǒ xīn·lǐ zháojí" hé "Yí cùn guāngyīn yí cùn jīn, cùn jīn nán mǎi cùn guāngyīn" hái ràng wǒ gǎndào kěpà; yě bǐ zuòwénběn·shàng de "Guāngyīn sì jiàn, rìyuè rú suō" gèng ràng wǒ jué·dé yǒu yì zhǒng shuō·bùchū de zīwèi.

Shíjiān guò de nàme fēikuài, shǐ wǒ de xiǎo xīnyǎnr·lǐ bù zhǐshì zháojí, háiyǒu bēishāng. Yǒu yì tiān wǒ fàngxué huíjiā, kàndào tài·yáng kuài luòshān le, jiù xià juéxīn shuō: "Wǒ yào bǐ tài·yáng gèng kuài de huíjiā." Wǒ kuángbēn huí·qù, zhàn zài tíngyuàn qián chuǎnqì de shíhou, kàndào tài·yáng// hái lòuzhe bànbiān liǎn, wǒ gāoxìng de tiàoyuè qǐ·lái, nà yì tiān wǒ pǎoyíngle tài·yáng. Yǐhòu wǒ jiù shícháng zuò nàyàng de yóuxì, yǒushí hé tài·yáng sàipǎo, yǒushí hé xīběifēng bǐ kuài, yǒushí yí gè shǔjià cái néng zuòwán de zuòyè, wǒ shí tiān jiù zuòwán le; nà shí wǒ sān niánjí, chángcháng bǎ gēge wǔ niánjí de zuòyè ná·lái zuò. Měi yí cì bǐsài shèngguò shíjiān, wǒ jiù kuàilè de bù zhī·dào zěnme xíngróng.

Rúguǒ jiānglái wǒ yǒu shénme yào jiāogěi wǒ de háizi, wǒ huì gàosu tā: Jiǎruò nǐ yìzhí hé shíjiān bǐsài, nǐ jiù kěyǐ chénggōng!

[Jiéxuǎn zì (Táiwān) Lín Qīngxuán《Hé Shíjiān Sàipǎo》]

作品 7 号

出差在外，在一农家借宿一夜，天放亮时又踏上一段新路。一阵积水响，老大娘追出来，拿着一把她女儿的小花伞："带上……"看她那慈祥的目光，霎时，我像是听见了母亲的叮咛。

路上果然下了大雨，许多人在树下店旁躲着，我撑开那把伞，照旧走着，一种说不清却感人至深的温暖和情感洋溢在我的周围。

途中的一天晚上，我在招待所翻书，读到一篇《母性》的文章。

我和太太在马来西亚槟榔屿参加一个游览团体。向导带我们到橡胶园参观割胶。一个男童爬上一棵椰树，正打算用弯刀割下一个椰子，他母亲便在附近房子里叫嚷。

我告诉太太："她说'孩子，小心哪，别把手指割掉'。"

向导惊讶地问："原来你懂马来话。"

我答："我不懂。不过我了解母亲的叮咛。"

出差回单位后，我把自己伞下的感受和这则故事说给一位长辈听，他的眼睛似乎有些湿润。他说他的母亲早已过世，但母亲那句"好好工作，注意身体"的嘱咐，一句最平常不过的话，伴随他走过了风风雨雨四十年，成了母亲最珍贵的遗产。

我感动至极，想起了我的母亲。小时候去上学时，她总在我出门时给我整理好凌乱的衣服，轻轻地叮咛："走好，听老师话。"

又是一//个雨天，我骑车去约会。中华门城堡下，刚认识不久的女友走到我身边，轻轻地掀下我雨披的帽子："看你热得，快把雨披脱下来。"原来，雨早已停了，我额上全是汗。空气清新得很，吸入肺腑的全是温馨。

想到每次约会结束，我推着自行车准备走的时候，她忘不了说一句"骑好，晚上早一点休息"。于是我认可她了，因为没有爱心的人，是不会为别人着想的。

（选自言者《轻轻的一声叮咛》）

Zuòpǐn 7 Hào

Chūchāi zài wài, zài yì nóngjiā jièsù yí yè, tiān fàngliàng shí yòu tà·shàng yí duàn xīnlù. Yí zhèn jīshuǐ xiǎng, lǎodàniáng zhuī chū·lái, názhe yì bǎ tā nǚ'ér de xiǎohuā sǎn:"Dài·shàng……" Kàn tā nà cíxiáng de mùguāng, shàshí, wǒ xiàngshì tīng·jiàn le mǔ·qīn de dīngníng.

Lù·shàng guǒrán xiàle dàyǔ, xǔduō rén zài shù·xià diànpáng duǒzhe, wǒ chēng·kāi nà bǎ sǎn, zhàojiù zǒuzhe, yì zhǒng shuō·bùqīng què gǎnrén-zhìshēn de wēnnuǎn hé qínggǎn yángyì zài wǒ de zhōuwéi.

Tú zhōng de yì tiān wǎnshang, wǒ zài zhāodàisuǒ fān shū, dúdào yì piān《Mǔxìng》de wénzhāng.

Wǒ hé tàitai zài Mǎláixīyà Bīng·lángyǔ cānjiā yí gè yóulǎn tuántǐ. Xiàngdǎo dài wǒmen dào xiāngjiāoyuán cānguān gē jiāo. Yí gè nántóng pá·shàng yì kē yēshù, zhèng dǎ·suàn yòng wāndāo gē·xià yí gè yēzi, tā mǔ·qīn biàn zài fùjìn fángzi·lǐ jiàorǎng.

Wǒ gàosu tàitai:" Tā shuō 'Háizi, xiǎoxīn na, bié bǎ shǒuzhǐ gēdiào'."

Xiàngdǎo jīngyà de wèn:"Yuánlái nǐ dǒng Mǎlái-huà."

Wǒ dá:" Wǒ bù dǒng. Búguò wǒ liǎojiě mǔ·qīn de dīngníng."

Chūchāi huí dānwèi hòu, wǒ bǎ zìjǐ sǎn·xià de gǎnshòu hé zhè zé gùshi shuōgěi yí wèi zhǎngbèi tīng, tā de yǎnjing sìhū yǒu xiē shīrùn. Tā shuō tā de mǔ·qīn zǎo yǐ guòshì, dàn mǔ·qīn nà jù "Hǎohāor gōngzuò, zhùyì shēntǐ" de zhǔ·fù, yí jù zuì píngcháng búguò de huà, bànsuí tā zǒu·guòle fēngfēng-yǔyǔ sìshí nián, chéngle mǔ·qīn zuì zhēnguì de yíchǎn.

Wǒ gǎndòng zhījí, xiǎngqǐle wǒ de mǔ·qīn. Xiǎoshíhou qù shàngxué shí, tā zǒng zài wǒ chūmén shí gěi wǒ zhěnglǐ hǎo língluàn de yīfu, qīngqīng de dīngníng: “Zǒu hǎo, tīng lǎoshī huà.”

Yòu shì yí//gè yǔtiān, wǒ qíchē qù yuēhuì. Zhōnghuámén chéngbǎo·xià, gāng rènshi bùjiǔ de nǚyǒu zǒudào wǒ shēnbiān, qīngqīng de xiān·xià wǒ yǔpī de màozi: “Kàn nǐ rè de, kuài bǎ yǔpī tuō xià·lái.” Yuánlái, yǔ zǎo yǐ tíng le, wǒ é·shàng quán shì hàn. Kōngqì qīngxīn de hěn, xīrù fèifǔ de quán shì wēnxīn.

Xiǎngdào měi cì yuēhuì jiéshù, wǒ tuīzhe zìxíngchē zhǔnbèi zǒu de shíhou, tā wàng·bùliǎo shuō yí jù“ Qí hǎo, wǎnshang zǎo · yìdiǎnr xiūxi”. Yúshì wǒ rènkě tā le, yīn·wèi méi·yǒu àixīn de rén, shì bú huì wèi bié · rén zhuóxiǎng de.

(Xuǎn zì Yán Zhě《Qīngqīng de Yì Shēng Dīngníng》)

作品 8 号

对于一个在北平住惯的人，像我，冬天要是不刮风，便觉得是奇迹；济南的冬天是没有风声的。对于一个刚由伦敦回来的人，像我，冬天要能看得见日光，便觉得是怪事；济南的冬天是响晴的。自然，在热带的地方，日光永远是那么毒，响亮的天气，反有点儿叫人害怕。可是，在北方的冬天，而能有温晴的天气，济南真得算个宝地。

设若单单是有阳光，那也算不了出奇。请闭上眼睛想：一个老城，有山有水，全在天底下晒着阳光，暖和安适地睡着，只等春风来把它们唤醒，这是不是理想的境界？小山把济南围了个圈儿，只有北边缺着点口儿。这一圈小山在冬天特别可爱，好像是把济南放在一个小摇篮里，它们安静不动地低声地说："你们放心吧，这儿准保暖和。"真的，济南的人们在冬天是面上含笑的。他们一看那些小山，心中便觉得有了着落，有了依靠。他们由天上看到山上，便不知不觉地想起：明天也许就是春天了吧？这样的温暖，今天夜里山草也许就绿起来了吧？就是这点儿幻想不能一时实现，他们也并不着急，因为这样慈善的冬天，干什么还希望别的呢！

最妙的是下点儿小雪呀。看吧，山上的矮松越发的青黑，树尖儿上顶//着一髻儿白花，好像日本看护妇。山尖儿全白了，给蓝天镶上一道银边。山坡上，有的地方雪厚点儿，有的地方草色还露着；这样，一道儿白，一道儿暗黄，给山们穿上一件带水纹儿的花衣；看着看着，这件花衣好像被风儿吹动，叫你希望看见一点儿更美的山的肌肤。等到快日落的时候，微黄的阳光斜射在山腰上，那点儿薄雪好像忽然害羞，微微露出点儿粉色。就是下小雪吧，济南是受不住大雪的，那些小山太秀气。

（节选自老舍《济南的冬天》）

Zuòpǐn 8 Hào

Duìyú yí gè zài Běipíng zhùguàn de rén, xiàng wǒ, dōngtiān yàoshì bù guāfēng, biàn jué·dé shì qíjì; Jǐnán de dōngtiān shì méi·yǒu fēngshēng de. Duìyú yí gè gāng yóu Lúndūn huí·lái de rén, xiàng wǒ, dōngtiān yào néng kàn de jiàn rìguāng, biàn jué·dé shì guàishì; Jǐnán de dōngtiān shì xiǎngqíng de. Zìrán, zài rèdài de dìfang, rìguāng yǒngyuǎn shì nàme dú, xiǎngliàng de tiānqì, fǎn yǒudiǎnr jiào rén hàipà. Kěshì, zài běifāng de dōngtiān, ér néng yǒu wēnqíng de tiānqì, Jǐnán zhēn děi suàn·gè bǎodì.

Shèruò dāndān shì yǒu yángguāng, nà yě suàn·bùliǎo chūqí. Qǐng bì·shàng yǎnjing xiǎng: Yí gè lǎochéng, yǒu shān yǒu shuǐ, quán zài tiān dǐ·xià shàizhe yángguāng, nuǎnhuo ānshì de shuìzhe, zhǐ děng chūnfēng lái bǎ tāmen huànxǐng, zhè shì·búshì lǐxiǎng de jìngjiè? Xiǎoshān bǎ Jǐnán wéile gè quānr, zhǐyǒu běi·biān quēzhe diǎnkǒur. Zhè yì quān xiǎoshān zài dōngtiān tèbié kě'ài, hǎoxiàng shì bǎ Jǐnán fàng zài yí gè xiǎo yáolán·lǐ, tāmen ānjìng bú dòng de dīshēng de shuō: "Nǐmen fàngxīn ba, zhèr zhǔnbǎo nuǎnhuo." Zhēn de, Jǐnán de rénmen zài dōngtiān shì miàn·shàng hánxiào de. Tāmen yí kàn nàxiē xiǎoshān, xīnzhōng biàn jué·dé yǒule zhuóluò, yǒule yīkào. Tāmen yóu tiān·shàng kàndào shān·shàng, biàn bùzhī-bùjué de xiǎngqǐ: Míngtiān yěxǔ jiùshì chūntiān le ba? Zhèyàng de wēnnuǎn, jīntiān yè·lǐ shāncǎo yěxǔ jiù lǜqǐ·lái le ba? Jiùshì zhè diǎnr huànxiǎng bùnéng yìshí shíxiàn, tāmen yě bìng bù zháojí, yīn·wèi zhèyàng císhàn de dōngtiān, gànshénme hái xīwàng biéde ne!

Zuì miào de shì xià diǎnr xiǎoxuě ya. Kàn ba, shān·shàng de ǎisōng yuèfā de qīnghēi, shùjiānr·shàng dǐng//zhe yí jìr báihuā, hǎoxiàng Rìběn kānhùfù. Shānjiānr quán bái le, gěi lántiān xiāng·shàng yí dào yínbiānr. Shānpō·shàng, yǒude dìfang xuě hòu diǎnr, yǒude dìfang cǎosè hái lòuzhe; zhèyàng, yí dàor bái, yí dàor ànhuáng, gěi shānmen chuān·shàng yí jiàn dài shuǐwénr de huāyī; kànzhe kànzhe, zhè jiàn huāyī hǎoxiàng bèi fēng'ér chuīdòng, jiào nǐ xīwàng kàn·jiàn yìdiǎnr gèng měi de shān de jīfū. Děngdào kuài rìluò de shíhou, wēihuáng de yángguāng xié shè zài shānyāo·shàng, nà diǎnr báo xuě hǎoxiàng hūrán hàixiū, wēiwēi lòuchū diǎnr fěnsè. Jiùshì xià xiǎoxuě ba, Jǐnán shì shòu·búzhù dàxuě de, nàxiē xiǎoshān tài xiùqi.

(Jiéxuǎn zì Lǎo Shě《Jǐnán de Dōngtiān》)

作品9号

自从传言有人在萨文河畔散步时无意发现了金子后，这里便常有来自四面八方的淘金者。他们都想成为富翁，于是寻遍了整个河床，还在河床上挖出很多大坑，希望借助它们找到更多的金子。的确，有一些人找到了，但另外一些人因为一无所得而只好扫兴归去。

也有不甘心落空的，便驻扎在这里，继续寻找。彼得·弗雷特就是其中一员。他在河床附近买了一块没人要的土地，一个人默默地工作。他为了找金子，已把所有的钱都押在这块土地上。他埋头苦干了几个月，直到土地全变成了坑坑洼洼，他失望了——他翻遍了整块土地，但连一丁点儿金子都没看见。

六个月后，他连买面包的钱都没有了。于是他准备离开这儿到别处去谋生。

就在他即将离去的前一个晚上，天下起了倾盆大雨，并且一下就是三天三夜。雨终于停了，彼得走出小木屋，发现眼前的土地看上去好像和以前不一样：坑坑洼洼已被大水冲刷平整，松软的土地上长出一层绿茸茸的小草。

“这里没找到金子，”彼得忽有所悟地说，“但这土地很肥沃，我可以用来种花，并且拿到镇上去卖给那些富人，他们一定会买些花装扮他们华丽的客厅。//如果真是这样的话，那么我一定会赚许多钱，有朝一日我也会成为富人……"

于是他留了下来。彼得花了不少精力培育花苗，不久田地里长满了美丽娇艳的各色鲜花。

五年以后，彼得终于实现了他的梦想——成了一个富翁。"我是唯一的一个找到真金的人！"他时常不无骄傲地告诉别人，"别人在这儿找不到金子后便远远地离开，而我的'金子'是在这块土地里，只有诚实的人用勤劳才能采集到。"

（节选自陶猛译《金子》）

Zuòpǐn 9 Hào

Zìcóng chuányán yǒu rén zài Sàwén hépàn sànbù shí wúyì fāxiànle jīnzi hòu, zhè·lǐ biàn cháng yǒu láizì sìmiàn-bāfāng de táojīnzhě. Tāmen dōu xiǎng chéngwéi fùwēng, yúshì xúnbiànle zhěnggè héchuáng, hái zài héchuáng·shàng wāchū hěn duō dàkēng, xīwàng jièzhù tāmen zhǎodào gèng duō de jīnzi. Díquè, yǒu yìxiē rén zhǎodào le, dàn lìngwài yìxiē rén yīn·wèi yìwú-suǒdé ér zhǐhǎo sǎoxìng guīqù.

Yě yǒu bù gānxīn luòkōng de, biàn zhùzhā zài zhè·lǐ, jìxù xúnzhǎo. Bǐdé Fúléitè jiùshì qízhōng yì yuán. Tā zài héchuáng fùjìn mǎile yí kuài méi rén yào de tǔdì, yí gè rén mòmò de gōngzuò. Tā wèile zhǎo jīnzi, yǐ bǎ suǒyǒu de qián dōu yā zài zhè kuài tǔdì·shàng. Tā máitóu-kǔgànle jǐ gè yuè, zhídào tǔdì quán biànchéngle kēngkeng-wāwā, tā shīwàng le——tā fānbiànle zhěng kuài tǔdì, dàn lián yìdīngdiǎnr jīnzi dōu méi kàn·jiàn.

Liù gè yuè hòu, tā lián mǎi miànbāo de qián dōu méi·yǒu le. Yúshì tā zhǔnbèi líkāi zhér dào biéchù qù móushēng.

Jiù zài tā jíjiāng líqù de qián yí gè wǎnshang, tiān xiàqǐle qīngpén-dàyǔ, bìngqiě yíxià jiùshì sān tiān sān yè. Yǔ zhōngyú tíngle, Bǐdé zǒuchū xiǎo mùwū, fāxiàn yǎnqián de tǔdì kàn shàng·qù hǎoxiàng hé yǐqián bù yíyàng: Kēngkeng-wāwā yǐ bèi dàshuǐ chōngshuā píngzhěng, sōngruǎn de tǔdì·shàng zhǎngchū yì céng lǜróngróng de xiǎocǎo.

"Zhè·lǐ méi zhǎodào jīnzi," Bǐdé hū yǒu suǒ wù de shuō, "Dàn zhè tǔdì hěn féiwò, wǒ kěyǐ yònglái zhòng huā, bìngqiě nádào zhèn·shàng qù màigěi nàxiē fùrén, tāmen yídìng huì mǎi xiē huā zhuāngbàn tāmen huálì de kètīng. //Rúguǒ zhēn shì zhèyàng de huà, nàme wǒ yídìng huì zhuàn xǔduō qián, yǒuzhāo-yírì wǒ yě huì chéngwéi fùrén ……"

Yúshì tā liúle xià·lái. Bǐdé huāle bùshǎo jīnglì péiyù huāmiáo, bùjiǔ tiándì·lǐ zhǎngmǎnle měilì jiāoyàn de gè sè xiānhuā.

Wǔ nián yǐhòu, Bǐdé zhōngyú shíxiànle tā de mèngxiǎng —— chéngle yí gè fùwēng. "Wǒ shì wéiyī de yí gè zhǎodào zhēnjīn de rén!" Tā shícháng bùwú jiāo'ào de gàosu bié·rén, "Bié·rén zài zhèr zhǎo·búdào jīnzi hòu biàn yuǎnyuǎn de líkāi, ér wǒ de 'jīnzi' shì zài zhè kuài tǔdì·lǐ, zhǐyǒu chéng·shí de rén yòng qínláo cáinéng cǎijí dào."

(Jiéxuǎn zì Táo Měng yì《Jīnzi》)

作品10号

我在加拿大学习期间遇到过两次募捐，那情景至今使我难以忘怀。

一天，我在渥太华的街上被两个男孩子拦住去路。他们十来岁，穿得整整齐齐，每人头上戴着个做工精巧、色彩鲜艳的纸帽，上面写着“为帮助患小儿麻痹的伙伴募捐”。其中的一个，不由分说就坐在小凳上给我擦起皮鞋来，另一个则彬彬有礼地发问：“小姐，您是哪国人？喜欢渥太华吗？”“小姐，在你们国家有没有小孩儿患小儿麻痹？谁给他们医疗费？”一连串的问题，使我这个有生以来头一次在众目睽睽之下让别人擦鞋的异乡人，从近乎狼狈的窘态中解脱出来。我们像朋友一样聊起天儿来……

几个月之后，也是在街上。一些十字路口处或车站坐着几位老人。他们满头银发，身穿各种老式军装，上面布满了大大小小形形色色的徽章、奖章，每人手捧一大束鲜花，有水仙、石竹、玫瑰及叫不出名字的，一色雪白。匆匆过往的行人纷纷止步，把钱投进这些老人身旁的白色木箱内，然后向他们微微鞠躬，从他们手中接过一朵花。我看了一会儿，有人投一两元，有人投几百元，还有人掏出支票填好后投进木箱。那些老军人毫不注意人们捐多少钱，一直不//停地向人们低声道谢。同行的朋友告诉我，这是为纪念二次大战中参战的勇士，募捐救济残废军人和烈士遗孀，每年一次；认捐的人可谓踊跃，而且秩序井然，气氛庄严。有些地方，人们还耐心地排着队。我想，这是因为他们都知道：正是这些老人们的流血牺牲换来了包括他们信仰自由在内的许许多多。

我两次把那微不足道的一点儿钱捧给他们，只想对他们说声“谢谢”。

（节选自青白《捐诚》）

Zuòpǐn 10 Hào

Wǒ zài Jiānádà xuéxí qījiān yùdàoguo liǎng cì mùjuān, nà qíngjǐng zhìjīn shǐ wǒ nányǐ-wànghuái.

Yì tiān, wǒ zài Wòtàihuá de jiē·shàng bèi liǎng gè nánháizi lánzhù qùlù. Tāmen shí lái suì, chuān de zhěngzhěng-qíqí, měi rén tóu·shàng dàizhe gè zuògōng jīngqiǎo、sècǎi xiānyàn de zhǐ mào, shàng·miàn xiězhe "Wèi bāngzhù huàn xiǎo'ér mábì de huǒbàn mùjuān". Qízhōng de yí gè, bùyóu-fēnshuō jiù zuò zài xiǎodèng·shàng gěi wǒ cā·qǐ píxié·lái, lìng yí gè zé bīnbīn-yǒulǐ de fāwèn:"Xiǎo·jiě, nín shì nǎ guó rén? Xǐhuan Wòtàihuá ma?" "Xiǎo·jiě, zài nǐmen guójiā yǒu méi·yǒu xiǎoháir huàn xiǎo'ér mábì? Shéi gěi tāmen yīliáofèi?" Yìliánchuàn de wèntí, shǐ wǒ zhège yǒushēng-yǐlái tóu yí cì zài zhòngmù-kuíkuí zhīxià ràng bié·rén cā xié de yìxiāngrén, cóng jìnhū lángbèi de jiǒngtài zhōng jiětuō chū·lái. Wǒmen xiàng péngyou yíyàng liáo·qǐ tiānr·lái……

Jǐ gè yuè zhīhòu, yě shì zài jiē·shàng. Yìxiē shízì lùkǒuchù huò chēzhàn zuòzhe jǐ wèi lǎorén. Tāmen mǎntóu yínfà, shēn chuān gè zhǒng lǎoshì jūnzhuāng, shàng·miàn bùmǎnle dàdà-xiǎoxiǎo xíngxíng-sèsè de huīzhāng、jiǎngzhāng, měi rén shǒu pěng yí dà shù xiānhuā, yǒu shuǐxiān、shízhú、méi·guī jí jiào·bùchū míngzi de, yísè xuěbái. Cōngcōng guòwǎng de xíngrén fēnfēn zhǐbù, bǎ qián tóujìn zhèxiē lǎorén shēnpáng de báisè mùxiāng nèi, ránhòu xiàng tāmen wēiwēi jūgōng, cóng tāmen shǒu zhōng jiēguo yì duǒ huā. Wǒ kànle yíhuìr, yǒu rén tóu yì-liǎng yuán, yǒu rén tóu jǐbǎi yuán, hái yǒu rén tāochū zhīpiào tiánhǎo hòu tóujìn mùxiāng. Nàxiē lǎojūnrén háobú zhùyì rénmen juān duō·shǎo qián, yìzhí bù// tíng de xiàng rénmen dīshēng dàoxiè. Tóngxíng de péngyou gàosu wǒ, zhè shì wèi jìniàn Èr Cì Dàzhàn zhōng cānzhàn de yǒngshì, mùjuān jiùjì cánfèi jūnrén hé lièshì yíshuāng, měinián yí cì; rèn juān de rén kěwèi yǒngyuè, érqiě zhìxù jǐngrán, qì·fēn zhuāngyán. Yǒuxiē dìfang, rénmen hái nàixīn de páizhe duì. Wǒ xiǎng, zhè shì yīn·wèi tāmen dōu zhī·dào: Zhèng shì zhèxiē lǎorénmen de liúxuè xīshēng huànláile bāokuò tāmen xìnyǎng zìyóu zài nèi de xǔxǔ-duōduō.

Wǒ liǎng cì bǎ nà wēibùzúdào de yìdiǎnr qián pěnggěi tāmen, zhǐ xiǎng duì tāmen shuō shēng “xièxie”.

(Jiéxuǎn zì Qīng Bái《Juān chéng》)

作品 11 号

没有一片绿叶，没有一缕炊烟，没有一粒泥土，没有一丝花香，只有水的世界，云的海洋。

一阵台风袭过，一只孤单的小鸟无家可归，落到被卷到洋里的木板上，乘流而下，姗姗而来，近了，近了！

忽然，小鸟张开翅膀，在人们头顶盘旋了几圈儿，“噗啦”一声落到了船上。许是累了，还是发现了“新大陆”？水手撵它它不走，抓它，它乖乖地落在掌心。可爱的小鸟和善良的水手结成了朋友。

瞧，它多美丽！娇巧的小嘴，啄理着绿色的羽毛，鸭子样的扁脚，呈现出春草的鹅黄。水手们把它带到舱里，给它“搭铺”，让它在船上安家落户。每天，把分到的一塑料桶淡水匀给它喝，把从祖国带来的鲜美的鱼肉分给它吃，天长日久，小鸟和水手的感情日趋笃厚。清晨，当第一束阳光射进舷窗时，它便敞开美丽的歌喉，唱啊唱，嘤嘤有韵，宛如春水淙淙。人类给它以生命，它毫不悭吝地把自己的艺术青春奉献给了哺育它的人。可能都是这样，艺术家们的青春只会献给尊敬他们的人。

小鸟给远航生活蒙上了一层浪漫色调。返航时，人们爱不释手，恋恋不舍地想把它带到异乡。可小鸟憔悴了，给水，不喝！喂肉，不吃！油亮的羽毛失去了光泽。是啊，我//们有自己的祖国，小鸟也有它的归宿，人和动物都是一样啊，哪儿也不如故乡好！

慈爱的水手们决定放开它，让它回到大海的摇篮去，回到蓝色的故乡去。离别前，这个大自然的朋友与水手们留影纪念。它站在许多人的头上，肩上，掌上，胳膊上，与喂养过它的人们，一起融进那蓝色的画面……

（节选自王文杰《可爱的小鸟》）

Zuòpǐn 11 Hào

Méi·yǒu yí piàn lǜyè, méi·yǒu yì lǚ chuīyān, méi·yǒu yí lì nítǔ, méi·yǒu yì sī huā xiāng, zhǐyǒu shuǐ de shìjiè, yún de hǎiyáng.

Yí zhèn táifēng xíguò, yì zhī gūdān de xiǎoniǎo wújiā-kěguī, luòdào bèi juǎndào yáng·lǐ de mùbǎn·shàng, chéng liú ér xià, shānshān ér lái, jìn le, jìn le！

Hūrán, xiǎoniǎo zhāngkāi chìbǎng, zài rénmen tóudǐng pánxuánle jǐ quānr, “pūlā” yì shēng luòdàole chuán·shàng. Xǔ shì lèi le, háishì fāxiànle “xīn dàlù”? Shuǐshǒu niǎn tā tā bù zǒu, zhuā tā, tā guāiguāi de luò zài zhǎngxīn. Kě’ài de xiǎoniǎo hé shànliáng de shuǐshǒu jiéchéngle péngyou.

Qiáo, tā duō měilì! Jiāoqiǎo de xiǎozuǐ, zhuólǐzhe lǜsè de yǔmáo, yāzi yàng de biǎnjiǎo, chéngxiàn chū chūncǎo de éhuáng. Shuǐshǒumen bǎ tā dàidào cāng·lǐ, gěi tā "dā pù", ràng tā zài chuán·shàng ānjiā-luòhù. Měi tiān, bǎ fēndào de yí sùliàotǒng dànshuǐ yúngěi tā hē, bǎ cóng zǔguó dài·lái de xiānměi de yúròu fēngěi tā chī, tiāncháng-rìjiǔ, xiǎoniǎo hé shuǐshǒu de gǎnqíng rìqū dǔhòu. Qīngchén, dāng dì-yī shù yángguāng shèjìn xiánchuāng shí, tā biàn chǎngkāi měilì de gēhóu, chàng a chàng, yīngyīng-yǒuyùn, wǎnrú chūnshuǐ cóngcóng. Rénlèi gěi tā yǐ shēngmìng, tā háobù qiānlìn de bǎ zìjǐ de yìshù qīngchūn fèngxiàn gěile bǔyù tā de rén. Kěnéng dōu shì zhèyàng, yìshùjiāmen de qīngchūn zhǐ huì xiàngěi zūnjìng tāmen de rén.

Xiǎoniǎo gěi yuǎnháng shēnghuó méng·shàngle yì céng làngmàn sèdiào. Fǎnháng shí, rénmén àibúshìshǒu, liànliàn-bùshě de xiǎng bǎ tā dàidào yìxiāng. Kě xiǎoniǎo qiáocuì le, gěi shuǐ, bù hē! Wèi ròu, bù chī! Yóuliàng de yǔmáo shīqùle guāngzé. Shì a, wǒ// men yǒu zìjǐ de zǔguó, xiǎoniǎo yěyǒu tā de guīsù, rén hé dòngwù dōushì yíyàng a, nǎr yě bùrú gùxiāng hǎo!

Cí'ài de shuǐshǒumen juédìng fàngkāi tā, ràng tā huídào dàhǎi de yáolán·qù, huídào lánsè de gùxiāng·qù. Líbié qián, zhège dàzìrán de péngyou yǔ shuǐshǒumen liúyǐng jìniàn. Tā zhàn zài xǔduō rén de tóu·shàng, jiān·shàng, zhǎng·shàng, gēbo·shàng, yǔ wèiyǎngguo tā de rénmen, yìqǐ róngjìn nà lánsè de huàmiàn……

(Jiéxuǎn zì Wáng Wénjié《Kě'ài de Xiǎoniǎo》)

作品 12 号

朋友的父亲病重，得到消息后我决定去医院探望。我决定去是想培养和朋友之间的感情。我和朋友正有一笔生意上的交易，成与败全看他的为人了。

找到那间病房，发现病床是空的。同室的病人告诉我："出去了。很快就回来吧，他还输着液呢。"我把东西放下，坐在床沿上等他们回来。

医院真不是好地方，我待了不到半个小时就开始烦躁。满眼都是惨白，充耳全是呻吟。仔细分辨，似乎还能感到墙角射出的丝丝阴气。我把目光投向窗外，想从春意盎然的季节里找出勃勃生机。然而，除了高墙与红瓦，连一点绿意也看不到。

终于受不了这种压抑，在没有等到朋友和他父亲的时候，我逃出了医院。

第二天又去，担心再次扑空，便央求爱人一同去。身边跟个健康又至亲的人，心里会踏实许多。

果真，朋友和他的父亲又不在。同室的病人又告诉我："他们看树去了，昨天也是。"

"看树？"

"是啊。医生说老爷子的病是好不了了，想法提高生命的质量吧。儿子问他最大的愿望是什么？老爷子说他种了一辈子树，死之前想多看几眼。儿子就背着父亲去看树了。"

他说得极为平淡，可我的心却像突然被挖空了一样难受。//在商海拼杀了多年，坑别人，也被别人坑，心肠早已钢铁般冷漠了，我总以为其他商人也该和我一样吧。然而，朋友却不同。我突然觉得应该和朋友做这笔生意——足以决定我命运的生意，一个背着父亲去看树的人，肯定也有着一颗善良的心。

（选自张枫霞《背起父亲去看树》）

Zuòpǐn 12 Hào

Péngyou de fù·qīn bìng zhòng, dédào xiāoxi hòu wǒ juédìng qù yīyuàn tànwàng. Wǒ juédìng qù shì xiǎng péiyǎng hé péngyou zhījiān de gǎnqíng. Wǒ hé péngyou zhèng yǒu yì bǐ shēngyi·shàng de jiāoyì, chéng yǔ bài quán kàn tā de wéirén le.

Zhǎodào nàjiān bìngfáng, fāxiàn bìngchuáng shì kōng de. Tóngshì de bìngrén gàosu wǒ:“ Chū·qù le. Hěn kuài jiù huí·lái ba, tā hái shūzhe yè ne.” Wǒ bǎ dōngxi fàng·xià, zuò zài chuángyán·shàng děng tāmen huí·lái.

Yīyuàn zhēn·búshì hǎo dìfang, wǒ dāile búdào bàn·gè xiǎoshí jiù kāishǐ fánzào. Mǎnyǎn dōushì cǎnbái, chōng’ěr quánshì shēnyín. Zǐxì fēnbiàn, sìhū hái néng gǎndào qiángjiǎo shè·chū de sīsī yīnqì. Wǒ bǎ mùguāng tóuxiàng chuāngwài, xiǎng cóng chūnyì àngrán de jìjié·lǐ zhǎo·chū bóbó shēngjī. Rán’ér, chúle gāoqiáng yǔ hóngwǎ, lián yìdiǎnr lǜyì yě kàn·búdào.

Zhōngyú shòu·bùliǎo zhèzhǒng yāyì, zài méi·yǒu děngdào péngyou hé tā fù·qīn de shíhou, wǒ táo·chūle yīyuàn.

Dì-èr tiān yòu qù, dānxīn zàicì pūkōng, biàn yāngqiú àiren yìtóng qù. Shēnbiān gēn·gè jiànkāng yòu zhìqīn de rén, xīn·lǐ huì tāshi xǔduō.

Guǒzhēn, péngyou hé tā de fù·qīn yòu bú zài. Tóngshì de bìngrén yòu gàosu wǒ:“Tāmen kàn shù·qù le, zuótiān yě shì.”

“Kàn shù?”

“Shì a. Yīshēng shuō lǎoyézi de bìng shì hǎo·bùliǎo

le, xiǎngfǎ tígāo shēngmìng de zhìliàng ba. Érzi wèn tā zuìdà de yuànwàng shì shénme? Lǎoyézi shuō tā zhòngle yíbèizi shù, sī zhīqián xiǎng duō kàn jǐyǎn. Érzi jiù bēizhe fù·qīn qù kàn shù le."

Tā shuōde jíwéi píngdàn, kě wǒ de xīn què xiàng tūrán bèi wākōngle yíyàng nánshòu.//Zài shānghǎi pīnshāle duōnián, kēng bié·rén, yě bèi bié·rén kēng, xīncháng zǎo yǐ gāngtiěbān lěngmò le, wǒ zǒng yǐwéi qítā shāngrén yě gāi hé wǒ yíyàng ba. Rán'ér, péngyou què bùtóng. Wǒ tūrán juéde yīnggāi hé péngyou zuò zhè bǐ shēngyi —— zúyǐ juédìng wǒ mìngyùn de shēngyi, yí gè bēizhe fù·qīn qù kàn shù de rén, kěndìng yě yǒuzhe yì kē shànliáng de xīn.

(Xuǎn zì Zhāng Fēngxiá《Bēiqǐ Fù·qīn Qù Kàn Shù》)

作品 13 号

离开家乡已经六年了，在梦里也想念那条小河。我在那里长大，在那里经历风雨，小河知道童年的我所经历的一切。

小时候，我喜欢站在小河边看哥哥、姐姐在河里游泳。他们一会儿游入水底，在水中捉迷藏；一会儿浮出水面，泼水打仗。我好羡慕他们哪。一次，我见他们向远处游去，幼小的我带着好奇走入水中，恍惚在梦境中一般。幸好母亲发觉我不在岸上，又见水中直泛水泡，不会游泳的母亲费了许多力气将我从死神手中拉了回来。

当时母亲怀着我的小弟弟，由于救我时费力紧张，喝了不少水，一下就病倒了，经医生治疗也不见好转。躺在床上的母亲，怕我再走到河里去，让哥哥姐姐看着我，还吩咐他们一有空就教我学游泳。我一有进步，母亲就显得很高兴，可她的病一点也没好。

就在那年秋天，母亲离我们去了，小弟弟一生下来不哭也不动，也追随母亲去了。为了我的生存，母亲去了，弟弟也去了。母亲生育了我，又从死神手中救了我。她给了我两次生命。临终前，她拉着我们兄妹四人的手，眼里流露出的尽是爱。她为了我们，没有怨言，倾泻给我们的是全部的爱！

母亲去世后，我便常站在河边，幻//想着能从小河里看到母亲。她是从小河走向那个世界的。那轻轻的流水声多像母亲温柔的语声；那缓缓拍打堤岸的河水，多像母亲温柔的手。

（节选自马如琴《小河》）

Zuòpǐn 13 Hào

Líkāi jiāxiāng yǐ·jīng liù nián le, zài mèng·lǐ yě xiǎngniàn nàtiáo xiǎohé. Wǒ zài nà·lǐ zhǎngdà, zài nà·lǐ jīnglì fēngyǔ, xiǎohé zhī·dào tóngnián de wǒ suǒ jīnglì de yíqiè.

Xiǎo shíhou, wǒ xǐhuan zhàn zài xiǎohébiān kàn gēge、jiějie zài hé·lǐ yóuyǒng. Tāmen yíhuìr yóurù shuǐdǐ, zài shuǐ zhōng zhuōmícáng; yíhuìr fú·chū shuǐmiàn, pōshuǐ dǎzhàng. Wǒ hǎo xiànmù tāmen na. Yí cì, wǒ jiàn tāmen xiàng yuǎnchù yóu·qù, yòuxiǎo de wǒ dàizhe hàoqí zǒurù shuǐzhōng, huǎnghū zài mèngjìng zhōng yìbān. Xìnghǎo mǔ·qīn fājué wǒ bú zài àn·shàng, yòu jiàn shuǐ zhōng zhí fàn shuǐpào, bú huì yóuyǒng de mǔ·qīn fèile xǔduō lìqi jiāng wǒ cóng sǐshén shǒuzhong lāle huí·lái.

Dāngshí mǔ·qīn huáizhe wǒ de xiǎodìdi, yóuyú jiùwǒ shí fèilì jǐnzhāng, hēle bùshǎo shuǐ, yíxià jiù bìngdǎo le, jīng yīshēng zhìliáo yě bú jiàn hǎozhuǎn. Tǎng zài chuáng-

·shàng de mǔ·qīn, pà wǒ zài zǒudào hé·lǐ·qù, ràng gēge jiějie kānzhe wǒ, hái fēn·fù tāmen yì yǒukòng jiù jiāo wǒ xué yóuyǒng. Wǒ yì yǒu jìnbù, mǔ·qīn jiù xiǎnde hěn gāoxìng, kě tā de bìng yìdiǎnr yě méihǎo .

Jiù zài nànián qiūtiān, mǔ·qīn lí wǒmen qù le, xiǎodìdi yì shēng xià·lái bù kū yě bú dòng, yě zhuīsuí mǔ·qīn·qù le. Wèile wǒ de shēngcún, mǔ·qīn qù le, dìdi yě qù le. Mǔ·qīn shēngyùle wǒ, yòu cóng sǐshén shǒuzhōng jiùle wǒ. Tā gěile wǒ liǎng cì shēngmìng. Línzhōng qián, tā lāzhe wǒmen xiōngmèi sì rén de shǒu, yǎn·lǐ liúlù·chū de jìnshì ài. Tā wèile wǒmen, méi·yǒu yuànyán, qīngxiè gěi wǒmen de shì quánbù de ài!

Mǔ·qīn qùshì hòu, wǒ biàn cháng zhàn zài hébiān, huàn// xiǎngzhe néng cóng xiǎohé·lǐ kàndào mǔ·qīn. Tā shì cóng xiǎohé zǒuxiàng nàge shìjiè de. Nà qīngqīng de liúshuǐshēng duō xiàng mǔ·qīn wēnróu de yǔshēng; nà huǎnhuǎn pāidǎ dī'àn de héshuǐ, duō xiàng mǔ·qīn wēnróu de shǒu.

(Xuǎn zì Mǎ Rúqín《Xiǎohé》)

作品 14 号

那年我六岁。离我家仅一箭之遥的小山坡旁,有一个早已被废弃的采石场,双亲从来不准我去那儿,其实那儿风景十分迷人。

一个夏季的下午,我随着一群小伙伴偷偷上那儿去了。就在我们穿越了一条孤寂的小路后,他们却把我一个人留在原地,然后奔向"更危险的地带"了。

等他们走后,我惊慌失措地发现,再也找不到要回家的那条孤寂的小道了。像只无头的苍蝇，我到处乱钻，衣裤上挂满了芒刺。太阳已经落山，而此时此刻，家里一定开始吃晚餐了，双亲正盼着我回家……想着想着，我不由得背靠着一棵树，伤心地呜呜大哭起来……

突然，不远处传来了声声柳笛。我像找到了救星，急忙循声走去。一条小道边的树桩上坐着一位吹笛人，手里还正削着什么。走近细看，他不就是被大家称为"乡巴佬儿"的卡廷吗？

"你好，小家伙儿，"卡廷说，"看天气多美，你是出来散步的吧？"

我怯生生地点点头，答道："我要回家了。"

"请耐心等上几分钟，"卡廷说，"瞧，我正在削一支柳笛，差不多就要做好了，完工后就送给你吧！"

卡廷边削边不时把尚未成形的柳笛放在嘴里试吹一下。没过多久，一支柳笛便递到我手中。我俩在一阵阵清脆悦耳的笛音//中，踏上了归途……

当时，我心中只充满感激，而今天，当我自己也成了祖父时，却突然领悟到他用心之良苦！那天当他听到我的哭声时，便判定我一定迷了路，但他并不想在孩子面前扮演"救星"的角色，于是吹响柳笛以便让我能发现他，并跟着他走出困境！就这样，卡廷先生以乡下人的淳朴，保护了一个小男孩儿强烈的自尊。

（节选自唐若水译《迷途笛音》）

Zuòpǐn 14 Hào

Nà nián wǒ liù suì. Lí wǒ jiā jǐn yí jiàn zhī yáo de xiǎo shānpō páng, yǒu yí gè zǎo yǐ bèi fèiqì de cǎishíchǎng, shuāngqīn cónglái bùzhǔn wǒ qù nàr, qíshí nàr fēngjǐng shífēn mírén.

Yí gè xiàjì de xiàwǔ, wǒ suízhe yì qún xiǎohuǒbànr tōutōu shàng nàr qù le. Jiù zài wǒmen chuānyuèle yì tiáo gūjì de xiǎolù hòu, tāmen què bǎ wǒ yí gè rén liú zài yuándì, ránhòu bēnxiàng "gèng wēixiǎn de dìdài" le.

Děng tāmen zǒu hòu, wǒ jīnghuāng-shīcuò de fāxiàn,zài yě zhǎo·búdào yào huíjiā de nà tiáo gūjì de xiǎodào le. Xiàng zhī wú tóu de cāngying, wǒ dàochù luàn zuān, yīkù·shàng guàmǎnle mángcì. Tài·yáng yǐ·jīng luò shān, ér cǐshí cǐkè, jiā·lǐ yídìng kāishǐ chī wǎncān le, shuāngqīn zhèng pànzhe wǒ huíjiā……Xiǎngzhe xiǎngzhe, wǒ bùyóude bèi kàozhe yì kē shù, shāngxīn de wūwū dàkū qǐ·lái……

Tūrán, bù yuǎnchù chuán·láile shēngshēng liǔdí. Wǒ xiàng zhǎodàole jiùxīng, jímáng xúnshēng zǒuqù. Yì tiáo xiǎodào biān de shùzhuāng·shàng zuòzhe yí wèi chuīdí rén, shǒu·lǐ hái zhèng xiāozhe shénme. Zǒujìn xì kàn, tā bú jiùshì bèi dàjiā chēngwéi "xiāngbalǎor" de Kǎtíng ma?

"Nǐ hǎo, xiǎojiāhuor," Kǎtíng shuō, "Kàn tiānqì duō měi, nǐ shì chū·lái sànbù de ba?"

Wǒ qièshēngshēng de diǎndiǎn tóu, dádào: "Wǒ yào huíjiā le."

"Qǐng nàixīn děng · shàng jǐ fēnzhōng," Kǎtíng shuō,"Qiáo, wǒ zhèngzài xiāo yì zhī liǔdí, chà·bùduō jiù yào zuòhǎo le, wángōng hòu jiù sònggěi nǐ ba!"

Kǎtíng biān xiāo biān bùshí bǎ shàng wèi chéngxíng de liǔdí fàng zài zuǐ·lǐ shìchuī yíxià. Méi guò duōjiǔ, yì zhī liǔdí biàn dìdào wǒ shǒu zhōng. Wǒ liǎ zài yí zhènzhèn qīngcuì yuè'ěr de díyīn //zhōng, tà·shàngle guītú……

Dāngshí, wǒ xīnzhōng zhǐ chōngmǎn gǎn · jī, ér

jīntiān, dāng wǒ zìjǐ yě chéngle zǔfù shí, què tūrán lǐngwù dào tā yòngxīn zhī liángkǔ! Nà tiān dāng tā tīngdào wǒ de kūshēng shí, biàn pàndìng wǒ yídìng míle lù, dàn tā bìng bù xiǎng zài háizi miànqián bànyǎn “jiùxīng” de juésè, yúshì chuīxiǎng liǔdí yǐbiàn ràng wǒ néng fāxiàn tā, bìng gēnzhe tā zǒu·chū kùnjìng! Jiù zhèyàng, Kǎtíng xiānsheng yǐ xiāngxiarén de chúnpǔ, bǎohùle yí gè xiǎonánháir qiángliè de zìzūn.

(Jiéxuǎn zì Táng Ruòshuǐ yì《Mítú Díyīn》)

作品 15 号

朋友即将远行。

暮春时节，又邀了几位朋友在家小聚。虽然都是极熟的朋友，却是终年难得一见，偶尔电话里相遇，也无非是几句寻常话。一锅小米稀饭，一碟大头菜，一盘自家酿制的泡菜，一只巷口买回的烤鸭，简简单单，不像请客，倒像家人团聚。

其实，友情也好，爱情也好，久而久之都会转化为亲情。

说也奇怪，和新朋友会谈文学、谈哲学、谈人生道理等等，和老朋友却只话家常，柴米油盐，细细碎碎，种种琐事。很多时候，心灵的契合已经不需要太多的言语来表达。

朋友新烫了个头，不敢回家见母亲，恐怕惊骇了老人家，却欢天喜地来见我们。老朋友颇能以一种趣味性的眼光欣赏这个改变。

年少的时候，我们差不多都在为别人而活，为苦口婆心的父母活，为循循善诱的师长活，为许多观念、许多传统的约束力而活。年岁逐增，渐渐挣脱外在的限制与束缚，开始懂得为自己活，照自己的方式做一些自己喜欢的事，不在乎别人的批评意见，不在乎别人的诋毁流言，只在乎那一份随心所欲的舒坦自然。偶尔，也能够纵容自己放浪一下，并且有一种恶作剧的窃喜。

就让生命顺其自然，水到渠成吧，犹如窗前的//乌桕，自生自落之间，自有一份圆融丰满的喜悦。春雨轻轻落着，没有诗，没有酒，有的只是一份相知相属的自在自得。

夜色在笑语中渐渐沉落，朋友起身告辞。没有挽留，没有送别，甚至也没有问归期。

已经过了大喜大悲的岁月，已经过了伤感流泪的年华，知道了聚散原来是这样的自然和顺理成章，懂得这点，便懂得珍惜每一次相聚的温馨，离别便也欢喜。

［节选自（台湾）杏林子《朋友和其他》］

Zuòpǐn 15 Hào

Péngyou jíjiāng yuǎnxíng.

Mùchūn shíjié, yòu yāole jǐ wèi péngyou zài jiā xiǎojù. Suīrán dōu shì jí shú de péngyou, què shì zhōngnián nándé yí jiàn, ǒu'ěr diànhuà·lǐ xiāngyù, yě wúfēi shì jǐ jù xúnchánghuà. Yì guō xiǎomǐ xīfàn, yì dié dàtóucài, yì pán zìjiā niàngzhì de pàocài, yì zhī xiàngkǒu mǎihuí de kǎoyā, jiǎnjiǎn dāndān, bú xiàng qǐngkè, dào xiàng jiārén tuánjù.

Qíshí, yǒuqíng yě hǎo, àiqíng yě hǎo, jiǔ'érjiǔzhī dōu huì zhuǎnhuà wéi qīnqíng.

Shuō yě qíguài, hé xīn péngyou huì tán wénxué、tán zhéxué、tán rénshēng dào·lǐ děngděng, hé lǎo péngyou què zhǐ huà jiācháng, chái-mǐ-yóu-yán, xìxì-suìsuì, zhǒngzhǒng suǒshì. Hěn duō shíhou, xīnlíng de qìhé yǐ·jīng bù xūyào tài duō de yányǔ lái biǎodá.

Péngyou xīn tàngle gè tóu, bùgǎn huíjiā jiàn mǔ·qīn, kǒngpà jīnghàile lǎo·rén·jiā, què huāntiān-xǐdì lái jiàn wǒmen. Lǎo péngyou pō néng yǐ yì zhǒng qùwèixìng de yǎnguāng xīnshǎng zhège gǎibiàn.

Niánshào de shíhou, wǒmen chà·bùduō dōu zài wèi bié·rén ér huó, wèi kǔkǒu-póxīn de fùmǔ huó, wèi xúnxún-shànyòu de shīzhǎng huó, wèi xǔduō guānniàn、xǔduō chuántǒng de yuēshùlì ér huó. Niánsuì zhú zēng, jiànjiàn zhèngtuō wàizài de xiànzhì yǔ shùfù, kāishǐ dǒngde wèi zìjǐ huó, zhào zìjǐ de fāngshì zuò yìxiē zìjǐ xǐhuan de shì, bú zàihu bié·rén de pīpíng yì·jiàn, bú zàihu bié·rén de dǐhuǐ liúyán, zhǐ zàihu nà yí fèn suíxīn-suǒyù de shūtan zìrán. Ǒu'ěr, yě nénggòu zòngróng zìjǐ fànglàng yíxià, bìngqiě yǒu yì zhǒng èzuòjù de qièxǐ.

Jiù ràng shēngmìng shùn qí zìrán, shuǐdào-qúchéng ba, yóurú chuāng qián de// wūjiù, zìshēng-zìluò zhījiān, zì yǒu yí fèn yuánróng fēngmǎn de xǐyuè. Chūnyǔ qīngqīng luòzhe, méi·yǒu shī, méi·yǒu jiǔ, yǒude zhǐshì yí fèn xiāngzhīxiāngzhǔ de zìzài zìdé.

Yèsè zài xiàoyǔ zhōng jiànjiàn chénluò, péngyou qǐshēn gàocí. Méi·yǒu wǎnliú, méi·yǒu sòngbié, shènzhì yě méi·yǒu wèn guīqī.

Yǐ·jīng guòle dàxǐ-dàbēi de suìyuè, yǐ·jīng guòle shānggǎn liúlèi de niánhuá, zhī·dàole jù-sàn yuánlái shì zhèyàng de zìrán hé shùnlǐ-chéngzhāng, dǒng·dé zhèdiǎn, biàn dǒng·dé zhēnxī měi yí cì xiāngjù de wēnxīn, líbié biàn yě huānxǐ.

[Jiéxuǎn zì (Táiwān) Xìng Línzǐ《Péngyou hé Qítā》]

作品16号

育才小学校长陶行知在校园看到学生王友用泥块砸自己班上的同学,陶行知当即喝止了他,并令他放学后到校长室去。无疑,陶行知是要好好教育这个"顽皮"的学生。那么他是如何教育的呢?

放学后,陶行知来到校长室,王友已经等在门口准备挨训了。可一见面,陶行知却掏出一块糖果送给王友,并说:"这是奖给你的,因为你按时来到这里,而我却迟到了。"王友惊疑地接过糖果。

随后,陶行知又掏出一块糖果放到他手里,说:"这第二块糖果也是奖给你的,因为当我不让你再打人时,你立即就住手了,这说明你很尊重我,我应该奖你。"王友更惊疑了,他眼睛睁得大大的。

陶行知又掏出第三块糖果塞到王友手里,说:"我调查过了,你用泥块砸那些男生,是因为他们不守游戏规则,欺负女生;你砸他们,说明你很正直善良,且有批评不良行为的勇气,应该奖励你啊!"王友感动极了,他流着眼泪后悔地喊道:"陶……陶校长你打我两下吧!我砸的不是坏人,而是自己的同学啊……"

陶行知满意地笑了,他随即掏出第四块糖果递给王友,说:"为你正确地认识错误,我再奖给你一块糖果,只可惜我只有这一块糖果了。我的糖果//没有了,我看我们的谈话也该结束了吧!"说完,就走出了校长室。

(节选自《教师博览·百期精华》中《陶行知的"四块糖果"》)

Zuòpǐn 16 Hào

Yùcái Xiǎoxué xiàozhǎng Táo Xíngzhī zài xiàoyuán kàndào xuésheng Wáng Yǒu yòng níkuài zá zìjǐ bān·shàng de tóngxué, Táo Xíngzhī dāngjí hèzhǐle tā, bìng lìng tā fàngxué hòu dào xiàozhǎngshì qù. Wúyí, Táo Xíngzhī shì yào hǎohǎo jiàoyù zhège "wánpí" de xuésheng. Nàme tā shì rúhé jiàoyù de ne?

Fàngxué hòu, Táo Xíngzhī láidào xiàozhǎngshì, Wáng Yǒu yǐ·jīng děng zài ménkǒu zhǔnbèi ái xùn le. Kě yí jiànmiàn, Táo Xíngzhī què tāochū yí kuài tángguǒ sònggěi Wáng Yǒu, bìng shuō: "Zhè shì jiǎnggěi nǐ de, yīn·wèi nǐ ànshí láidào zhè·lǐ, ér wǒ què chídào le." Wáng Yǒu jīngyí de jiēguo tángguǒ.

Suíhòu, Táo Xíngzhī yòu tāochū yí kuài tángguǒ fàngdào tā shǒu·lǐ, shuō: "Zhè dì-èr kuài tángguǒ yě shì jiǎnggěi nǐ de, yīn·wèi dāng wǒ búràng nǐ zài dǎrén shí, nǐ lìjí jiù zhùshǒu le, zhè shuōmíng nǐ hěn zūnzhòng wǒ, wǒ yīnggāi jiǎng nǐ." Wáng Yǒu gèng jīngyí le, tā yǎnjing zhēng de dàdà de.

Táo Xíngzhī yòu tāochū dì-sān kuài tángguǒ sāidào Wáng Yǒu shǒu·lǐ, shuō: "Wǒ diàocháguo le, nǐ yòng níkuài zá nàxiē nánshēng, shì yīn·wèi tāmen bù shǒu yóuxì guīzé, qīfu nǚshēng; nǐ zá tāmen, shuōmíng nǐ hěn zhèngzhí shànliáng, qiě yǒu pīpíng bùliáng xíngwéi de yǒngqì, yīnggāi jiǎnglì nǐ a!" Wáng Yǒu gǎndòng jí le, tā liúzhe yǎnlèi hòuhuǐ de hǎndào: "Táo……Táo xiàozhǎng nǐ dǎ wǒ liǎng xià ba! Wǒ zá de bú shì huàirén, érshì zìjǐ de tóngxué a……"

Táo Xíngzhī mǎnyì de xiào le, tā suíjí tāochū dì-sì kuài tángguǒ dìgěi Wáng Yǒu, shuō: "Wèi nǐ zhèngquè de rènshi cuò·wù, wǒ zài jiǎnggěi nǐ yí kuài tángguǒ, zhǐ kěxī wǒ zhǐyǒu zhè yí kuài tángguǒ le. Wǒ de tángguǒ // méi·yǒu le, wǒ kàn wǒmen de tánhuà yě gāi jiéshù le ba!" Shuōwán, jiù zǒuchūle xiàozhǎngshì.

(Jiéxuǎn zì《Jiàoshī Bólǎn ·Bǎiqī Jīnghuá》zhōng《Táo Xíngzhī de "Sì Kuài Tángguǒ"》)

作品 17 号

记得我十三岁时,和母亲住在法国东南部的耐斯城。母亲没有丈夫,也没有亲戚,够清苦的,但她经常能拿出令人吃惊的东西摆在我面前。她从来不吃肉,一再说自己是素食者。然而有一天,我发现母亲正仔细地用一小块碎面包擦那给我煎牛排用的油锅。我明白了她称自己为素食者的真正原因。

我十六岁时,母亲成了耐斯市美蒙旅馆的女经理。这时,她更忙碌了。一天,她瘫在椅子上,脸色苍白,嘴唇发灰。马上找来医生,做出诊断:她摄取了过多的胰岛素。直到这时我才知道母亲多年一直对我隐瞒的疾痛——糖尿病。

她的头歪向枕头一边,痛苦地用手抓挠胸口。床架上方,则挂着一枚我一九三二年赢得耐斯市少年乒乓球冠军的银质奖章。

啊,是对我的美好前途的憧憬支撑着她活下去,为了给她那荒唐的梦至少加一点真实的色彩,我只能继续努力,与时间竞争,直至一九三八年我被征入空军。巴黎很快失陷,我辗转调到英国皇家空军。刚到英国就接到了母亲的来信。这些信是由在瑞士的一个朋友秘密地转到伦敦,送到我手中的。

现在我要回家了,胸前佩戴着醒目的绿黑两色的解放十字绶//带,上面挂着五六枚我终身难忘的勋章,肩上还佩戴着军官肩章。到达旅馆时，没有一个人跟我打招呼。原来，我母亲在三年半以前就已经离开人间了。

在她死前的几天中，她写了近二百五十封信，把这些信交给她在瑞士的朋友，请这个朋友定时寄给我。就这样，在母亲死后的三年半的时间里，我一直从她身上吸取着力量和勇气——这使我能够继续战斗到胜利那一天。

（节选自[法]罗曼·加里《我的母亲独一无二》）

Zuòpǐn 17 Hào

Jì·dé wǒ shísān suì shí, hé mǔ·qīn zhù zài Fǎguó dōngnánbù de Nàisī Chéng. Mǔ·qīn méi·yǒu zhàngfu, yě méi·yǒu qīnqi, gòu qīngkǔ de, dàn tā jīngcháng néng ná·chū lìng rén chījīng de dōngxi bǎi zài wǒ miànqián. Tā cónglái bù chī ròu, yízài shuō zìjǐ shì sùshízhě. Rán'ér yǒu yì tiān, wǒ fāxiàn mǔ·qīn zhèng zǐxì de yòng yì xiǎo kuàir suì miànbāo cā nà gěi wǒ jiān niúpái yòng de yóuguō. Wǒ míngbaile tā chēng zìjǐ wéi sùshízhě de zhēnzhèng yuányīn.

Wǒ shíliù suì shí, mǔ·qīn chéngle Nàisī Shì Měiméng lǚguǎn de nǚ jīnglǐ. Zhèshí, tā gèng mánglù le. Yì tiān, tā tān zài yǐzi · shàng, liǎnsè cāngbái, zuǐchún fā huī. Mǎshàng zhǎolái yīshēng, zuò·chū zhěnduàn: Tā shèqǔle guòduō de yídǎosù. Zhídào zhèshí wǒ cái zhī·dào mǔ·qīn duōnián yìzhí duì wǒ yǐnmán de jítòng——tángniàobìng.

Tā de tóu wāixiàng zhěntou yìbiān, tòngkǔ de yòng shǒu zhuānao xiōngkǒu. Chuángjià shàngfāng, zé guàzhe yì méi wǒ yī jiǔ sān èr nián yíngdé Nàisī Shì shàonián pīngpāngqiú guànjūn de yínzhì jiǎngzhāng.

À, shì duì wǒ de měihǎo qiántú de chōngjǐng zhīchēngzhe tā huó xià·qù, wèile gěi tā nà huāng·táng de mèng zhìshǎo jiā yìdiǎnr zhēnshí de sècǎi, wǒ zhǐnéng jìxù nǔlì, yǔ shíjiān jìngzhēng, zhízhì yī jiǔ sān bā nián wǒ bèi zhēng rù kōngjūn. Bālí hěn kuài shīxiàn, wǒ zhǎnzhuǎn diàodào Yīngguó Huángjiā kōngjūn. Gāng dào Yīngguó jiù jiēdàole mǔ·qīn de láixìn. Zhèxiē xìn shì yóu zài Ruìshì de yí·gè péngyou mìmì de zhuǎndào Lúndūn, sòngdào wǒ shǒuzhōng de.

Xiànzài wǒ yào huíjiā le, xiōngqián pèidàizhe xǐngmù de lǜ-hēi liǎng sè de jiěfàng shízì shòu//dài, shàng·miàn guàzhe wǔ-liù méi wǒ zhōngshēn nánwàng de xūnzhāng, jiān·shàng hái pèidàizhe jūnguān jiānzhāng. Dàodá lǚguǎn shí, méi·yǒu yí gè rén gēn wǒ dǎ zhāohu. Yuánlái, wǒ mǔ·qīn zài sān nián bàn yǐqián jiù yǐ·jīng líkāi rénjiān le.

Zài tā sǐ qián de jǐ tiān zhōng, tā xiěle jìn èrbǎi wǔshí fēng xìn, bǎ zhèxiē xìn jiāogěi tā zài Ruìshì de péngyou, qǐng zhège péngyou dìngshí jì gěi wǒ. Jiù zhèyàng, zài mǔ·qīn sǐ hòu de sān nián bàn de shíjiān·lǐ, wǒ yìzhí cóng tā shēn·shàng xīqǔzhe lì·liàng hé yǒngqì——zhè shì wǒ nénggòu jìxù zhàndòu dào shènglì nà yì tiān.

(Jiéxuǎn zì [Fǎ] Luómàn Jiālì《Wǒ de Mǔ·qīn Dúyīwú'èr》)

作品 18 号

我们的船渐渐地逼近榕树了。我有机会看清它的真面目:是一棵大树,有数不清的丫枝,枝上又生根,有许多根一直垂到地上,伸进泥土里。一部分树枝垂到水面,从远处看,就像一棵大树斜躺在水面上一样。

现在正是枝繁叶茂的时节。这棵榕树好像在把它的全部生命力展示给我们看。那么多的绿叶,一簇堆在另一簇的上面,不留一点儿缝隙。翠绿的颜色明亮地在我们的眼前闪耀,似乎每一片树叶上都有一个新的生命在颤动,这美丽的南国的树!

船在树下泊了片刻,岸上很湿,我们没有上去。朋友说这里是"鸟的天堂",有许多鸟在这棵树上做窝,农民不许人去捉它们。我仿佛听见几只鸟扑翅的声音,但是等到我的眼睛注意地看那里时,我却看不见一只鸟的影子。只有无数的树根立在地上,像许多根木桩。地是湿的,大概涨潮时河水常常冲上岸去。"鸟的天堂"里没有一只鸟,我这样想到。船开了,一个朋友拨着船,缓缓地流到河中间去。

第二天,我们划着船到一个朋友的家乡去,就是那个有山有塔的地方。从学校出发,我们又经过那"鸟的天堂"。

这一次是在早晨,阳光照在水面上,也照在树梢上。一切都//显得非常光明。我们的船也在树下泊了片刻。

起初四周围非常清静。后来忽然起了一声鸟叫。我们把手一拍,便看见一只大鸟飞了起来,接着又看见第二只,第三只。我们继续拍掌,很快地这个树林就变得很热闹了。到处都是鸟声,到处都是鸟影。大的,小的,花的,黑的,有的站在枝上叫,有的飞起来,在扑翅膀。

(节选自巴金《鸟的天堂》)

Zuòpǐn 18 Hào

Wǒmen de chuán jiànjiàn de bījìn róngshù le. Wǒ yǒu jī·huì kànqīng tā de zhēn miànmù: Shì yì kē dàshù, yǒu shǔ·bùqīng de yāzhī, zhī·shàng yòu shēng gēn, yǒu xǔduō gēn yìzhí chuídào dì·shàng, shēnjìn nítǔ·lǐ. Yí bùfen shùzhī chuídào shuǐmiàn, cóng yuǎnchù kàn, jiù xiàng yì kē dàshù xié tǎng zài shuǐmiàn·shàng yíyàng.

Xiànzài zhèngshì zhīfán-yèmào de shíjié. Zhè kē róngshù hǎoxiàng zài bǎ tā de quánbù shēngmìnglì zhǎnshì gěi wǒmen kàn. Nàme duō de lǜyè, yí cù duī zài lìng yí cù de shàng·miàn, bù liú yìdiǎnr fèngxì. Cuìlǜ de yánsè míngliàng de zài wǒmen de yǎnqián shǎnyào, sìhū měi yí piàn shùyè·shàng dōu yǒu yí gè xīn de shēngmìng zài chàndòng, zhè měilì de nánguó de shù!

Chuán zài shù·xià bóle piànkè, àn·shàng hěn shī, wǒmen méi·yǒu shàng·qù. Péngyou shuō zhè·lǐ shì "niǎo de tiāntáng", yǒu xǔduō niǎo zài zhè kē shù·shàng zuò wō, nóngmín bùxǔ rén qù zhuō tāmen. Wǒ fǎngfú tīng·jiàn jǐ zhī niǎo pū chì de shēngyīn, dànshì děngdào wǒ de yǎnjing zhùyì de kàn nà·lǐ shí, wǒ què kàn·bújiàn yì zhī niǎo de yǐngzi. Zhǐyǒu wúshù de shùgēn lì zài dì·shàng, xiàng xǔduō gēn mùzhuāng. Dì shì shī de, dàgài zhǎngcháo shí héshuǐ chángcháng chōng·shàng àn·qù. "Niǎo de tiāntáng"·lǐ méi·yǒu yì zhī niǎo, wǒ zhèyàng xiǎngdào. Chuán kāi le, yí gè péngyou bōzhe chuán, huǎnhuǎn de liúdào hé zhōngjiān·qù.

Dì-èr tiān, wǒmen huázhe chuán dào yí gè péngyou de jiāxiāng·qù, jiùshì nàge yǒu shān yǒu tǎ de dìfang. Cóng xuéxiào chūfā, wǒmen yòu jīngguò nà "niǎo de tiāntáng".

Zhè yí cì shì zài zǎo·chén, yángguāng zhào zài shuǐmiàn·shàng, yě zhào zài shùshāo·shàng. Yíqiè dōu // xiǎn·dé fēicháng guāngmíng. Wǒmen de chuán yě zài shù·xià bóle piànkè.

Qǐchū sì zhōuwéi fēicháng qīngjìng. Hòulái hūrán qǐle yì shēng niǎojiào. Wǒmen bǎ shǒu yì pāi, biàn kàn·jiàn yì zhī dàniǎo fēile qǐ·lái, jiēzhe yòu kàn·jiàn dì-èr zhī, dì-sān zhī. Wǒmen jìxù pāizhǎng, hěn kuài de zhège shùlín jiù biàn de hěn rènao le. Dàochù dōu shì niǎo shēng, dàochù dōu shì niǎo yǐng. Dà de, xiǎo de, huā de, hēi de, yǒude zhàn zài zhī·shàng jiào, yǒude fēi qǐ·lái, zài pū chì bǎng.

(Jiéxuǎn zì Bā Jīn《Niǎo de Tiāntáng》)

作品 19 号

小学的时候,有一次我们去海边远足,妈妈没有做便饭,给了我十块钱买午餐。好像走了很久,很久,终于到海边了,大家坐下来便吃饭。荒凉的海边没有商店,我一个人跑到防风林外面去,级任老师要大家把吃剩的饭菜分给我一点儿。有两三个男生留下一点儿给我,还有一个女生,她的米饭拌了酱油,很香。我吃完的时候,她笑眯眯地看着我,短头发,脸圆圆的。

她的名字叫翁香玉。

每天放学的时候,她走的是经过我们家的一条小路,带着一位比她小的男孩儿,可能是弟弟。小路边是一条清澈见底的小溪,两旁竹阴覆盖,我总是远远地跟在她后面。夏日的午后特别炎热,走到半路她会停下来,拿手帕在溪水里浸湿,为小男孩儿擦脸。我也在后面停下来,把肮脏的手帕弄湿了擦脸,再一路远远跟着她回家。

后来我们家搬到镇上去了,过几年我也上了中学。有一天放学回家,在火车上,看见斜对面一位短头发、圆圆脸的女孩儿，一身素净的白衣黑裙。我想她一定不认识我了。火车很快到站了，我随着人群挤向门口，她也走近了，叫我的名字。这是她第一次和我说话。

她笑眯眯的，和我一起走过月台。以后就没有再见过//她了。

这篇文章收在我出版的《少年心事》这本书里。

书出版后半年，有一天我忽然收到出版社转来的一封信，信封上是陌生的字迹，但清楚地写着我的本名。

信里面说她看到了这篇文章心里非常激动，没想到在离开家乡，漂泊异地这么久之后，会看见自己仍然在一个人的记忆里。她自己也深深记得这其中的每一幕，只是没想到越过遥远的时空，竟然另一个人也深深记得。

（节选自苦伶《永远的记忆》）

Zuòpǐn 19 Hào

Xiǎoxué de shíhou, yǒu yí cì wǒmen qù hǎibiān yuǎnzú, māma méi·yǒu zuò biànfàn, gěile wǒ shí kuài qián mǎi wǔcān. Hǎoxiàng zǒule hěn jiǔ, hěn jiǔ, zhōngyú dào hǎibiān le, dàjiā zuò xià·lái biàn chīfàn. Huāngliáng de hǎibiān méi·yǒu shāngdiàn, wǒ yí·gè rén pǎodào fángfēnglín wài·miàn qù, jírèn lǎoshī yào dàjiā bǎ chīshèng de fàncài fēngěi wǒ yìdiǎnr. Yǒu liǎng-sān·gè nánshēng liú·xià yìdiǎnr gěi wǒ, háiyǒu yí·gè nǚshēng, tā de mǐfàn bànle jiàngyóu, hěn xiāng. Wǒ chīwán de shíhou, tā xiàomīmī de kànzhe wǒ, duǎn tóufa, liǎn yuányuán de.

Tā de míngzi jiào Wēng Xiāngyù.

Měitiān fàngxué de shíhou, tā zǒu de shì jīngguò wǒmen jiā de yì tiáo xiǎolù, dàizhe yí wèi bǐ tā xiǎo de nánháir, kěnéng shì dìdi. Xiǎolù biān shì yì tiáo qīngchè jiàn dǐ de xiǎoxī, liǎngpáng zhúyīn fùgài, wǒ zǒngshì yuǎnyuǎn de gēn zài tā hòu·miàn. Xiàrì de wǔhòu tèbié yánrè, zǒudào bànlù tā huì tíng xià·lái, ná shǒupà zài xīshuǐ·lǐ jìnshī, wèi xiǎonánháir cā liǎn. Wǒ yě zài hòu·miàn tíng xià·lái, bǎ āngzāng de shǒupà nòngshīle cā liǎn, zài yí lù yuǎnyuǎn gēnzhe tā huíjiā.

Hòulái wǒmen jiā bāndào zhèn·shàng·qù le, guò jǐ nián wǒ yě shàngle zhōngxué. Yǒu yì tiān fàngxué huíjiā, zài huǒchē·shàng, kàn·jiàn xiéduìmiàn yí wèi duǎn tóufa、yuányuán liǎn de nǚháir, yì shēn sùjing de bái yī hēi qún. Wǒ xiǎng tā yídìng bú rènshi wǒ le. Huǒchē hěn kuài dào zhàn le, wǒ suízhe rénqún jǐ xiàng ménkǒu, tā yě zǒu jìn le, jiào wǒ de míngzi. Zhè shì tā dì-yī cì hé wǒ shuōhuà.

Tā xiàomīmī de, hé wǒ yìqǐ zǒuguò yuètái. Yǐhòu jiù méi·yǒu zài jiànguo// tā le.

Zhè piān wénzhāng shōu zài wǒ chūbǎn de《Shàonián Xīnshì》zhè běn shū·lǐ.

Shū chūbǎn hòu bàn nián, yǒu yì tiān wǒ hūrán shōudào chūbǎnshè zhuǎnlái de yì fēng xìn, xìnfēng·shàng shì mòshēng de zìjì, dàn qīngchu de xiězhe wǒ de běnmíng.

Xìn lǐ·miàn shuō tā kàndàole zhè piān wénzhāng xīn·lǐ fēicháng jīdòng, méi xiǎngdào zài líkāi jiāxiāng, piāobó yìdì zhème jiǔ zhīhòu, huì kàn·jiàn zìjǐ réngrán zài yí gè rén de jìyì·lǐ. Tā zìjǐ yě shēnshēn jìde zhè qízhong de měi yí mù, zhǐshì méi xiǎngdào yuèguo yáoyuǎn de shíkōng, jìngrán lìng yí gè rén yě shēnshēn jì·dé.

(Jiéxuǎn zì Kǔ Líng《Yǒngyuǎn de Jìyì》)

作品 20 号

在一次名人访问中，被问及上个世纪最重要的发明是什么时，有人说是电脑，有人说是汽车，等等。但新加坡的一位知名人士却说是冷气机。他解释，如果没有冷气，热带地区如东南亚国家，就不可能有很高的生产力，就不可能达到今天的生活水准。他的回答实事求是，有理有据。

看了上述的报道，我突发奇想：为什么没有记者问"二十世纪最糟糕的发明是什么？"其实二〇〇二年十月中旬，英国的一家报纸就评出了"人类最糟糕的发明"。获此"殊荣"的，就是人们每天大量使用的塑料袋。

诞生于上个世纪三十年代的塑料袋，其家族包括用塑料制成的快餐饭盒、包装纸、餐用杯盘、饮料瓶、酸奶杯、雪糕杯，等等。这些废弃物形成的垃圾，数量多、体积大、重量轻、不降解，给治理工作带来很多技术难题和社会问题。

比如，散落在田间、路边及草丛中的塑料餐盒，一旦被牲畜吞食，就会危及健康甚至导致死亡。填埋废弃塑料袋、塑料餐盒的土地，不能生长庄稼和树木，造成土地板结。而焚烧处理这些塑料垃圾，则会释放出多种化学有毒气体，其中一种称为二噁英的化合物，毒性极大。

此外，在生产塑料袋、塑料餐盒的//过程中使用的氟利昂，对人体免疫系统和生态环境造成的破坏也极为严重。

（节选自林光如《最糟糕的发明》）

Zuòpǐn 20 Hào

Zài yí cì míngrén fǎngwèn zhōng, bèi wèn jí shàng gè shìjì zuì zhòngyào de fāmíng shì shénme shí, yǒu rén shuō shì diànnǎo, yǒurén shuō shì qìchē, děngděng. Dàn Xīnjiāpō de yí wèi zhīmíng rénshì què shuō shì lěngqìjī. Tā jiěshì, rúguǒ méi·yǒu lěngqì, rèdài dìqū rú Dōngnányà guójiā, jiù bù kěnéng yǒu hěn gāo de shēngchǎnlì, jiù bù kěnéng dádào jīntiān de shēnghuó shuǐzhǔn. Tā de huídá shíshì-qiúshì, yǒu lǐ yǒu jù.

Kànle shàngshù de bàodào, wǒ tūfā qí xiǎng: Wèishénme méi·yǒu jìzhě wèn "Érshí shìjì zuì zāogāo de fāmíng shì shénme?" Qíshí èr líng líng èr nián shíyuè zhōngxún, Yīngguó de yì jiā bàozhǐ jiù píng chūle "rénlèi zuì zāogāo de fāmíng". Huò cǐ "shūróng" de, jiù shì rénmen měi tiān dàliàng shǐyòng de sùliàodài.

Dànshēng yú shàng gè shìjì sānshí niándài de sùliàodài, qí jiāzú bāokuò yòng sùliào zhìchéng de kuàicān fànhé、bāozhuāngzhǐ、cān yòng bēipán、yǐnliàopíng、suānnǎibēi、xuěgāobēi, děngděng. Zhèxiē fèiqìwù xíngchéng de lājī, shùliàng duō、tǐjī dà、zhòngliàng qīng、bú jiàngjiě, gěi zhìlǐ gōngzuò dàilái hěn duō jìshù nántí hé shèhuì wèntí.

Bǐrú, sànluò zài tiánjiān、lùbiān jí cǎocóng zhōng de sùliào cānhé, yídàn bèi shēngchù tūnshí, jiù huì wēi jí jiànkāng shènzhì dǎozhì sǐwáng. Tiánmái fèiqì sùliàodài、sùliào cānhé de tǔdì, bùnéng shēngzhǎng zhuāngjia hé shùmù, zàochéng tǔdì bǎnjié. ér fénshāo chǔlǐ zhèxiē sùliào lājī, zé huì shìfàng chū duō zhǒng huàxué yǒudú qìtǐ, qízhōng yì zhǒng chēngwéi èr'èyīng de huàhéwù, dúxìng jí dà.

Cǐwài, zài shēngchǎn sùliàodài、sùliào cānhé de// guòchéng zhōng shǐyòng de fúlì'áng, duì réntǐ miǎnyì xìtǒng hé shēngtài huánjìng zàochéng de pòhuài yě jíwéi yánzhòng.

(Jiéxuǎn zì Lín Guāngrú《Zuì Zāogāo de Fāmíng》)

作品21号

梅雨潭闪闪的绿色招引着我们，我们开始追捉她那离合的神光了。揪着草，攀着乱石，小心探身下去，又鞠躬过了一个石穹门，便到了汪汪一碧的潭边了。

瀑布在襟袖之间，但是我的心中已没有瀑布了。我的心随潭水的绿而摇荡。那醉人的绿呀！仿佛一张极大极大的荷叶铺着，满是奇异的绿呀。我想张开两臂抱住她，但这是怎样一个妄想啊。

站在水边，望到那面，居然觉着有些远呢！这平铺着、厚积着的绿，着实可爱。她松松地皱缬着，像少妇拖着的裙幅；她滑滑的明亮着，像涂了"明油"一般，有鸡蛋清那样软，那样嫩；她又不杂些尘滓，宛然一块温润的碧玉，只清清的一色——但你却看不透她！

我曾见过北京什刹海拂地的绿杨，脱不了鹅黄的底子，似乎太淡了。我又曾见过杭州虎跑寺近旁高峻而深密的"绿壁"，丛叠着无穷的碧草与绿叶的，那又似乎太浓了。其余呢，西湖的波太明了，秦淮河的也太暗了。可爱的，我将什么来比拟你呢？我怎么比拟得出呢？大约潭是很深的，故能蕴蓄着这样奇异的绿；仿佛蔚蓝的天融了一块在里面似的，这才这般的鲜润啊。

那醉人的绿呀！我若能裁你以为带，我将赠给那轻盈的//舞女，她必能临风飘举了。我若能挹你以为眼，我将赠给那善歌的盲妹，她必明眸善睐了。我舍不得你，我怎舍得你呢？我用手拍着你，抚摩着你，如同一个十二三岁的小姑娘。我又掬你入口，便是吻着她了。我送你一个名字，我从此叫你"女儿绿"，好吗？

第二次到仙岩的时候，我不禁惊诧于梅雨潭的绿了。

（节选自朱自清《绿》）

Zuòpǐn 21 Hào

Méiyǔtán shǎnshǎn de lǜsè zhāoyǐnzhe wǒmen, wǒmen kāishǐ zhuīzhuō tā nà líhé de shénguāng le. Jiūzhe cǎo, pānzhe luànshí, xiǎo·xīn tànshēn xià·qù, yòu jūgōng guòle yí·gè shíqióngmén, biàn dàole wāngwāng yí bì de tán biān le.

Pùbù zài jīnxiù zhījiān, dànshì wǒ de xīnzhōng yǐ méi·yǒu pùbù le. Wǒ de xīn suí tánshuǐ de lǜ ér yáodàng. Nà zuìrén de lǜ ya! Fǎngfú yì zhāng jí dà jí dà de héyè pūzhe, mǎnshì qíyì de lǜ ya. Wǒ xiǎng zhāngkāi liǎngbì bàozhù tā, dàn zhè shì zěnyàng yí gè wàngxiǎng a.

Zhàn zài shuǐbiān, wàngdào nà·miàn, jūrán juézhe yǒu xiē yuǎn ne! Zhè píngpūzhe、hòujīzhe de lǜ, zhuóshí kě'ài. Tā sōngsōng de zhòuxiézhe, xiàng shàofù tuōzhe de qúnfú; tā huáhuá de míngliàngzhe, xiàng túle "míngyóu" yìbān, yǒu jīdànqīng nàyàng ruǎn, nàyàng nèn; tā yòu bù zá xiē chénzǐ, wǎnrán yí kuài wēnrùn de bìyù, zhǐ qīngqīng de yí sè——dàn nǐ què kàn·bútòu tā!

Wǒ céng jiànguo Běijīng Shíchàhǎi fúdì de lǜyáng, tuō·bùliǎo éhuáng de dǐzi, sìhū tài dàn le. Wǒ yòu céng jiànguo Hángzhōu Hǔpǎosì jìnpáng gāojùn ér shēnmì de "lǜbì", cóngdiézhe wúqióng de bìcǎo yǔ lǜyè de, nà yòu sìhū tài nóng le. Qíyú ne, Xīhú de bō tài míng le, Qínhuái

Hé de yě tài àn le. Kě'ài de, wǒ jiāng shénme lái bǐnǐ nǐ ne? Wǒ zěnme bǐnǐ de chū ne? Dàyuē tán shì hěn shēn de, gù néng yùnxùzhe zhèyàng qíyì de lǜ; fǎngfú wèilán de tiān róngle yí kuài zài lǐ·miàn shìde, zhè cái zhèbān de xiānrùn a.

Nà zuìrén de lǜ ya! Wǒ ruò néng cái nǐ yǐ wéi dài, wǒ jiāng zènggěi nà qīngyíng de// wǔnǚ, tā bìnéng línfēng piāojǔ le. Wǒ ruò néng yì nǐ yǐ wéi yǎn, wǒ jiāng zènggěi nà shàn gē de mángmèi, tā bì míngmóu-shànlài le. Wǒ shě·bù·dé nǐ, wǒ zěn shě·dé nǐ ne? Wǒ yòng shǒu pāizhe nǐ, fǔmózhe nǐ, rútóng yí gè shí'èr-sān suì de xiǎogūniang. Wǒ yòu jū nǐ rùkǒu, biànshì wěnzhe tā le. Wǒ sòng nǐ yí gè míngzi, wǒ cóngcǐ jiào nǐ "nǚ'érlǜ", hǎo ma?

Dì-èr cì dào Xiānyán de shíhou, wǒ bùjīn jīngchà yú Méiyǔtán de lǜ le.

(Jiéxuǎn zì Zhū Zìqīng《Lǜ》)

作品 22 号

我打猎归来,沿着花园的林荫路走着。狗跑在我前边。

突然,狗放慢脚步,蹑足潜行,好像嗅到了前边有什么野物。

我顺着林荫路望去,看见了一只嘴边还带黄色、头上生着柔毛的小麻雀。风猛烈地吹打着林荫路上的白桦树,麻雀从巢里跌落下来,呆呆地伏在地上,孤立无援地张开两只羽毛还未丰满的小翅膀。

我的狗慢慢向它靠近。忽然,从附近一棵树上飞下一只黑胸脯的老麻雀,像一颗石子似的落到狗的跟前。老麻雀全身倒竖着羽毛，惊恐万状，发出绝望、凄惨的叫声，接着向露出牙齿、大张着的狗嘴扑去。

老麻雀是猛扑下来救护幼雀的。它用身体掩护着自己的幼儿……但它整个小小的身体因恐怖而战栗着，它小小的声音也变得粗暴嘶哑，它在牺牲自己！

在它看来，狗该是多么庞大的怪物啊！然而，它还是不能站在自己高高的、安全的树枝上……一种比它的理智更强烈的力量，使它从那儿扑下身来。

我的狗站住了，向后退了退……看来，它也感到了这种力量。

我赶紧唤住惊慌失措的狗，然后我怀着崇敬的心情，走开了。

是啊，请不要见笑。我崇敬那只小小的、英勇的鸟儿，我崇敬它那种爱的冲动和力量。

爱，我想，比//死和死的恐惧更强大。只有依靠它，依靠这种爱，生命才能维持下去，发展下去。

（节选自[俄]屠格涅夫《麻雀》，巴金译）

Zuòpǐn 22 Hào

Wǒ dǎliè guī lái, yánzhe huāyuán de línyīnlù zǒuzhe. Gǒu pǎo zài wǒ qián·biān.

Tūrán, gǒu fàngmàn jiǎobù, nièzú-qiánxíng, hǎoxiàng xiùdàole qián·biān yǒu shénme yěwù.

Wǒ shùnzhe línyīnlù wàng·qù, kàn·jiànle yì zhī zuǐ biān hái dài huángsè、tóu·shàng shēngzhe róumáo de xiǎo máquè. Fēng měngliè de chuīdǎzhe línyīnlù·shàng de báihuàshù, máquè cóng cháo·lǐ diēluò xià·lái, dāidāi de fú zài dì·shàng, gūlì-wúyuán de zhāngkāi liǎng zhī yǔmáo hái wèi fēngmǎn de xiǎo chìbǎng.

Wǒ de gǒu mànmàn xiàng tā kàojìn. Hūrán, cóng fùjìn yì kē shù·shàng fēi·xià yì zhī hēi xiōngpú de lǎo máquè, xiàng yì kē shízi shìde luòdào gǒu de gēn·qián. Lǎo máquè quánshēn dǎoshùzhe yǔmáo, jīngkǒng-wànzhuàng, fā·chū juéwàng、qīcǎn de jiàoshēng, jiēzhe xiàng lòu·chū yáchǐ、dà zhāngzhe de gǒuzuǐ pū·qù.

Lǎo máquè shì měng pū xià·lái jiùhù yòuquè de. Tā yòng shēntǐ yǎnhùzhe zìjǐ de yòu'ér……Dàn tā zhěnggè xiǎoxiǎo de shēntǐ yīn kǒngbù ér zhànlìzhe, tā xiǎoxiǎo de shēngyīn yě biànde cūbào sīyǎ, tā zài xīshēng zìjǐ!

Zài tā kànlái, gǒu gāi shì duōme pángdà de guàiwù a! Rán'ér, tā háishì bùnéng zhàn zài zìjǐ gāogāo de、ān quán de shùzhī·shàng……Yì zhǒng bǐ tā de lǐzhì gèng qiángliè de lì·liàng, shǐ tā cóng nàr pū·xià shēn·lái.

Wǒ de gǒu zhànzhù le, xiàng hòu tuìle tuì……Kànlái, tā yě gǎndàole zhè zhǒng lì·liàng.

Wǒ gǎnjǐn huànzhù jīnghuǎng-shīcuò de gǒu, ránhòu wǒ huáizhe chóngjìng de xīnqíng, zǒukāi le.

Shì a, qǐng búyào jiànxiào. Wǒ chóngjìng nà zhī xiǎoxiǎo de、yīngyǒng de niǎor, wǒ chóngjìng tā nà zhǒng ài de chōngdòng hé lì·liàng.

Ài, wǒ xiǎng, bǐ// sǐ hé sǐ de kǒngjù gèng qiángdà. Zhǐyǒu yīkào tā, yīkào zhè zhǒng ài, shēngmìng cái néng wéichí xià·qù, fāzhǎn xià·qù.

(Jiéxuǎn zì [É] Túgénièfū《Máquè》, Bā Jīn yì)

作品23号

在浩瀚无垠的沙漠里，有一片美丽的绿洲，绿洲里藏着一颗闪光的珍珠。这颗珍珠就是敦煌莫高窟。它坐落在我国甘肃省敦煌市三危山和鸣沙山的怀抱中。

鸣沙山东麓是平均高度为十七米的崖壁。在一千六百多米长的崖壁上，凿有大小洞窟七百余个，形成了规模宏伟的石窟群。其中四百九十二个洞窟中，共有彩色塑像两千一百余尊，各种壁画共四万五千多平方米。莫高窟是我国古代无数艺术匠师留给人类的珍贵文化遗产。

莫高窟的彩塑，每一尊都是一件精美的艺术品。最大的有九层楼那么高，最小的还不如一个手掌大。这些彩塑个性鲜明，神态各异。有慈眉善目的菩萨，有威风凛凛的天王，还有强壮勇猛的力士……

莫高窟壁画的内容丰富多彩，有的是描绘古代劳动人民打猎、捕鱼、耕田、收割的情景，有的是描绘人们奏乐、舞蹈、演杂技的场面，还有的是描绘大自然的美丽风光。其中最引人注目的是飞天。壁画上的飞天，有的臂挎花篮，采摘鲜花；有的反弹琵琶，轻拨银弦；有的倒悬身子，自天而降；有的彩带飘拂，漫天遨游；有的舒展着双臂，翩翩起舞。看着这些精美动人的壁画，就像走进了//灿烂辉煌的艺术殿堂。

莫高窟里还有一个面积不大的洞窟——藏经洞。洞里曾藏有我国古代的各种经卷、文书、帛画、刺绣、铜像等共六万多件。由于清朝政府腐败无能，大量珍贵的文物被外国强盗掠走。仅存的部分经卷，现在陈列于北京故宫等处。

莫高窟是举世闻名的艺术宝库。这里的每一尊彩塑、每一幅壁画、每一件文物，都是中国古代人民智慧的结晶。

（节选自小学《语文》第六册《莫高窟》）

Zuòpǐn 23 Hào

Zài hàohàn wúyín de shāmò · lǐ, yǒu yí piàn měilì de lǜzhōu, lǜzhōu · lǐ cángzhe yì kē shǎnguāng de zhēnzhū. Zhè kē zhēnzhū jiùshì Dūnhuáng Mògāokū. Tā zuòluò zài wǒguó Gānsù Shěng Dūnhuáng Shì Sānwēi Shān hé Míngshā Shān de huáibào zhōng.

Míngshā shān dōnglù shì píngjūn gāodù wéi shíqī mǐ de yábì. Zài yìqiān liùbǎi duō mǐ cháng de yábì·shàng, záo yǒu dàxiǎo dòngkū qībǎi yú·gè, xíngchéngle guīmó hóngwěi de shíkūqún. Qízhōng sìbǎi jiǔshí'èr · gè dòngkū zhōng, gòng yǒu cǎisè sùxiàng liǎngqiān yìbǎi yú zūn, gè zhǒng bìhuà gòng sìwàn wǔqiān duō píngfāngmǐ. Mògāokū shì wǒguó gǔdài wúshù yìshù jiàngshī liúgěi rénlèi de zhēnguì wénhuà yíchǎn.

Mògāokū de cǎisù, měi yì zūn dōu shì yí jiàn jīngměi de yìshùpǐn. Zuì dà de yǒu jiǔ céng lóu nàme gāo, zuì xiǎo de hái bùrú yí gè shǒuzhǎng dà. Zhèxiē cǎisù gèxìng xiānmíng, shéntài-gèyì. Yǒu címéi-shànmù de pú·sà, yǒu wēifēng-lǐnlǐn de tiānwáng, háiyǒu qiángzhuàng yǒngměng de lìshì ……

Mògāokū bìhuà de nèiróng fēngfù-duōcǎi, yǒude shì miáohuì gǔdài láodòng rénmín dǎliè、bǔyú、gēngtián、shōugē de qíngjǐng, yǒude shì miáohuì rénmen zòuyuè、wǔdǎo、yǎn zájì de chǎngmiàn, háiyǒude shì miáohuì dàzìrán de měilì fēngguāng. Qízhōng zuì yǐnrén-zhùmù de shì fēitiān. Bìhuà·shàng de fēitiān, yǒude bìkuà huālán, cǎizhāi xiānhuā; yǒude fǎn tán pí·pá, qīng bō yínxián; yǒu de dào xuán shēnzi, zì tiān ér jiàng; yǒude cǎidài piāofú, màntiān áoyóu; yǒude shūzhǎnzhe shuāngbì, piānpiān-qǐwǔ. Kànzhe zhèxiē jīngměi dòngrén de bìhuà, jiù xiàng zǒujìnle//cànlàn huīhuáng de yìshù diàntáng.

Mògāokū·lǐ háiyǒu yí gè miànjī bú dà de dòngkū——cángjīngdòng. Dòng·lǐ céng cángyǒu wǒguó gǔdài de gè zhǒng jīngjuàn、wénshū、bóhuà、cìxiù、tóngxiàng děng gòng liùwàn duō jiàn. Yóuyú Qīngcháo zhèngfǔ fǔbài wúnéng, dàliàng zhēnguì de wénwù bèi wàiguó qiángdào lüèzǒu. Jǐncún de bùfen jīngjuàn, xiànzài chénliè yú Běijīng Gùgōng děng chù.

Mògāokū shì jǔshì-wénmíng de yìshù bǎokù. Zhè·lǐ de měi yì zūn cǎisù、měi yì fú bìhuà、měi yí jiàn wénwù, dōu shì Zhōngguó gǔdài rénmín zhìhuì de jiéjīng.

(Jiéxuǎn zì Xiǎoxué《Yǔwén》dì-liù cè《Mògāokū》)

作品 24 号

生活对于任何人都非易事,我们必须有坚韧不拔的精神。最要紧的,还是我们自己要有信心。我们必须相信,我们对每一件事情都具有天赋的才能,并且,无论付出任何代价,都要把这件事完成。当事情结束的时候,你要能问心无愧地说:“我已经尽我所能了。”

有一年的春天,我因病被迫在家里休息数周。我注视着我的女儿们所养的蚕正在结茧,这使我很感兴趣。望着这些蚕执着地、勤奋地工作,我感到我和它们非常相似。像它们一样,我总是耐心地把自己的努力集中在一个目标上。我之所以如此,或许是因为有某种力量在鞭策着我——正如蚕被鞭策着去结茧一般。

近五十年来,我致力于科学研究,而研究,就是对真理的探讨。我有许多美好快乐的记忆。少女时期我在巴黎大学，孤独地过着求学的岁月；在后来献身科学的整个时期，我丈夫和我专心致志，像在梦幻中一般，坐在简陋的书房里艰辛地研究，后来我们就在那里发现了镭。

我永远追求安静的工作和简单的家庭生活。为了实现这个理想，我竭力保持宁静的环境，以免受人事的干扰和盛名的拖累。

我深信，在科学方面我们有对事业而不是//对财富的兴趣。我的唯一奢望是在一个自由国家中，以一个自由学者的身份从事研究工作。

我一直沉醉于世界的优美之中，我所热爱的科学也不断增加它崭新的远景。我认定科学本身就具有伟大的美。

（节选自［波兰］玛丽·居里《我的信念》，剑捷译）

Zuòpǐn 24 Hào

Shēnghuó duìyú rènhé rén dōu fēi yì shì, wǒmen bìxū yǒu jiānrèn-bùbá de jīngshén. Zuì yàojǐn de, háishì wǒmen zìjǐ yào yǒu xìnxīn. Wǒmen bìxū xiāngxìn, wǒmen duì měi yí jiàn shìqing dōu jùyǒu tiānfù de cáinéng, bìngqiě, wúlùn fùchū rènhé dàijià, dōu yào bǎ zhè jiàn shì wánchéng. Dāng shìqing jiéshù de shíhou, nǐ yào néng wènxīn-wúkuì de shuō:"Wǒ yǐ· jīng jìn wǒ suǒ néng le."

Yǒu yì nián de chūntiān, wǒ yīn bìng bèipò zài jiā·lǐ xiūxi shù zhōu. Wǒ zhùshìzhe wǒ de nǚ'érmen suǒ yǎng de cán zhèngzài jié jiǎn, zhè shǐ wǒ hěn gǎn xìngqù. Wàngzhe zhèxiē cán zhízhuó de、qínfèn de gōngzuò, wǒ gǎndào wǒ hé tāmen fēicháng xiāngsì. Xiàng tāmen yíyàng, wǒ zǒngshì nàixīn de bǎ zìjǐ de nǔlì jízhōng zài yí gè mùbiāo · shàng. Wǒ zhīsuǒyǐ rúcǐ, huòxǔ shì yīn · wèi yǒu mǒu zhǒng lì·liàng zài biāncèzhe wǒ——zhèng rú cán bèi biāncèzhe qù jié jiǎn yìbān.

Jìn wǔshí nián lái, wǒ zhìlì yú kēxué yánjiū, ér yánjiū, jiùshì duì zhēnlǐ de tàntǎo. Wǒ yǒu xǔduō měihǎo kuàilè de jìyì. Shàonǚ shíqī wǒ zài Bālí Dàxué, gūdú de guòzhe qiúxué de suìyuè; zài hòulái xiànshēn kēxué de zhěnggè shíqī, wǒ zhàngfu hé wǒ zhuānxīn-zhìzhì, xiàng zài mènghuàn zhōng yìbān, zuò zài jiǎnlòu de shūfáng · lǐ jiān xīn de yánjiū, hòulái wǒmen jiù zài nà · lǐ fāxiànle léi.

Wǒ yǒngyuǎn zhuīqiú ānjìng de gōngzuò hé jiǎndān de jiātíng shēnghuó. Wèile shíxiàn zhège lǐxiǎng, wǒ jiélì bǎochí níngjìng de huánjìng, yǐmiǎn shòu rénshì de gānrǎo hé shèngmíng de tuōlěi.

Wǒ shēnxìn,zài kēxué fāngmiàn wǒmen yǒu duì shìyè ér bá// shì duì cáifù de xìngqù. Wǒ de wéiyī shēwàng shì zài yí gè zìyóu guójiā zhōng, yǐ yí gè zìyóu xuézhě de shēn·fèn cóngshì yánjiū gōngzuò.

Wǒ yìzhí chénzuì yú shìjiè de yōuměi zhīzhōng, wǒ suǒ rè'ài de kēxué yě búduàn zēngjiā tā zhǎnxīn de yuǎnjǐng. Wǒ rèndìng kēxué běnshēn jiù jùyǒu wěidà de měi.

(Jiéxuǎn zì [Bōlán] Mǎlì Jūlǐ《Wǒ de Xìnniàn》, Jiàn Jié yì)

作品 25 号

我为什么非要教书不可？是因为我喜欢当教师的时间安排表和生活节奏。七、八、九三个月给我提供了进行回顾、研究、写作的良机，并将三者有机融合，而善于回顾、研究和总结正是优秀教师素质中不可缺少的成分。

干这行给了我多种多样的“甘泉”去品尝，找优秀的书籍去研读，到“象牙塔”和实际世界里去发现。教学工作给我提供了继续学习的时间保证，以及多种途径、机遇和挑战。

然而，我爱这一行的真正原因，是爱我的学生。学生们在我的眼前成长、变化。当教师意味着亲历“创造”过程的发生——恰似亲手赋予一团泥土以生命，没有什么比目睹它开始呼吸更激动人心的了。

权利我也有了：我有权利去启发诱导，去激发智慧的火花，去问费心思考的问题，去赞扬回答的尝试，去推荐书籍，去指点迷津。还有什么别的权利能与之相比呢？

而且，教书还给我金钱和权利之外的东西，那就是爱心。不仅有对学生的爱，对书籍的爱，对知识的爱，还有教师才能感受到的对“特别”学生的爱。这些学生，有如冥顽不灵的泥块，由于接受了老师的炽爱才勃发了生机。

所以，我爱教书，还因为，在那些勃发生机的“特别”学//生身上，我有时发现自己和他们呼吸相通，忧乐与共。

（节选自［美］彼得·基·贝得勒《我为什么当教师》）

Zuòpǐn 25 Hào

Wǒ wèishénme fēi yào jiāoshū bùkě? Shì yīn·wèi wǒ xǐhuan dāng jiàoshī de shíjiān ānpáibiǎo hé shēnghuó jiézòu. Qī、bā、jiǔ sān gè yuè gěi wǒ tígōngle jìnxíng huígù、yánjiū、xiězuò de liángjī, bìng jiāng sānzhě yǒujī rónghé, ér shànyú huígù、yánjiū hé zǒngjié zhèngshì yōuxiù jiàoshī sùzhì zhōng bù kě quēshǎo de chéng·fèn.

Gàn zhè háng gěile wǒ duōzhǒng-duōyàng de “gānquán” qù pǐncháng, zhǎo yōuxiù de shūjí qù yándú, dào "xiàngyátǎ" hé shíjì shìjiè · lǐ qù fāxiàn. Jiàoxué gōngzuò gěi wǒ tígōngle jìxù xuéxí de shíjiān bǎozhèng, yǐjí duōzhǒng tújìng、jīyù hé tiǎozhàn.

Rán' ér, wǒ ài zhè yì háng de zhēnzhèng yuányīn, shì ài wǒ de xuéshēng. Xuéshēngmen zài wǒ de yǎnqián chéngzhǎng、biànhuà. Dāng jiàoshī yìwèizhe qīnlì "chuàngzào" guòchéng de fāshēng——qiàsì qīnshǒu fùyǔ yì tuán nítǔ yǐ shēngmìng, méi · yǒu shénme bǐ mùdǔ tā kāishǐ hūxī gèng jīdòng-rénxīn de le.

Quánlì wǒ yě yǒu le: Wǒ yǒu quánlì qù qǐfā yòudǎo, qù jīfā zhìhuì de huǒhuā, qù wèn fèixīn sīkǎo de wèntí, qù zànyáng huídá de chángshì, qù tuījiàn shūjí, qù zhǐdiǎn míjīn. Háiyǒu shénme biéde quánlì néng yǔ zhī xiāng bǐ ne?

Érqiě, jiāoshū hái gěi wǒ jīnqián hé quánlì zhīwài de dōngxi, nà jiùshì àixīn. Bùjǐn yǒu duì xuésheng de ài, duì shūjí de ài, duì zhīshi de ài, háiyǒu jiàoshī cái néng gǎnshòudào de duì "tèbié" xuésheng de ài. Zhèxiē xuésheng, yǒurú míngwán-bùlíng de níkuài, yóuyú jiēshòule lǎoshī de chì'ài cái bófāle shēngjī.

Suǒyǐ, wǒ ài jiāoshū, hái yīn · wèi, zài nàxiē bófā shēngjī de "tèbié" xué//sheng shēn · shàng, wǒ yǒushí fāxiàn zìjǐ hé tāmen hūxī xiāngtōng, yōulè yǔ gòng.

(Jiéxuǎn zì [Měi] Bǐdé Jī Bèidélè
《Wǒ Wèishénme Dāng Jiàoshī》)

作品 26 号

伴随着科学技术的进步和人民生活水平的提高,消费者对水果品质的要求越来越高。他们不仅对色、型、味儿等感官品质有较高的要求,而且对食品的污染和毒害问题越来越担心。因而生产无公害食品,无疑是当前激烈的农产品市场竞争中以优取胜的途径之一。所以我们说无公害食品是满足人们需求的理想食品,是农产品生产发展的一种必然要求,也是农业生产步入现代化的一个重要标志。

为了与世界发展潮流相适应,农业部曾于一九九〇年将无公害食品定名为"绿色食品"。绿色食品是安全、营养无公害类食品的统称。它是一个庞大的家族,主要包括粮食、蔬菜、水果、畜禽、水产等系列。由于与环境保护有关,通常都形象地冠以"绿色"二字。

绿色食品向人们提出了一个新的食品质量概念。其核心有三方面的含义:一是安全,二是营养,三是好吃。前两条是最基本的。俗话说"民以食为天"。这充分说明了食品在人们生活中的突出地位和重要作用,但在不同的历史时期,人们对食品有不同的要求。过去,我国经济比较落后,物质生活不丰富,因而,人们对食品也不敢有过高的奢望,只讲填饱//肚子,根本谈不上安全、营养、好吃。

(节选自《中国汉语水平考试模拟试题集》中《绿色食品》)

Zuòpǐn 26 Hào

Bànsuízhe kēxué jìshù de jìnbù hé rénmín shēnghuó shuǐpíng de tígāo, xiāofèizhě duì shuǐguǒ pǐnzhì de yāoqiú yuèláiyuè gāo. Tāmen bùjǐn duì sè、xíng、wèir děng gǎnguān pǐnzhì yǒu jiàogāo de yāoqiú, érqiě duì shípǐn de wūrǎn hé dúhài wèntí yuèláiyuè dānxīn. Yīn'ér shēngchǎn wúgōnghài shípǐn, wúyí shì dāngqián jīliè de nóngchǎnpǐn shìchǎng jìngzhēng zhōng yǐ yōu qǔ shèng de tújìng zhīyī. Suǒyǐ wǒmen shuō wúgōnghài shípǐn shì mǎnzú rénmen xūqiú de lǐxiǎng shípǐn, shì nóngchǎnpǐn shēngchǎn fāzhǎn de yì zhǒng bìrán yāoqiú, yě shì nóngyè shēngchǎn bù rù xiàndàihuà de yí gè zhòngyào biāozhì.

Wèile yǔ shìjiè fāzhǎn cháoliú xiāng shìyìng, nóngyèbù céng yú yī jiǔ jiǔ líng nián jiāng wúgōnghài shípǐn dìngmíng wéi "lǜsè shípǐn". Lǜsè shípǐn shì ānquán、yíngyǎng wúgōnghài lèi shípǐn de tǒngchēng. Tā shì yí gè pángdà de jiāzú, zhǔyào bāokuò liángshi、shūcài、shuǐguǒ、chùqín、shuǐchǎn děng xìliè. Yóuyú yǔ huánjìng bǎohù yǒuguān, tōngcháng dōu xíngxiàng de guàn yǐ "lǜsè" èr zì.

Lǜsè shípǐn xiàng rénmen tí·chūle yí gè xīn de shípǐn zhìliàng gàiniàn. Qí héxīn yǒu sān fāngmiàn de hányì: yī shì ānquán, èr shì yíngyǎng, sān shì hǎochī. Qián liǎng tiáo shì zuì jīběn de. Súhuà shuō "mín yǐ shí wéi tiān". Zhè chōngfèn shuōmíngle shípǐn zài rénmen shēnghuó zhōng de tūchū dìwèi hé zhòngyào zuòyòng, dàn zài bùtóng de lìshǐ shíqī, rénmen duì shípǐn yǒu bùtóng de yāoqiú. Guòqù, wǒguó jīngjì bǐjiào luòhòu, wùzhì shēnghuó bù fēngfù, yīn'ér, rénmen duì shípǐn yě bù gǎn yǒu guògāo de shēwàng, zhǐ jiǎng tiánbǎo// dùzi, gēnběn tán·búshàng ānquán、yíngyǎng、hǎochī.

(Jiéxuǎn zì《Zhōngguó Hànyǔ Shuǐpíng Kǎoshì Mónǐ Shìtíjí》zhōng《Lǜsè Shípǐn》)

作品 27 号

身处尘世，被功利、得失鞭赶着前行，奔波劳累之余便想拥有这样一个时刻——长长地松口气，静静地独处一会儿，给生命留一段空白。

留白是画家的技艺，也是生命的艺术。花谢了可以再开，燕子去了可以再来，而生命属于人生只有一次，一旦逝去即无法追回。所以在填充生命内容的同时，更要懂得珍惜生命。

很多时候，盘旋在我们脑海里的是工资、物价、职称、房子、孩子等，疲于奔命，忙于应付，工于算计。终于在生猛海鲜、声光色味的享受之后，蓦然发现，我们丧失了生命中太多的乐趣。这时候，我们需要的是在奔波劳碌之余，为自己的生命留下一段空白，静静地享受生命和生活。

给生命留白，不要让忧愁和烦闷占去太多时间。疲乏了出去走走，让大自然的美景平抑你内心的躁动，消融你胸中的不快；烦闷时，听听音乐，让轻松悠扬的旋律抚慰你劳累的身心。

给生命留白，可以摆个舒适的姿势，捧读一本书，不为写书著述，也不为闲谈卖弄，就为这一份怡然自得的乐趣，为着淡淡的墨香，读书本身就是目的。也可以打开音响，静静地听一两首曲子，感受那一个个腾跳的充满灵性的音符。

如果能够为自己这//难得的生命空白而陶醉，为自己的选择而自豪，并能收获些沉甸甸的感受，那么我们还有什么理由埋怨生命的无聊与清淡呢？

（选自吴锡平《给生命留白》）

Zuòpǐn 27 Hào

Shēn chǔ chénshì, bèi gōnglì、déshī biāngǎnzhe qiánxíng, bēnbō láolèi zhīyú biàn xiǎng yōngyǒu zhèyàng yí·gè shíkè —— chángcháng de sōng kǒu qì, jìngjìng de dúchǔ yíhuìr, gěi shēngmìng liú yí duàn kòngbái.

Liúbái shì huàjiā de jìyì, yěshì shēngmìng de yìshù. Huā xièle kěyǐ zài kāi, yànzi qùle kěyǐ zài lái, ér shēngmìng shǔyú rénshēng zhǐyǒu yí cì, yídàn shì·qù jí wúfǎ zhuīhuí. Suǒyǐ zài tiánchōng shēngmìng nèiróng de tóngshí, gèng yào dǒngde zhēnxī shēngmìng.

Hěn duō shíhou, pánxuán zài wǒmen nǎohǎi·lǐ de shì gōngzī、wùjià、zhíchēng、fángzi、háizi děng, pí yú běnmìng, máng yú yìng·fù, gōng yú suànji. Zhōngyú zài shēngměng hǎixiān、shēng guāng sè wèi de xiǎngshòu zhīhòu, mòrán fāxiàn, wǒmen sàngshīle shēngmìng zhōng tài duō de lèqù. Zhè shíhou, wǒmen xūyào de shì zài bēnbō láolù zhīyú, wèi zìjǐ de shēngmìng liú·xià yí duàn kòngbái, jìngjìng de xiǎngshòu shēngmìng hé shēnghuó.

Gěi shēngmìng liúbái, bú yào ràng yōuchóu hé fánmèn zhàn·qù tài duō shíjiān. Pífále chū·qù zǒuzou, ràng dàzìrán de měijǐng píngyì nǐ nèixīn de zàodòng, xiāoróng nǐ xiōng zhōng de búkuài; fánmèn shí, tīngting yīnyuè, ràng qīngsōng yōuyáng de xuánlǜ fǔwèi nǐ láolèi de shēnxīn.

Gěi shēngmìng liúbái, kěyǐ bǎi·gè shūshì de zīshì, pěngdú yì běn shū, bú wèi xiěshū zhùshù, yě bú wèi xiántán màinòng, jiù wèi zhè yí fèn yírán-zìdé de lèqù, wèizhe dàndàn de mòxiāng, dúshū běnshēn jiùshì mùdì. Yě kěyǐ dǎ·kāi yīnxiǎng, jìngjìng de tīng yì-liǎng shǒu qǔzi, gǎnshòu nà yí gè·gè téngtiào de chōngmǎn língxìng de yīnfú.

Rúguǒ nénggòu wèi zìjǐ zhè// nándé de shēngmìng

kòngbái ér táozuì, wèi zìjǐ de xuǎnzé ér zìháo, bìng néng shōuhuò xiē chéndiàndiàn de gǎnshòu, nàme wǒmen hái yǒu shénme lǐyóu mányuàn shēngmìng de wúliáo yǔ qīngdàn ne?

(Xuǎn zì Wú Xīpíng《Gěi Shēngmìng Liúbái》)

作品28号

在所有的电视画面里,我最不喜欢看的是拙劣但又极其自以为是的主持人,我最喜欢看足球射门、冰上芭蕾集锦,还有优秀的广告。足球的射门好看大概许多人都深有同感。冰上芭蕾之优美美若天仙。这些世界第一流的场面我是无法亲眼目睹的,所以我最喜欢看了。广告是许多人都不愿意看的,我却非常喜欢看广告。我坦率地说,广告令我十分震惊。

首先是我从来没有想到在短短的以秒计算的单位时间里,电影胶片可以完成一个完整的构想。这构想很像精美的短篇小说,像一句绝妙的诗,像一片包罗万象的生活横截面。其次,我也没有想到广告的拍摄是那么的讲究,每一个细节都是那么的精雕细刻,一滴水珠也不会草率地落下的,它会在华丽通透的光线里,晶莹欲滴,缓缓地,娇柔地坠落。这时便仿佛有清泉从人心里流过。发丝的飘起如同梦幻,它们是波光粼粼的,是乌黑发亮的,是柔顺到了极点的,并且因为每一根都是那么圆润和飘逸而性感十足。广告是展示细节注重细节的开创者,它远远胜过了电影,仅仅就欣赏细节而言,广告是绝妙的。在我们的生活中,一天劳碌下来,坐//在沙发上,头脑经常是一片迷糊,什么也不想的,又长又臭的电视剧根本无法入眼,只有短小精致的广告使人耳目一新。

(节选自池莉《感受电视》)

Zuòpǐn 28 Hào

Zài suǒyǒu de diànshì huàmiàn·lǐ, wǒ zuì bù xǐhuan kàn de shì zhuōliè dàn yòu jíqí zìyǐ-wéishì de zhǔchírén, wǒ zuì xǐhuan kàn zúqiú shèmén、bīng·shàng bālěi jíjǐn, háiyǒu yōuxiù de guǎnggào. Zúqiú de shèmén hǎokàn dàgài xǔduō rén dōu shēnyǒu-tónggǎn. Bīng·shàng bālěi zhī yōuměi měiruò-tiānxiān. Zhèxiē shìjiè dì-yīliú de chǎngmiàn wǒ shì wúfǎ qīnyǎn mùdǔ de, suǒyǐ wǒ zuì xǐhuan kàn le. Guǎnggào shì xǔduō rén dōu bú yuànyì kàn de, wǒ què fēicháng xǐhuan kàn guǎnggào. Wǒ tǎnshuài de shuō, guǎnggào lìng wǒ shífēn zhènjīng.

Shǒuxiān shì wǒ cónglái méi·yǒu xiǎngdào zài duǎnduǎn de yī miǎo jìsuàn de dānwèi shíjiān·lǐ, diànyǐng jiāopiàn kěyǐ wánchéng yí·gè wánzhěng de gòuxiǎng. Zhè gòuxiǎng hěn xiàng jīngměi de duǎnpiān xiǎoshuō, xiàng yí jù juémiào de shī, xiàng yí piàn bāoluó-wànxiàng de shēnghuó héngjiémiàn. Qícì, wǒ yě méi·yǒu xiǎngdào guǎnggào de pāishè shì nàme de jiǎngjiu, měi yí gè xìjié dōu shì nàme de jīngdiāo-xìkè, yì dī shuǐzhū yě bú huì cǎoshuài de luò·xià de, tā huì zài huálì tōngtòu de guāngxiàn·lǐ, jīngyíng yùdī, huǎnhuǎn de, jiāoróu de zhuìluò. Zhèshí biàn fǎngfú yǒu qīngquán cóng rén xīn·lǐ liú·guò. Fàsī de piāoqǐ rútóng mènghuàn, tāmen shì bōguāng línlín de, shì wūhēi fā liàng de, shì róushùn dàole jídiǎn de, bìngqiě yīn·wèi měi yì gēn dōu shì nàme yuánrùn hé piāoyì ér xìnggǎn shízú. Guǎnggào shì zhǎnshì xìjié zhùzhòng xìjié de kāichuàngzhě, tā yuǎnyuǎn shèng·guòle diànyǐng, jǐnjǐn jiù xīnshǎng xìjié ér yán, guǎnggào shì juémiào de. Zài wǒmen de shēnghuó zhōng, yì tiān láolù xià·lái, zuò// zài shāfā·shàng, tóunǎo jīngcháng shì yí piàn míhu, shénme yě bù xiǎng de, yòu cháng yòu chòu de diànshìjù gēnběn wúfǎ rùyǎn, zhǐyǒu duǎnxiǎo jīngzhì de guǎnggào shǐ rén ěrmù-yì xīn.

(Jiéxuǎn zì Chí Lì《Gǎnshòu Diànshì》)

作品 29 号

我的童年是在大海之滨度过的,眼前是一望无际的湛蓝湛蓝的大海,身后是一抹浅黄的田地。

那时,我的大半个世界是蓝色的。蓝色对于我,永远象征着阔大,深远,庄严……

我很少注意到或想到其他的颜色。

离开海边,进入城市,说是"目迷五色"也好,但我看到的只是杂色的黯淡的一切。

我开始向往看到一大片的红色,来振奋我的精神。

我到西山去寻找枫林的红叶。但眼前这一闪光艳,是秋天的"临去秋波",很快地便被朔风吹落了。

在怅惘迷茫之中,我凝视着这满山满谷的吹落的红叶,而"向前看"的思路,却把我的心情渐渐引得欢畅起来!

"落红不是无情物",它将在春泥中融化,来滋润培养它的新一代。

这时,在我眼前突兀地出现了一幅绿意迎人的图画!那是有一年的冬天,我回到我的故乡去,坐汽车从公路进入祖国的南疆。小车在层峦叠嶂中穿行,两旁是密密层层的参天绿树:苍绿的是松柏,翠绿的是竹子,中间还有许许多多不知名的、色调深浅不同的绿树,衬以遍地的萋萋的芳草。"绿"把我包围起来了。我从惊喜而沉入恬静,静默地、欢悦地陶醉在这铺天盖地的绿色之中。

我深深地体会到“绿”是象征着//：浓郁的春光，蓬勃的青春，崇高的理想，热切的希望……

绿，是人生中的青年时代。

个人、社会、国家、民族、人类都有其生命中的青年时代。

我愿以这支“绿的歌”献给生活在青年的社会主义祖国的青年们！

（选自冰心《绿的歌》）

Zuòpǐn 29 Hào

Wǒ de tóngnián shì zài dàhǎi zhībīn dù·guò de, yǎnqián shì yí wàng wú jì de zhànlán zhànlán de dàhǎi, shēnhòu shì yì mǒ qiǎnhuáng de tiándì.

Nàshí, wǒ de dàbàn·gè shìjiè shì lánsè de. Lánsè duìyú wǒ, yǒngyuǎn xiàngzhēng zhe kuòdà, shēnyuǎn, zhuāngyán……

Wǒ hěn shǎo zhùyì dào huò xiǎngdào qítā de yánsè.

Líkāi hǎibiān, jìnrù chéngshì, shuō shì “mù mí wǔ sè” yě hǎo, dàn wǒ kàndào de zhǐshì zásè de àndàn de yíqiè.

Wǒ kāishǐ xiàngwǎng kàndào yí dàpiàn de hóngsè, lái zhènfèn wǒ de jīngshén.

Wǒ dào Xī Shān qù xúnzhǎo fēnglín de hóngyè. Dàn yǎnqián zhè yì shǎn guāngyàn, shì qiūtiān de “lín qù qiūbō”, hěn kuài de biàn bèi shuòfēng chuīluò le.

Zài chàngwǎng mímáng zhīzhōng, wǒ níngshìzhe zhè mǎnshān mǎngǔ de chuīluò de hóngyè, ér “xiàngqián kàn” de sīlù, què bǎ wǒ de xīnqíng jiànjiàn yǐnde huānchàng qǐ·lái!

“Luò hóng bú shì wúqíng wù”, tā jiāng zài chūnní zhōng rónghuà, lái zīrùn péiyǎng tā de xīnyídài.

Zhèshí, zài wǒ yǎnqián tūwù de chūxiànle yì fú lǜyì yíngrén de túhuà! Nà shì yǒu yì nián de dōngtiān, wǒ huídào wǒ de gùxiāng·qù, zuò qìchē cóng gōnglù jìnrù zǔguó de nánjiāng. Xiǎochē zài céngluán-diézhàng zhōng chuānxíng, liǎngpáng shì mìmì-céngcéng de cāntiān lǜshù: Cānglǜ de shì sōngbǎi, cuìlǜ de shì zhúzi, zhōngjiān háiyǒu xǔxǔ duōduō bù zhīmíng de、sèdiào shēnqiǎn bùtóng de lǜshù, chèn yǐ biàndì de qīqī de fāngcǎo. “Lǜ” bǎ wǒ bāowéi qǐ·lái le. Wǒ cóng jīngxǐ ér chénrù tiánjìng, jìngmò de、huānyuè de táozuì zài zhè pūtiān-gàidì de lǜsè zhīzhōng.

Wǒ shēnshēn de tǐhuì dào “lǜ” shì xiàngzhēngzhe//: Nóngyù de chūnguāng, péngbó de qīngchūn, chónggāo de lǐxiǎng, rèqiè de xīwàng……

Lǜ, shì rénshēng zhōng de qīngnián shídài.

Gèrén、shèhuì、guójiā、mínzú、rénlèi dōu yǒu qí shēngmìng zhōng de qīngnián shídài.

Wǒ yuàn yǐ zhèzhī “lǜ de gē” xiàngěi shēnghuó zài qīngnián de shèhuìzhǔyì zǔguó de qīngniánmen!

（Xuǎn zì Bīng Xīn《Lǜ de Gē》）

作品 30 号

实在不明白，上帝既然造了人类这种动物，却为什么要赋予他们千差万别的语言，让他们互相之间如同鸡和鸭子一样难以交流呢？要说在国外遇到的尴尬事，恐怕没有比语言不通造成的难堪更甚的了。肚子饿了，在餐厅坐下，你想吃鸡，不会说，用手臂充当翅膀，扇几下，嘴里发出咕咕咕的叫声，也许能奏效的。但是如果你想吃的是白斩鸡，又怎么办？就算你会英语，然而在欧洲，你还是行不通。德国、法国、意大利，很多人就不懂英语。不过，我的一位朋友教给了我一个极为聪明的办法——尽管各国语言不同，可总有一些单词是相通或者相近的，窍门就在这里。于是我便按照他教的办法行事了。那天，我在一个德国餐馆里坐定，饥肠辘辘，可口袋里的银子并不富裕，便确立了少花钱吃饱饭的战略决策。拿过菜单，装出很内行的样子审视起来。当然，基本上看不懂那是肯定的。按照我的朋友教的办法，我终于找到了一根救命稻草——原来德语的“小”这个词与英语的“小”基本一样！哈哈，小字当头，那碟菜还能贵到哪儿去呢？于是便招呼侍者，指着那菜单上小字当头的一道，嗯哪哈呀一通，很快就敲定了。当我暗自//对我的朋友心存感激并奇怪这家餐馆弄一碟小菜怎么要这么长时间的时候，我的“小菜”上来了——侍者极为隆重地推出一架小车，车上的银盘子里躺着一只烤小猪！没错，小字当头——小菜一碟！怎么办？还能怎么办，吃吧。中国人早就准备了一句俗话，叫“打肿脸充胖子”。这回充胖子的代价是钱包里的马克瘪下去了一多半。没关系，到了最后，中国人还有一句俗话，叫“吃不了，兜着走”。

从此，只要一闻到烤猪肉的味道，我就反胃。

（节选自彭匈《域外窘事录》）

Zuòpǐn 30 Hào

Shízài bù míngbai，Shàngdì jìrán zàole rénlèi zhèzhǒng dòngwù，què wèishénme yào fùyǔ tāmen qiānchā-wànbié de yǔyán，ràng tāmen hùxiāng zhījiān rútóng jī hé yāzi yíyàng nányǐ jiāoliú ne？Yào shuō zài guówài yùdào de gāngàshì, kǒngpà méi·yǒu bǐ yǔyán bù tōng zàochéng de nánkān gèng shèn de le. Dùzi è le, zài cāntīng zuò·xià, nǐ xiǎng chī jī, bú huì shuō, yòng shǒubì chōngdāng chìbǎng, shān jǐ xià, zuǐ·lǐ fā·chū gūgūgū de jiàoshēng, yěxǔ néng zòuxiào de. Dànshì rúguǒ nǐ xiǎng chī de shì báizhǎnjī, yòu zěnme bàn? Jiùsuàn nǐ huì yīngyǔ, rán'ér zài Ōuzhōu, nǐ háishì xíng·bùtōng. Déguó、Fǎguó、Yìdàlì, hěn duō rén jiù bù dǒng yīngyǔ. Búguò, wǒ de yí wèi péngyou jiāogěile wǒ yí gè jíwéi cōng·míng de bànfǎ —— jǐnguǎn gè guó yǔyán bù tóng, kě zǒngyǒu yìxiē dāncí shì xiāngtōng huòzhě xiāngjìn de, qiàoménr jiù zài zhè·lǐ. Yúshì wǒ biàn ànzhào tā jiāo de bànfǎ xíngshì le. Nà tiān, wǒ zài yí gè Déguó cānguǎn·lǐ zuòdìng, jīcháng-lùlù, kě kǒudài·lǐ de yínzi bìng bú fùyù, biàn quèlìle shǎo huāqián chībǎo fàn de zhànlüè juécè. Ná·guò càidān, zhuāng·chū hěn nèiháng de yàngzi shěnshì qǐ·lái. Dāngrán, jīběn·shàng kàn·bùdǒng nàshì kěndìng de. Ànzhào wǒ de péngyou jiāo de bànfǎ, wǒ zhōngyú zhǎodàole yì gēn jiùmìng-dàocǎo —— Yuánlái déyǔ de "xiǎo" zhège cí yǔ yīngyǔ de "xiǎo" jīběn yíyàng! Hāhā, xiǎo zì dāng tóu, nàdié cài hái néng guìdào nǎr·qù ne? Yúshì biàn zhāohu shìzhě, zhǐzhe nà càidān·shàng xiǎo zì dāng tóu de yí dào, ēn na hā ya yí tòng, hěn kuài jiù qiāodìng le. Dāng wǒ ànzì// duì wǒ de péngyou xīn cún gǎnjī bìng qíguài zhèjiā cānguǎn nòng yì dié xiǎocài zěnme yào zhème cháng shíjiān de shíhou, wǒ de "xiǎocài" shàng·lái le —— Shìzhě jíwéi lóngzhòng de tuīchū yí jià xiǎochē, chē·shàng de yínpánzi·lǐ tǎngzhe yì zhī kǎoxiǎozhū! Méicuò, xiǎo zì dāng tóu —— xiǎocài yìdié!

Zěnmebàn? Hái néng zěnmebàn, chī ba. Zhōngguórén zǎo jiù zhǔnbèile yí jù súhuà, jiào "dǎzhǒng liǎn chōng pàngzi". Zhèhuí chōng pàngzi de dàijià shì qiánbāo·lǐ de mǎkè biě xià·qùle yìduōbàn. Méi guānxi, dàole zuìhòu, Zhōngguórén hái yǒu yí jù súhuà, jiào "chī·bùliǎo, dōuzhe zǒu".

Cóngcǐ, zhǐyào yì wéndào kǎozhūròu de wèidao, wǒ jiù fǎnwèi.

(Jiéxuǎn zì Péng Xiōng《Yùwài Jiǒngshì Lù》)

作品 31 号

七月初的一天，在辽宁省海城县一个小山村里，住在张大爷家的某部侦察排的战士们刚刚起床，就看见房东张大爷气冲冲地走进屋来。张大爷绷着脸问道："昨天，你们谁进了我家东菜园，把菜地弄得乱七八糟？"一句话把全排战士给问怔了，互相看了看，谁也没吭声。

这时候，有一个小战士脸一下红到了耳根。他叫洪松彪，是今年才入伍的新战士。原来，昨晚上是他悄悄地跑到菜地里，帮张大爷干活的。小洪心里直打鼓，他想，是不是我铲地的时候伤了苗？是不是水浇多了淹了菜？小洪越想越不安。这时候，张大娘又跑进来火上浇油地说："老头子，别跟他们说了，咱们去找指导员说个清楚。"话音未落，就拉着张大爷的袖子往外走。

刚刚十八岁的洪松彪，哪见过这个场面呀，小伙子沉不住气了，马上开口说："大爷、大娘别发火，昨天是我跑到菜地里去的。我看你们二老年纪大，大爷成天忙着队上的事儿，顾不了家，就抽空帮你们干了点活。谁知道我不会干，给你们添了麻烦，真对不起你们，有多大损失我一定赔。"说着就伸手掏钱包。

张大爷看到这个情景，倒哈哈大笑起来。大娘也跟着笑起来。她疼爱地拉着//小洪的手说："孩子你受委屈了。"小洪纳闷地抬起头来看着两位老人。张大爷得意地说："孩子，你中计了。打从你们到我们村来搞训练，给大家伙干了那么多的好事。可我们就是不知道谁干的。昨晚上我和你大娘一合计呀，就想出这个小计策来。果不出所料，你们还真中计了。"

全排战士这才恍然大悟，和张大爷、张大娘一块笑了起来。洪松彪，这个虎头虎脑的小伙子却像大姑娘似的，羞涩地低下了头。……

（选自《播音员、主持人训练手册》中《中计》）

Zuòpǐn 31 Hào

Qī yuè chū de yì tiān, zài Liáoníng Shěng Hǎichéng Xiàn yí gè xiǎo shāncūn · lǐ, zhù zài Zhāngdàye jiā de mǒubù zhēncháipái de zhànshìmen gānggāng qǐchuáng, jiù kàn·jiàn fángdōng Zhāngdàye qìchōngchōng de zǒujìn wū lái. Zhāngdàye běngzhe liǎn wèndào: "Zuótiān, nǐmen shéi jìnle wǒjiā dōngcàiyuán, bǎ càidì nòngde luànqī-bāzāo?" Yí jù huà bǎ quánpái zhànshì gěi wèn zhèng le, hùxiāng kànle kàn, shéi yě méi kēngshēng.

Zhè shíhou, yǒu yí gè xiǎozhànshì liǎn yíxià hóngdàole ěrgēn. Tā jiào Hóng Sōngbiāo, shì jīnnián cái rùwǔ de xīnzhànshì. Yuánlái, zuówǎnshang shì tā qiāoqiāo de pǎodào càidì·lǐ, bāng Zhāngdàye gànhuór de. Xiǎo Hóng xīn·lǐ zhí dǎgǔ, tā xiǎng, shì·búshì wǒ chǎndì de shíhou shāngle miáo? Shì · búshì shuǐ jiāoduōle yānle cài? Xiǎo Hóng yuèxiǎngyuè bù'ān. Zhè shíhou, Zhāngdàniáng yòu pǎo jìn·lái huǒshàng-jiāoyóu de shuō:“Lǎotóuzi, bié gēn tāmen shuōle, zánmen qù zhǎo zhǐdǎoyuán shuō gè qīngchu.” Huàyīn wèi luò, jiù lāzhe Zhāngdàye de xiùzi wǎngwài zǒu.

Gānggāng shíbā suì de Hóng Sōngbiāo, nǎ jiàn·guò zhège chǎngmiàn ya, xiǎohuǒzi chén·búzhù qì le, mǎshàng kāikǒu shuō:“Dàye、dàniáng bié fāhuǒ, zuótiān shì wǒ pǎodào càidì·lǐ·qù de. Wǒ kàn nǐmen èrlǎo niánjì dà, dàye chéngtiān mángzhe duì·shàng de shìr, gù·bùliǎo jiā, jiù chōukòng bāng nǐmen gànle diǎn huór. Shéi zhī·dào wǒ bú huì gàn, gěi nǐmen tiānle máfan, zhēn duìbuqǐ nǐmen, yǒu duōdà sǔnshī wǒ yídìng péi.” Shuōzhe jiù shēnshǒu tāo qiánbāo.

Zhāngdàye kàndào zhège qíngjǐng, dào hāhā dàxiào qǐ·lái. Dàniáng yě gēnzhe xiào qǐ·lái. Tā téng'ài de lāzhe// xiǎo Hóng de shǒu shuō:“Háizi nǐ shòu wěiqu le.” Xiǎo Hóng nàmènr de tái·qǐ tóu·lái kànzhe liǎng wèi lǎorén. Zhāngdàye déyì de shuō:“Háizi, nǐ zhòngjì le. Dǎ cóng nǐmen dào wǒmen cūn lái gǎo xùnliàn, gěi dàjiāhuo gànle nàme duō de hǎo shì. Kě wǒmen jiùshì bù zhī·dào shéi gàn de. Zuówǎnshang wǒ hé nǐ dàniáng yì·héji ya, jiù xiǎng·chū zhège xiǎo jìcè·lái. Guǒ bùchū-suǒliào, nǐmen hái zhēn zhòngjì le.”

Quánpái zhànshì zhè cái huǎngrán-dàwù, hé Zhāngdàye、Zhāngdàniáng yíkuàir xiàole·qǐ·lái. Hóng Sōngbiāo, zhège hǔtóu-hǔnǎo de xiǎohuǒzi què xiàng dàgūniang shìde, xiūsè de dī·xià le tóu.……

(Xuǎn zì《Bōyīnyuán、Zhǔchírén Xùnliàn Shǒucè》zhōng《Zhòngjì》)

作品32号

“鸟儿无意中带来的一粒种子，谁能料到多年以后会长成一棵大树呢！”金女士回忆起创业之初的机缘来，每每对旅途中的一件很小的小事慨叹不已。

十四年前的一个夏天，金小姐作为一名公司职员从台湾去美国芝加哥参加一个家用产品展览会。午餐就在快餐厅里自行解决。当时人很多，金小姐刚坐下，就有人用日语问：“我可以坐在这里吗？”抬头一看，是一位白发长者正端着饭站在面前。她忙指着对面的位子说：“请坐。”接着起身去拿刀、叉、纸巾这类的东西，担心老人家找不到，便帮他也拿了一份。一顿快餐很快就吃完了，老人临走时递来一张名片，说：“如果以后有需要，请与我联络。”金小姐一看，哟，原来老人是日本一家大公司的社长呢。

一年以后，金小姐自己注册了一家小公司。生意做了不到一年，客户突然不做了，而这时，新一年的生产计划已经定了，连样品都做好了，更何况，这是她唯一的客户！怎么办？真的一起步就要破产吗？她忽然想起那位日本老人来，就抱着一线希望去了一封简单的信，说不知你是否还记得我，我现在自己开了一家小公司，如果你来台湾希望能来看一看。信发出后//一个星期，就收到了回信，老人说即日启程来台湾。两天后，他真的来了，还带来了六七个公司职员。他们拿出样品让她试加工，在肯定了产品的质量之后，当场下了足够金小姐做一年的大订单。金小姐惊喜地问：“您在台湾有很多大客户，而我这里只是个小公司，您真的信得过我吗？”老人从皮箱里拿出一本书来，名字叫作《人心的贮存》，说：“当初你在芝加哥给我小小的帮助时，你并没有想到会有这样的回报。就像我在书中所写的：‘人心就像一本存折，只有打开来才知道到底有多少收益。’每本心的存折正是用一点一滴的善去积累的。”

（选自孙玉红《心的存折》）

Zuòpǐn 32 Hào

“Niǎo'ér wúyì zhōng dài·lái de yí lì zhǒngzi, shéi néng liàodào duō nián yǐhòu huì zhǎngchéng yì kē dàshù ne!” Jīn nǚshì huíyì qǐ chuàngyè zhīchū de jīyuán lái, měiměi duì lǚtú zhōng de yí jiàn hěn xiǎo de xiǎoshì kǎitàn bùyǐ.

Shísì nián qián de yí gè xiàtiān, Jīn xiǎo·jiě zuòwéi yì míng gōngsī zhíyuán cóng Táiwān qù Měiguó Zhījiāgē cānjiā yí gè jiāyòng chǎnpǐn zhǎnlǎnhuì. Wǔcān jiù zài kuàicāntīng·lǐ zìxíng jiějué. Dāngshí rén hěn duō, Jīn xiǎo·jiě gāng zuò·xià, jiù yǒu rén yòng rìyǔ wèn:“Wǒ kěyǐ zuò zài zhè·lǐ ma?” Táitóu yí kàn, shì yí wèi báifà zhǎngzhě zhèng duānzhe fàn zhàn zài miànqián. Tā máng zhǐzhe duìmiàn de wèizi shuō:“Qǐng zuò.” Jiēzhe qǐshēn qù ná dāo、chā、zhǐjīn zhè lèi de dōngxi, dānxīn lǎorenjia zhǎo·búdào, biàn bāng tā yě nále yí fèn. Yí dùn kuàicān hěn kuài jiù chīwán le, lǎorén línzǒu shí dì·lái yì zhāng míngpiàn, shuō:“Rúguǒ yǐhòu yǒu xūyào, qǐng yǔ wǒ liánluò.” Jīn xiǎo·jiě yí kàn, yō, yuánlái lǎorén shì Rìběn yì jiā dà gōngsī de shèzhǎng ne.

Yì nián yǐhòu, Jīn xiǎo·jiě zìjǐ zhùcèle yì jiā xiǎo gōngsī. Shēngyi zuòle búdào yì nián, kèhù tūrán bú zuò le, ér zhèshí, xīn yì nián de shēngchǎn jìhuà yǐ·jīng dìng le, lián yàngpǐn dōu zuòhǎo le, gèng hékuàng, zhè shì tā wéiyī de kèhù! Zěnme bàn? Zhēnde yìqǐbù jiùyào pòchǎn ma? Tā hūrán xiǎngqǐ nàwèi Rìběn lǎorén·lái, jiù bàozhe yí xiàn xīwàng qùle yì fēng jiǎndān de xìn, shuō bùzhī nǐ shìfǒu hái jìde wǒ, wǒ xiànzài zìjǐ kāile yì jiā xiǎo gōngsī, rúguǒ nǐ lái Táiwān xīwàng néng lái kàn·yíkàn. Xìn fā·chū hòu// yí gè xīngqī, jiù shōudàole huíxìn ,lǎorén shuō jírì qǐchéng lái Táiwān. Liǎng tiān hòu, tā zhēnde lái le, hái dàiláile liù-qī·gè gōngsī zhíyuán. Tāmen ná·chū yàngpǐn ràng tā shì jiāgōng, zài kěndìngle chǎnpǐn de zhìliàng zhīhòu, dāngchǎng xiàle zúgòu Jīn xiǎo·jiě zuò yì nián de dà dìngdān. Jīn xiǎo·jiě jīngxǐ de wèn:“Nín zài Táiwān yǒu hěn duō dà kèhù, ér wǒ zhè·lǐ zhǐshì gè xiǎo gōngsī, nín zhēnde xìn de guò wǒ ma?” Lǎorén cóng píxiāng·lǐ ná·chū yì běn shū·lái, míngzi jiàozuò《Rénxīn de Zhùcún》, shuō:“Dāngchū nǐ zài Zhījiāgē gěi wǒ xiǎoxiǎo de bāngzhù shí, nǐ bìng méi·yǒu xiǎngdào huì yǒu zhèyàng de huíbào. Jiùxiàng wǒ zài shū zhōng suǒ xiě de:‘Rénxīn jiù xiàng yì běn cúnzhé, zhǐyǒu dǎkāi·lái cái zhī·dào dàodǐ yǒu duōshao shōuyì.’ Měi běn xīn de cúnzhé zhèngshì yòng yìdiǎn-yìdī de shàn qù jīlěi de.”

(Xuǎn zì Sūn Yùhóng《Xīn de Cúnzhé》)

作品 33 号

第一次感受到优雅,是很久以前的事儿了。那天,我骑车路过使馆区,要横穿一个没有红绿灯的街口时,看见一辆小轿车疾驶而来,我捏住闸,单腿支地,等它过去。

出乎我意料的是,那车也停了下来,车里一个胖胖的老外,微笑着冲我挥手——让我先过。

那一次,我真真切切地感到了什么是优雅。

后来,学会开车以后,也曾有几次在人行道前把车刹住,然后优雅地微笑、挥手。然而,我看到的是毫无表情的人流,听到的是身后司机不耐烦的鸣笛声。

追求优雅,有时真的很难。

前几天，在某公司的演示会上，我再次被优雅所震撼。

那次演示会中间有个休息，百十来位听众三五成群地挤在大厅里喧哗，摩肩接踵，像一个集市。

这时，一个西装笔挺的中年人出现在会议室门口。他看了一眼熙攘的人群，略一迟疑，但还是走了出来。

他小心翼翼地左右躲闪着，脸上挂着淡淡的微笑，在人缝中慢慢地前行。他冲每一个与他目光接触的人点头致意，如果谁在前边挡住了他的去路，他就停下来，等着。

最后，在走了许多的曲线，几乎绕了一个大弯之后，他向我站的大门口走来。我侧侧身，让开通道。他看见我，点了点头，经过我身//边的时候，还轻声说了一句"谢谢"！

就在这一腾挪间，他的教养显示得清清楚楚。

我真的服了。这种与世无争的优雅，是那么的自然。

（节选自阿利《感受优雅》）

Zuòpǐn 33 Hào

Dì-yī cì gǎnshòu dào yōuyǎ, shì hěn jiǔ yǐqián de shìr le. Nà tiān, wǒ qìchē lù·guò shǐguǎnqū, yào héngchuān yí gè méi·yǒu hóng-lǜdēng de jiēkǒu shí, kàn·jiàn yí liàng xiǎo jiàochē jíshǐ ér lái, wǒ niēzhù zhá, dāntuǐ zhī dì, děng tā guò·qù.

Chūhū wǒ yìliào de shì, nà chē yě tíngle xià·lái, chē·lǐ yí gè pàngpàng de lǎowài, wēixiàozhe chòng wǒ huīshǒu—— ràng wǒ xiān guò.

Nà yí cì, wǒ zhēnzhen-qièqiè de gǎndàole shénme shì yōuyǎ.

Hòulái, xuéhuì kāichē yǐhòu, yě céng yǒu jǐcì zài

rénxíngdào qián bǎ chē shāzhù, ránhòu yōuyǎ de wēixiào、huī shǒu. Rán'ér, wǒ kàndào de shì háo wú biǎoqíng de rénliú, tīngdào de shì shēnhòu sījī bú nàifán de míngdíshēng.

Zhuīqiú yōuyǎ, yǒushí zhēn de hěn nán.

Qián jǐ tiān, zài mǒu gōngsī de yǎnshìhuì·shàng, wǒ zàicì bèi yōuyǎ suǒ zhènhàn.

Nàcì yǎnshìhuì zhōngjiān yǒu·gè xiūxi, bǎishí lái wèi tīngzhòng sān-wǔ chéngqún de jǐ zài dàtīng·lǐ xuānhuá, mójiān-jiēzhǒng, xiàng yí gè jíshì.

Zhèshí, yí gè xīzhuāng bǐtǐng de zhōngniánrén chūxiàn zài huìyìshì ménkǒu. Tā kànle yì yǎn xīrǎng de rénqún, lüè yì chíyí, dàn háishi zǒule chū·lái.

Tā xiǎoxīn-yìyì de zuǒyòu duǒshǎnzhe, liǎn·shàng guàzhe dàndàn de wēixiào, zài rénfèng zhōng mànmàn de qiánxíng. Tā chòng měi yí gè yǔ tā mùguāng jiēchù de rén diǎntóu zhìyì, rúguǒ shéi zài qián·biān dǎngzhùle tā de qùlù, tā jiù tíng xià·lái, děngzhe.

Zuìhòu, zài zǒule xǔduō de qūxiàn, jīhū ràole yí gè dàwān zhīhòu, tā xiàng wǒ zhàn de dàménkǒu zǒu·lái. Wǒ cèce shēn, ràng·kāi tōngdào. Tā kàn·jiàn wǒ, diǎnle diǎn tóu, jīngguò wǒ shēn //·biān de shíhou, hái qīngshēng shuōle yí jù “xièxie”!

Jiù zài zhè yí téngnuó jiān, tā de jiàoyǎng xiǎnshì de qīngqing-chǔchǔ.

Wǒ zhēnde fú le. Zhèzhǒng yǔshì-wúzhēng de yōuyǎ, shì nàme de zìran.

(Jiéxuǎn zì Ā Lì《Gǎnshòu Yōuyǎ》)

作品 34 号

在这多情的季节里，黄昏时品着香茗，又忆起毕业那天老校长给我们讲的故事。一位乡下农夫有头老驴子，一天，老驴子不小心跌进了一个深坑。农夫听到驴子的哀鸣，目睹它的困境，想了很久之后，断定救不了它，但又不忍心看着它痛苦而死。于是，农夫决定往坑里填土，把老驴闷死，以便使它早些脱离苦海。

当农夫开始往坑里填土时，驴子被吓疯了。但几乎是同时，老驴又镇静了下来。每次土打到背上，它就用力抖掉，然后踏着土块往上走一步。老驴不停地抖一下，爬上来一步。不管土块打在背上有多疼痛，那只老驴子就是不让自己放弃。不知过了多久，那头筋疲力尽、伤痕累累的老驴子，终于安全地回到地上。原来会埋葬它的泥土堆，最终却拯救了它！

这一切的改变，来自它面对困难时所持的态度。人生不也是一样吗？当我们遭遇困境时，消极的人总是用悲观的眼光去看待这世界。他们不敢去面对困境，容易退缩和逃避，喜欢怨天尤人，不去为成功找方法，总是替失败找借口。积极的人就不一样，他们总是想方设法寻找解决困难的途径。他们会为理想而活着，敢于向命运挑战，乐观向上。勇//敢的人说："困难，太好了！别人没有遇到的事，却发生在我身上，让我拥有一片成长的空间。"

（选自史建宏《困驴的启示》）

Zuòpǐn 34 Hào

Zài zhè duōqíng de jìjié · lǐ, huánghūn shí pǐnzhe xiāngmíng, yòu yìqǐ bìyè nàtiān lǎoxiàozhǎng gěi wǒmen jiǎng de gùshi. Yí wèi xiāngxia nóngfū yǒu tóu lǎo lǘzi, yì tiān, lǎo lǘzi bù xiǎo·xīn diējìnle yí gè shēnkēng. Nóngfū tīngdào lǘzi de āimíng, mùdǔ tā de kùnjìng, xiǎngle hěnjiǔ zhīhòu, duàndìng jiù·bùliǎo tā, dàn yòu bù rěnxīn kànzhe tā tòngkǔ ér sǐ. Yúshì, nóngfū juédìng wǎng kēng·lǐ tián tǔ, bǎ lǎolǘ mēn sǐ, yǐbiàn shǐ tā zǎoxiē tuōlí kǔhǎi.

Dāng nóngfū kāishǐ wǎng kēng·lǐ tián tǔ shí, lǘzi bèi xiàfēng le. Dàn jīhū shì tóngshí, lǎolǘ yòu zhènjìngle xià·lái. Měicì tǔ dǎdào bèi·shàng, tā jiù yònglì dǒudiào, ránhòu tàzhe tǔkuài wǎng shàng zǒu yí bù. Lǎolǘ bùtíng de dǒu yí xià, pá shàng·lái yí bù. Bùguǎn tǔkuài dǎ zài bèi·shàng yǒu duō téngtòng, nàzhī lǎo lǘzi jiùshì bú ràng zìjǐ fàngqì. Bùzhī guòle duō jiǔ, nàtóu jīnpí-lìjìn、shānghén lěilěi de lǎo lǘzi, zhōngyú ānquán de huídào dì·shàng. Yuánlái huì máizàng tā de nítǔduī, zuìzhōng què zhěngjiùle tā!

Zhè yíqiè de gǎibiàn, lái zì tā miànduì kùnnan shí suǒ chí de tàidu. Rénshēng bù yěshì yíyàng ma? Dāng wǒmen zāoyù kùnjìng shí, xiāojí de rén zǒngshì yòng bēiguān de yǎnguāng qù kàndài zhè shìjiè. Tāmen bùgǎn qù miànduì kùnjìng, róngyì tuìsuō hé táobì, xǐhuan yuàntiān-yóurén, bú qù wèi chénggōng zhǎo fāngfǎ, zǒngshì tì shībài zhǎo jièkǒu. Jījí de rén jiù bù yíyàng, tāmen zǒngshì xiǎngfāng-shèfǎ xúnzhǎo jiějué kùnnan de tújìng. Tāmen huì wèi lǐxiǎng ér huózhe, gǎnyú xiàng mìngyùn tiǎozhàn, lèguān xiàngshàng. Yǒng//gǎn de rén shuō:“ Kùnnan, tài hǎo le! Biéren méi·yǒu yùdào de shì, què fāshēng zài wǒ shēn·shàng, ràng wǒ yōngyǒu yí piàn chéngzhǎng de kōngjiān."

(Xuǎn zì Shǐ Jiànhóng《Kùnlǘ de Qǐshì》)

作品 35 号

求知可以作为消遣,可以作为装饰,也可以增长才干。

当你孤独寂寞时,阅读可以消遣。当你高谈阔论时,知识可供装饰。当你处世行事时,正确运用知识意味着力量。懂得事物因果的人是幸福的。有实际经验的人虽能够办理个别性的事务,但若要综观整体,运筹全局,却唯有掌握知识方能办到。

求知太慢会弛惰,为装潢而求知是自欺欺人,完全照书本条条办事会变成偏执的书呆子。

求知可以改进人的天性,而实验又可以改进知识本身。人的天性犹如野生的花草,求知学习好比修剪移栽。实习尝试则可检验修正知识本身的真伪。

狡诈者轻鄙学问,愚鲁者羡慕学问,唯聪明者善于运用学问。知识本身并没有告诉人怎样运用它,运用的方法乃在书本之外。这是一门技艺,不经实验就不能学到。不可专为挑剔辩驳去读书,但也不可轻易相信书本。求知的目的不是为了吹嘘炫耀,而应该是为了寻找真理,启迪智慧。

有的知识只需浅尝,有的知识只要粗知。只有少数专门知识需要深入钻研,仔细揣摩。所以,有的书只要读其中一部分,有的书只需知其中梗概即可,而对于少数好书,则要精读,细读,反复地读//。

有的书可以请人代读,然后看他的笔记摘要就行了。但这只限于质量粗劣的书。否则一本好书将像已被蒸馏过的水,变得淡而无味了!

(节选自培根《论求知》)

Zuòpǐn 35 Hào

Qiúzhī kěyǐ zuòwéi xiāoqiǎn, kěyǐ zuòwéi zhuāngshì, yě kěyǐ zēngzhǎng cáigàn.

Dāng nǐ gūdú jìmò shí, yuèdú kěyǐ xiāoqiǎn. Dāng nǐ gāotán-kuòlùn shí, zhīshi kě gōng zhuāngshì. Dāng nǐ chǔshì xíngshì shí, zhèngquè yùnyòng zhīshi yìwèizhe lì·liàng. Dǒngde shìwù yīnguǒ de rén shì xìngfú de. Yǒu shíjì jīngyàn de rén suī nénggòu bànlǐ gèbiéxìng de shìwù, dàn ruòyào zǒngguān zhěngtǐ, yùnchóu quánjú, què wéiyǒu zhǎngwò zhīshi fāng néng bàndào.

Qiúzhī tài màn huì chíduò, wèi zhuānghuáng ér qiúzhī shì zìqī–qīrén, wánquán zhào shūběn tiáotiáo bànshì huì biànchéng piānzhí de shūdāizi.

Qiúzhī kěyǐ gǎijìn rén de tiānxìng, ér shíyàn yòu kěyǐ gǎijìn zhīshi běnshēn. Rén de tiānxìng yóurú yěshēng de huācǎo, qiúzhī xuéxí hǎobǐ xiūjiǎn yízāi. Shíxí chángshì zé kě jiǎnyàn xiūzhèng zhīshi běnshēn de zhēnwěi.

Jiǎozhàzhě qīngbǐ xuéwen, yúlǔzhě xiànmù xuéwen, wéi cōng·míngzhě shànyú yùnyòng xuéwen. Zhīshi běnshēn bìng méi·yǒu gàosu rén zěnyàng yùnyòng tā, yùnyòng de fāngfǎ nǎi zài shūběn zhīwài. Zhè shì yì mén jìyì, bù jīng shíyàn jiù bù néng xuédào. Bù kě zhuān wèi tiāo·tī biànbó qù dúshū, dàn yě bù kě qīngyì xiāngxìn shūběn. Qiúzhī de mùdì bú shì wèile chuīxū xuànyào, ér yīnggāi shì wèile xúnzhǎo zhēnlǐ, qǐdí zhìhuì.

Yǒude zhīshi zhǐ xū qiǎncháng, yǒude zhīshi zhǐyào cūzhī. Zhǐyǒu shǎoshù zhuānmén zhīshi xūyào shēnrù zuānyán, zǐxì chuǎimó. Suǒyǐ, yǒude shū zhǐyào dú qízhōng yí bùfen, yǒude shū zhǐxū zhī qízhōng gěnggài jí kě, ér duìyú shǎoshù hǎoshū, zé yào jīngdú, xìdú, fǎnfù de dú //.

Yǒude shū kěyǐ qǐng rén dàidú, ránhòu kàn tā de bǐjì zhāiyào jiù xíng le. Dàn zhè zhǐ xiànyú zhìliàng cūliè de shū. Fǒuzé yì běn hǎoshū jiāng xiàng yǐ bèi zhēngliú·guò de shuǐ, biàn de dàn ér wúwèi le!

(Jiéxuǎn zì Péigēn《Lùn Qiúzhī》)

作品 36 号

小保罗是个三年级的小学生。他父亲虽然空闲时间不多,但晚上却经常同他的孩子在一起。父亲喜欢孩子,总津津乐道、不厌其烦地给他们讲些富有教益的寓言和别的故事。

一个星期五的晚上,保罗和姐姐玛莎在忙着刷保罗的田径鞋,因为他要参加学校明天举行的一场短跑比赛。坐在沙发里读报的爸爸摘下眼镜,凑过身子,又唠唠叨叨地讲起了他的寓言来。他讲的是龟兔赛跑的故事,小保罗记得自己已经听过好些遍了,实在叫人腻烦。

末了,爸爸对似听非听的保罗语重心长地说:"孩子,你一定要记住,动作缓慢的乌龟之所以能跑赢兔子,是因为它的踏实和韧性。"然而,保罗还是低垂着头,默不作声地弄他的鞋子。爸爸的口吻变得有点严肃:"难道你不觉得应该从乌龟身上获得一些教益吗?"

保罗神情困惑地朝天花板呆望了一阵,然后回过头来看着爸爸:"这么说,你是要我指望贝利、托尼、萨里在明天的六十米赛跑中会像兔子那样躺下来睡觉?"

爸爸心里颇感惊讶,怎么也想不到儿子会突然冒出这样的话来。他沉默了一会儿，略为发窘地回答："我没有说乌龟会指望兔子在中途睡觉。"

"乌龟一//定事先知道兔子在比赛时会睡觉的。"保罗反驳道，"要不然傻乌龟就是不自量力，竟敢和兔子较量。谁都知道，兔子的速度起码要比乌龟快上一百倍！"

"乌龟压根儿就不知道兔子会睡觉，"爸爸坚持着，"它是靠坚持不懈地努力，踏踏实实，一步一步向前爬才取得胜利的。"

小保罗把两只手的手指勾在一起，认认真真地思忖着。"我可不相信。"他倏地站起身来，"乌龟的胜利完全是靠运气，要不是碰巧兔子中途睡觉，它无论如何也不可能跑赢兔子。即使乌龟比你说的踏实还要踏实一百倍，它仍然跑不过兔子！"

爸爸的脸上露出一丝难以名状的笑容，捏着报纸的手颓然落在膝盖上……

（选自［美］H. 拉里森《父亲的难题》）

Zuòpǐn 36 Hào

Xiǎo Bǎoluó shì gè sānniánjí de xiǎoxuéshēng. Tā fù·qīn suīrán kòngxián shíjiān bùduō, dàn wǎnshang què jīngcháng tóng tā de háizi zài yìqǐ. Fù·qīn xǐhuan háizi, zǒng jīnjīn-lèdào、búyàn-qífán de gěi tāmen jiǎngxiē fùyǒu jiàoyì de yùyán hé biéde gùshi.

Yí gè xīngqīwǔ de wǎnshang, Bǎoluó hé jiějie Mǎshā zài mángzhe shuā Bǎoluó de tiánjìngxié, yīn·wèi tā yào cānjiā xuéxiào míngtiān jǔxíng de yì chǎng duǎnpǎo bǐsài. Zuò zài shāfā·lǐ dúbào de bàba zhāi·xià yǎnjìng, còu·guò shēnzi, yòu láolao-dāodāo de jiǎngqǐle tā de yùyán lái. Tā jiǎng de shì guī tù sàipǎo de gùshi, xiǎo Bǎoluó jìde zìjǐ yǐ ·jīng tīng·guò hǎoxiē biàn le, shízài jiàorén nìfan.

Mòliǎo, bàba duì sìtīng-fēitīng de Bǎoluó yǔzhòng-xīncháng de shuō: "Háizi, nǐ yídìng yào jìzhù, dòngzuò huǎnmàn de wūguī zhīsuǒyǐ néng pǎoyíng tùzi, shì yīn·wèi tā de tāshi hé rènxìng." Rán'ér, Bǎoluó háishi dīchuízhe tóu, mò·búzuòshēng de nòng tā de xiézi. Bàba de kǒuwěn biàn de yǒudiǎn yánsù: "Nándào nǐ bù juéde yīnggāi cóng wūguī shēn·shàng huòdé yìxiē jiàoyì ma?"

Bǎoluó shénqíng kùnhuò de cháo tiānhuābǎn dāiwàngle yízhèn, ránhòu huí · guò tóu · lái kànzhe bàba: "Zhèmeshuō, nǐ shì yào wǒ zhǐwàng Bèilì、Tuōní、Sàlǐ zài míngtiān de liùshí mǐ sàipǎo zhōng huì xiàng tùzi nàyàng tǎng xià·lái shuìjiào?"

Bàba xīn·lǐ pō gǎn jīngyà, zěnme yě xiǎng·búdào érzi huì tūrán mào·chū zhèyàng de huà·lái. Tā chénmòle yíhuìr, lüè wéi fājiǒng de huídá: "Wǒ méi·yǒu shuō wūguī huì zhǐwàng tùzi zài zhōngtú shuìjiào."

"Wūguī yí // dìng shìxiān zhī·dào tùzi zài bǐsài shí huì shuìjiào de." Bǎoluó fǎnbó dào, "Yào · bùrán shǎ wūguī jiùshì búzì-liànglì, jìnggǎn hé tùzi jiàoliàng. Shéi dōu zhī · dào, tùzi de sùdù qǐmǎ yào bǐ wūguī kuài·shàng yìbǎi bèi!"

"Wūguī yàgēnr jiù bù zhī·dào tùzi huì shuìjiào," bàba jiānchízhe, "tā shì kào jiānchí búxiè de nǔlì, tāta-shíshí, yí bù yí bù xiàngqián pá cái qǔdé shènglì de."

Xiǎo Bǎoluó bǎ liǎngzhī shǒu de shǒuzhǐ gōu zài yìqǐ, rènren-zhēnzhēn de sīcǔnzhe. "Wǒ kě bù xiāngxìn." Tā shūdì zhàn · qǐ shēn · lái, "wūguī de shènglì wánquán shì kào yùnqi, yào·búshì pèngqiǎo tùzi zhōngtú shuìjiào, tā wúlùn rúhé yě bù kěnéng pǎoyíng tùzi. Jíshǐ wūguī bǐ nǐ shuō de tāshi háiyào tāshi yìbǎi bèi, tā réngrán pǎo·búguò tùzi!"

Bàba de liǎn·shàng lù·chū yì sī nányǐ míngzhuàng de xiàoróng, niēzhe bàozhǐ de shǒu tuírán luò zài xīgài·shàng……

(Xuǎn zì [Měi] H Lālǐsēn《Fù·qīn de Nántí》)

作品 37 号

峨眉山下,伏虎寺旁,有一种蝴蝶,比最美丽的蝴蝶可能还要美丽些,是峨眉山最珍贵的特产之一。

当它阖起两张翅膀的时候,像生长在树枝上的一张干枯了的树叶。谁也不去注意它,谁也不会瞧它一眼。

它收敛了它的花纹、图案,隐藏了它的粉墨、彩色,逸出了繁华的花丛,停止了它翱翔的姿态,变成了一张憔悴的,干枯了的,甚至不是枯黄的,而是枯槁的,如同死灰颜色的枯叶。

它这样伪装,是为了保护自己。但是它还是逃不脱被捕捉的命运。不仅因为它的美丽,更因为它那用来隐蔽它的美丽的枯槁与憔悴。

它以为它这样做可以保护自己,殊不知它这样做更教人去搜捕它。有一种生物比它还聪明,这种生物的特技之一是装假作伪,因此装假作伪这种行径是瞒不过这种生物——人的。

人捕捉它,将它制成标本,作为一种商品去出售,价钱越来越高。最后几乎把它捕捉得再也没有了。这一生物品种快要绝种了。

到这时候，国家才下令禁止捕捉枯叶蝶。但是，已经来不及了。国家的禁止更增加了它的身价。枯叶蝶真是因此而要绝对的绝灭了。

我们既然有一对美丽的和真理的翅膀，我们永远也不愿意//阖上它们。做什么要装模作样，化为一只枯叶蝶，最后也还是被售，反而不如那翅膀两面都光彩夺目的蝴蝶到处飞翔，被捕捉而又生生不息。

我要我的翅膀两面都光彩夺目。

我愿这自然界的一切都显出它们的真相。

（节选自徐迟《枯叶蝴蝶》）

Zuòpǐn 37 Hào

Éméishānxià, Fúhǔsì páng, yǒu yì zhǒng húdié, bǐ zuì měilì de húdié kěnéng háiyào měilì xiē, shì Éméi Shān zuì zhēnguì de tèchǎn zhīyí.

Dāng tā hé·qǐ liǎng zhāng chìbǎng de shíhou, xiàng shēngzhǎng zài shùzhī·shàng de yì zhāng gānkūle de shùyè. Shéi yě bú qù zhùyì tā, shéi yě bú huì qiáo tā yì yǎn.

Tā shōuliǎnle tā de huāwén、tú'àn, yǐncángle tā de fěnmò、cǎisè, yì·chūle fánhuá de huācóng, tíngzhǐle tā áoxiáng de zītài, biànchéngle yì zhāng qiáocuì de, gānkū le de, shènzhì bú shì kūhuáng de, ér shì kūgǎo de, rútóng sǐhuī yánsè de kūyè.

Tā zhèyàng wěizhuāng, shì wèile bǎohù zìjǐ. Dànshì tā háishi táo·bùtuō bèi bǔzhuō de mìngyùn. Bùjǐn yīn·wèi tā de měilì, gèng yīn·wèi tā nà yòng·lái yǐnbì tā de měilì de kūgǎo yǔ qiáocuì.

Tā yǐwéi tā zhèyàng zuò kěyǐ bǎohù zìjǐ, shū·bùzhī tā zhèyàng zuò gèng jiào rén qù sōubǔ tā. Yǒu yì zhǒng shēngwù bǐ tā hái cōng·míng, zhèzhǒng shēngwù de tèjì zhīyī shì zhuāngjiǎ zuòwěi, yīncǐ zhuāngjiǎ zuòwěi zhèzhǒng xíngjìng shì mán·búguò zhèzhǒng shēngwù —— rén de.

Rén bǔzhuō tā, jiāng tā zhìchéng biāoběn, zuòwéi yì zhǒng shāngpǐn qù chūshòu,jià·qián yuèláiyuè gāo. Zuìhòu jīhū bǎ tā bǔzhuō de zài yě méi·yǒu le. Zhè yī shēngwù pǐnzhǒng kuài yào juézhǒng le.

Dào zhè shíhou, guójiā cái xiàlìng jìnzhǐ bǔzhuō kūyèdié. Dànshì, yǐ·jīng lái·bùjí le. Guójiā de jìnzhǐ gèng zēngjiāle tā de shēnjià. Kūyèdié zhēn shì yīncǐ ér yào juéduì de juémiè le.

Wǒmen jìrán yǒu yí duì měilì de hé zhēnlǐ de chìbǎng, wǒmen yǒngyuǎn yě bú yuàn·yì // hé·shàng tāmen. Zuò shénme yào zhuāngmú-zuòyàng, huàwéi yì zhī kūyèdié, zuìhòu yě háishì bèi shòu, fǎn'ér bùrú nà chìbǎng liǎng miàn dōu guāngcǎi duómù de húdié dàochù fēixiáng, bèi bǔzhuō ér yòu shēngshēng-bùxī.

Wǒ yào wǒ de chìbǎng liǎng miàn dōu guāngcǎi duómù.

Wǒ yuàn zhè zìránjiè de yíqiè dōu xiǎn·chū tāmen de zhēnxiàng.

(Jiéxuǎn zì Xú Chí《Kūyè Húdié》)

作品 38 号

在繁华的巴黎大街的路旁，站着一个衣衫褴褛、头发斑白、双目失明的老人。他不像其他乞丐那样伸手向过路行人乞讨，而是在身旁立一块木牌，上面写着："我什么也看不见！"街上过往的行人很多，看了木牌上的字都无动于衷，有的还淡淡一笑，便姗姗而去了。

这天中午，法国著名诗人让·彼浩勒也经过这里。他看看木牌上的字，问盲老人："老人家，今天上午有人给你钱吗？"

盲老人叹息着回答："我，我什么也没有得到。"说着，脸上的神情非常悲伤。

让·彼浩勒听了，拿起笔悄悄地在那行字的前面添上了"春天到了，可是"几个字，就匆匆地离开了。

晚上，让·彼浩勒又经过这里，问那个盲老人下午的情况。盲老人笑着回答说："先生，不知为什么，下午给我钱的人多极了！"让·彼浩勒听了，摸着胡子满意地笑了。

"春天到了，可是我什么也看不见！"这富有诗意的语言，产生这么大的作用，就在于它有非常浓厚的感情色彩。是的，春天是美好的，那蓝天白云，那绿树红花，那莺歌燕舞，那流水人家，怎么不叫人陶醉呢？但这良辰美景，对于一个双目失明的人来说，只是一片漆黑。当人们想到这个盲老人一生中竟连万紫千红的春天//都不曾看到，怎能不对他产生同情之心呢？

（节选自小学《语文》第六册《语言的魅力》）

Zuòpǐn 38 Hào

Zài fánhuá de Bālí Dàjiē de lùpáng, zhànzhe yí gè yīshān lánlǚ、tóufa bānbái、shuāngmù shīmíng de lǎorén. Tā bú xiàng qítā qǐgài nàyàng shēnshǒu xiàng guòlù xíngrén qǐtǎo, érshì zài shēnpáng lì yí kuài mùpái, shàng·miàn xiězhe: "Wǒ shénme yě kàn·bújiàn!" Jiē · shàng guòwǎng de xíngrén hěn duō, kànle mùpái·shàng de zì dōu wúdòngyúzhōng, yǒude hái dàndàn yí xiào, biàn shānshān ér qù le.

Zhè tiān zhōngwǔ, Fǎguó zhùmíng shīrén Ràng Bǐhàolè yě jīngguò zhè·lǐ. Tā kànkan mùpái·shàng de zì, wèn máng lǎorén: "Lǎo·rén·jiā, jīntiān shàngwǔ yǒu rén gěi nǐ qián ma?"

Máng lǎorén tànxīzhe huídá: "Wǒ, wǒ shénme yě méi·yǒu dédào." Shuōzhe, liǎn·shàng de shénqíng fēicháng bēishāng.

Ràng Bǐhàolè tīng le, náqǐ bǐ qiāoqiāo de zài nà háng zì de qián·miàn tiān·shàngle "chūntiān dàole, kěshì" jǐ gè zì, jiù cōngcōng de líkāi le.

Wǎnshang, Ràng Bǐhàolè yòu jīngguò zhè · lǐ, wèn nàge máng lǎorén xiàwǔ de qíngkuàng. Máng lǎorén xiàozhe huídá shuō: "Xiānsheng, bù zhī wèishénme, xiàwǔ gěi wǒ qián de rén duōjí le!" Ràng Bǐhàolè tīng le, mōzhe húzi mǎnyì de xiào le.

"Chūntiān dào le, kěshì wǒ shénme yě kàn·bújiàn!" Zhè fùyǒu shīyì de yǔyán, chǎnshēng zhème dà de zuòyòng, jiù zàiyú tā yǒu fēicháng nónghòu de gǎnqíng sècǎi. Shìde, chūntiān shì měihǎo de, nà lántiān báiyún, nà lǜshù hónghuā, nà yīnggē-yànwǔ, nà liúshuǐ rénjiā, zěnme bú jiào rén táozuì ne? Dàn zhè liángchén měijǐng, duìyú yí gè shuāngmù shīmíng de rén lái shuō, zhǐshì yí piàn qīhēi. Dāng rénmen xiǎngdào zhège máng lǎorén yìshēng zhōng jìng lián wànzǐ-qiānhóng de chūntiān //dōu bùcéng kàndào, zěn néng bú duì tā chǎnshēng tóngqíng zhī xīn ne?

(Jiéxuǎn zì xiǎoxué《Yǔwén》dì-liù cè《Yǔyán de Mèilì》)

作品 39 号

有这样一个故事。

有人问:世界上什么东西的气力最大?回答纷纭得很,有的说“象”,有的说“狮”,有人开玩笑似的说是“金刚”。金刚有多少气力,当然大家全不知道。

结果,这一切答案完全不对,世界上气力最大的,是植物的种子。一粒种子所可以显现出来的力,简直是超越一切。

人的头盖骨,结合得非常致密与坚固,生理学家和解剖学者用尽了一切的办法,要把它完整地分出来,都没有这种力气。后来忽然有人发明了一个方法,就是把一些植物的种子放在要剖析的头盖骨里,给它以温度与湿度,使它发芽。一发芽,这些种子便以可怕的力量,将一切机械力所不能分开的骨骼完整地分开了。植物种子的力量之大,如此如此。

这,也许特殊了一点儿,常人不容易理解。那么,你看见过笋的成长吗?你看见过被压在瓦砾和石块下面的一棵小草的生长吗?它为着向往阳光,为着达成它的生之意志,不管上面的石块如何重,石与石之间如何狭,它必定要曲曲折折地,但是顽强不屈地透到地面上来。它的根往土壤钻,它的芽往地面挺,这是一种不可抗拒的力,阻止它的石块,结果也被它掀翻。一粒种子的力量之大,如此//如此。

没有一个人将小草叫作“大力士”,但是它的力量之大,的确是世界无比。这种力是一般人看不见的生命力。只要生命存在,这种力就要显现。上面的石块,丝毫不足以阻挡。

因为它是一种“长期抗战”的力；有弹性，能屈能伸的力；有韧性，不达目的不止的力。

（节选自夏衍《野草》）

Zuòpǐn 39 Hào

Yǒu zhèyàng yí gè gùshi.

Yǒu rén wèn：Shìjiè·shàng shénme dōngxi de qìlì zuì dà？Huídá fēnyún de hěn，yǒude shuō“xiàng”，yǒude shuō“shī”，yǒu rén kāi wánxiào shìde shuō shì“Jīngāng”. Jīngāng yǒu duōshao qìlì，dāngrán dàjiā quán bù zhī·dào.

Jiéguǒ，zhè yíqiè dá'àn wánquán bú duì，shìjiè·shàng qìlì zuì dà de，shì zhíwù de zhǒngzi. Yí lì zhǒngzi suǒ kěyǐ xiǎnxiàn chū·lái de lì，jiǎnzhí shì chāoyuè yíqiè.

Rén de tóugàigǔ，jiéhé de fēicháng zhìmì yǔ jiāngù，shēnglǐxuéjiā hé jiěpōuxuézhě yòngjìn le yíqiè de bànfǎ，yào bǎ tā wánzhěng de fēn chū·lái，dōu méi·yǒu zhèzhǒng lìqi. Hòulái hūrán yǒu rén fāmíng le yí gè fāngfǎ，jiù shì bǎ yìxiē zhíwù de zhǒngzi fàng zài yào pōuxī de tóugàigǔ·lǐ，gěi tā yǐ wēndù yǔ shīdù，shǐ tā fāyá. Yì fāyá，zhèxiē zhǒngzi biàn yǐ kěpà de lì·liàng，jiāng yíqiè jīxièlì suǒ bù néng fēnkāi de gǔgé wánzhěng de fēnkāi le. Zhíwù zhǒngzi de lì·liàng zhī dà，rúcǐ rúcǐ.

Zhè，yěxǔ tèshūle yìdiǎnr，chángrén bù róngyì lǐjiě. Nàme，nǐ kàn·jiànguo sǔn de chéngzhǎng ma？Nǐ kàn·jiànguo bèi yā zài wǎlì hé shíkuài xià·miàn de yì kē xiǎocǎo de shēngzhǎng ma？ Tā wèizhe xiàngwǎng yángguāng，wèizhe dáchéng tā de shēng zhī yìzhì，bùguǎn shàng·miàn de shíkuài rúhé zhòng，shí yǔ shí zhījiān rúhé xiá，tā bìdìng yào qūqū-zhézhé de, dànshì wánqiáng-bùqū de tòudào dìmiàn·shàng lái. Tā de gēn wǎng tǔrǎng zuān, tā de yá wǎng dìmiàn tǐng, zhè shì yì zhǒng bùkě kàngjù de lì, zǔzhǐ tā de shíkuài, jiéguǒ yě bèi tā xiānfān. Yí lì zhǒngzi de lì·liàng zhī dà, rúcǐ//rúcǐ.

Méi·yǒu yí gè rén jiāng xiǎocǎo jiàozuò "dàlìshì", dànshì tā de lì·liàng zhī dà, díquè shì shìjiè wúbǐ. Zhèzhǒng lì shì yìbān rén kàn·bújiàn de shēngmìnglì. Zhǐyào shēngmìng cúnzài, zhèzhǒng lì jiù yào xiǎnxiàn. Shàng·miàn de shíkuài, sīháo bù zúyǐ zǔdǎng. Yīn·wèi tā shì yì zhǒng "chángqī kàngzhàn" de lì; yǒu tánxìng, néng qū néng shēn de lì; yǒu rènxìng, bù dá mùdì bù zhǐ de lì.

(Jiéxuǎn zì Xià Yǎn《Yěcǎo》)

作品 40 号

一个失去了双亲的小女孩与奶奶相依为命，住在楼上的一间卧室里。一天夜里，房子起火了，奶奶在抢救孙女时被火烧死了。大火迅速蔓延，一楼已是一片火海。

邻居呼叫了火警，无可奈何地站在外面观望，火焰已经封住了所有的进出口。小女孩出现在楼上的一扇窗口，哭叫着救命，人群中有消息说：消防队员正在扑救另一处火灾，要晚几分钟才能赶来。

突然，一个男人扛着梯子出现了，梯子架到墙上，人钻进火海之中。他再次出现时，手里抱着小女孩。孩子交给了下面迎接的人群，男人消失在夜色之中。

调查发现，这孩子在世上已经没有亲人。几周后，镇政府召开群众集会，商议谁来收养这孩子。

一位教师愿意收养这孩子，说她能保证孩子受到良好的教育。一个农夫也想收养这孩子,他说孩子在农场会生活得更加健康惬意。其他人也纷纷发言,述说把孩子交给他们抚养的种种好处。

从始至终,小女孩一直沉默不语,眼睛望着地板。“还有人要发言吗?”会议主持人问道。一个男人从大厅的后面走上来。他步履缓慢,似乎在忍受着痛苦。他径直来到//小女孩的面前,朝她张开了双臂。人群一片哗然。他的手上和胳膊上布满可怕的伤疤。

孩子叫出声来:“这就是救我的那个人!”她一下子蹦起来,双手死命地抱住了男人的脖子,就像她遭难的那天夜里一样。她把脸埋进他的怀里,抽泣了一会儿,然后,她抬起头,朝他笑了。

“现在休会。”会议主持人宣布道……

(节选自安妮·尼尔森《爱的故事》)

Zuòpǐn 40 Hào

Yí gè shī·qùle shuāngqīn de xiǎonǚháir yǔ nǎinai xiāngyī-wéimìng, zhù zài lóu·shàng de yì jiān wòshì·lǐ. Yì tiān yè·lǐ, fángzi qǐhuǒ le, nǎinai zài qiǎngjiù sūnnǚ shí bèi huǒ shāosǐ le. Dàhuǒ xùnsù mànyán, yīlóu yǐ shì yí piàn huǒhǎi.

Línjū hūjiàole huǒjǐng, wúkěnàihé de zhàn zài wài · miàn guānwàng, huǒyàn yǐjīng fēngzhùle suǒyǒu de jìnchūkǒu. Xiǎonǚháir chūxiàn zài lóu · shàng de yí shàn chuāngkǒu, kūjiào zhe jiùmìng, rénqún zhōng yǒu xiāoxi shuō: Xiāofángduìyuán zhèng zài pūjiù lìng yí chù huǒzāi, yào wǎn jǐ fēnzhōng cái néng gǎnlái.

Tūrán, yí gè nánrén kángzhe tīzi chūxiàn le, tīzi jiàdào

qiáng·shàng, rén zuānjìn huǒhǎi zhīzhōng. Tā zàicì chūxiàn shí, shǒu·lǐ bàozhe xiǎonǚháir. Háizi jiāogěile xià·miàn yíngjiē de rénqún, nánrén xiāoshī zài yèsè zhīzhōng.

Diàochá fāxiàn, zhè háizi zài shì·shàng yǐ·jīng méi·yǒu qīnrén. Jǐ zhōu hòu, zhèn zhèngfǔ zhàokāi qúnzhòng jíhuì, shāngyì shéi lái shōuyǎng zhè háizi.

Yí wèi jiàoshī yuànyì shōuyǎng zhè háizi, shuō tā néng bǎozhèng háizi shòudào liánghǎo de jiàoyù. Yí gè nóngfū yě xiǎng shōuyǎng zhè háizi, tā shuō háizi zài nóngchǎng huì shēnghuó de gèngjiā jiànkāng qièyì. Qítā rén yě fēnfēn fāyán, shùshuō bǎ háizi jiāogěi tāmen fǔyǎng de zhǒngzhǒng hǎochu.

Cóng shǐ zhì zhōng, xiǎonǚháir yìzhí chénmò-bùyǔ, yǎnjing wàngzhe dìbǎn. “Hái yǒu rén yào fāyán ma?” Huìyì zhǔchírén wèndào. Yí gè nánrén cóng dàtīng de hòu·miàn zǒu shàng·lái. Tā bùlǚ huǎnmàn, sìhū zài rěnshòuzhe tòngkǔ. Tā jìngzhí láidào//xiǎonǚháir de miànqián, cháo tā zhāngkāile shuāngbì. Rénqún yí piàn huárán. Tā de shǒu·shàng hé gēbo·shàng bùmǎn kěpà de shāngbā.

Háizi jiàochū shēng·lái:“Zhè jiùshì jiù wǒ de nàge rén!” Tā yíxiàzi bèng qǐ·lái, shuāngshǒu sǐmìng de bàozhùle nánrén de bózi, jiù xiàng tā zāonàn de nàtiān yè·lǐ yíyàng. Tā bǎ liǎn máijìn tā de huái·lǐ, chōuqìle yíhuìr, ránhòu, tā táiqǐ tóu, cháo tā xiào le.

“Xiànzài xiūhuì.” Huìyì zhǔchírén xuānbùdào……

(Jiéxuǎn zì Ānnī Ní'ěrsēn《Ài de Gùshi》)

四、命题说话辅导

“说话”项是为了测查应试人在没有文字凭借的情况下,说普通话时的语音、词汇、语法的规范以及自然、流畅的程度。这不仅是对应试人语言水平的考查,也是对应试人心理素质的考验。许多应试人在即席说话时,由于普通话口语水平不够高,表达能力不强,或准备不充分、紧张等原因,各方面缺点很容易暴露。不仅语音、词汇、语法不规范,还可能出现大段停顿,时断时续,甚至无法完成此项测试;或者离题、偏题,甚至说与话题毫不相关的内容,即无效话语。因此,在说话训练时,不仅要注意训练语音的标准程度,成句成段话语语音的自然度,同时不能忽略词汇、语法规范,围绕主题组织语言,以及快速思维能力的训练。

由于在计算机辅助测试中,无法像人工测试那样可辅以主试人与应试人的双向对话,因此极易出现一些以往人工测试较少出现的问题。如:

缺时:应试人说话时间不足 3 分钟。

无效话语:主要指与测试话题毫不相关的话语,或多次简单重复相同的语句,或以背诵他人文本代替说话。

离题:所说内容偏离测试话题。

以上各项视时间长短扣分,其中缺时、无效话语达到一定程度,该测试项可判为零分。

(一)说话的要求

1. 说话的准备

(1)充分的准备

普通话水平测试的说话为即席单向说话。由于有指定的话题范围,应试人完全可以在参加测试前进行充分的准备。由于计算机辅助测试时应试人单独面对计算机进行测试,无法像人工测试那样可辅以主试人与应试人的双向对话,因此准备工作更显重要。

①应试人尽可能对 30 道说话题进行构思,理清思路,确定提纲,并多加练习。练习时,不仅要考虑说话的内容,更应力求语音标准,词汇、语法规范。

说话项共需三分钟，要想在三分钟内有话可说，需要选择一些内容，并加以一定的思考、组织和调整。因此存在审题、选材、结构方面的问题。审题不当、跑题偏题、无的放矢是不可能说好话的。剪裁、详略不当也会导致表达不清。

准备不足，内容不充分，容易使说话过程断断续续，难以持续。或为了完成本测试项，加入一些与主题无关的话语。

应试前，可做如下准备。

第一，审题。

普通话水平测试的话题可大致分为两类：记叙和议论。记叙类又可分为记人物、记事件、记生活、记所爱四种，议论类又可分为论人、论事、论物等。具体细分如下。

记叙类

记人物：我尊敬的人、我的朋友、我所在的集体（学校、机关、公司等）。

记事件：我的愿望（或理想）、童年的记忆、我的成长之路、难忘的旅行。

记生活：我的学习生活、我的业余生活、我的假日生活、我和体育、我向往的地方、我知道的风俗、我的家乡（或熟悉的地方）。

记所爱：我喜爱的动物（或植物）、我喜爱的季节（或天气）、我喜爱的节日、我喜爱的书刊、我喜爱的文学（或其他）艺术形式、我喜爱的职业、我喜爱的明星（或其他知名人士）。

议论类

论人生或人品：谈谈卫生与健康、谈谈美食、谈谈个人修养、谈谈购物（消费）的感受、谈谈社会公德（或职业道德）。

论事物或现象：学习普通话的体会、谈谈科技发展与社会生活、谈谈对环境保护的认识、谈谈服饰。

题目类型不同，说话的要求就不尽相同。记叙类要求中心突出，信息丰富，叙述得当。议论类要求立论明确，发挥充分，结构完整。当然，分类只是相对的，实际使用时不应该机械按此划分来进行。部分话题是既可从记叙角度说，又可从议论角度说的。

第二，确定话题的提纲。

要把一件事情说清楚，要讲究先后顺序，讲究思路清晰、层次分明。否则，漫无边际，信口开河，很可能乱套或离题越来越远。要想把话说得有条不紊、逻辑合理、线索清晰、层次分明，就应想好提纲，做好充分准备。

一要具体化。内容明确、实在，具体到讲一件事或是一个观点。这一件事最好是自己亲身经历的或最有感触最难忘记的，最好不要无中生有地临时编造。若阐述一个观点，也应该是自己最明确最强烈最有表达欲望的。总之，把话题落实到一个具体的事件或观点上，可话随心生，有表达的内容。

二要尽量配上例证。真实的例子，不仅使它所说明的观点清楚有趣、生动形象，而且有助于叙述的流畅自如，也容易使应试人感到有话可说。对于那些总感觉自己无话可说的应试人，选择一个自己熟悉的事例来主讲显得尤为重要。在叙述中，尽可能地运用细节，不仅可使描述更为生动，也可以增加话语量。一个事例讲完，可以再讲一个，直到测试结束。

例如话题“我的朋友”，可从如下几个方面考虑。

首先，怎样开头：用一两句话点出自己最要好的或想描述的朋友。如：我的朋友很多，但其中最要好的是×××……

其次，说明为什么和这位朋友最要好。如：他对我的学习、生活有很大的帮助。要举出一两个例子，如我曾经因为普通话水平较低、难以与同学交流而苦恼，他非常耐心地帮助我纠正语音偏误，经常鼓励，提高我的自信心，使我的普通话水平有了明显的进步；我的家庭比较困难，尽管他家庭也不宽裕，但常常接济我……

最后，小结：这样的朋友告诉我什么叫友情，也激励我在各方面努力提高，教会我要关心他人、助人为乐。

②加强普通话思维练习。母语为非普通话的人在说普通话时普遍存在一个从方言（少数民族语言）到普通话的“翻译”过程，这对说话的准确、自然和流畅都会产生或多或少的影响。因此，母语为非普通话的人要努力练习用普通话来思维，缩短甚至消除“翻译”的过程。

③平时多听标准普通话，努力按标准普通话说话。只有大量地对

听感、语感进行锻炼，才有可能最大限度地接近标准普通话。只有通过大量的说话的积累，才能真正实现说标准普通话这一质的飞跃。

充分的准备是测试成功的基础，不少应试人出于对说话项的恐惧，通过背诵现成文稿加以准备，这种对现成文稿的依赖性对测试的成功会有一定的影响。一方面，背诵现成的文稿容易使语气语调显得生硬，出现背书腔、朗诵腔，影响自然程度。另一方面，一旦背诵过程出现记忆不清，容易手足无措，导致不流畅，甚至情急之下冒出方言词语或方言语法。所以，应试人不应采用背诵现成文稿的准备方式。

（2）受测时的临时准备

受测前应试人有 10 分钟的准备时间。但这 10 分钟须分摊到所有四道题，时间非常紧迫。此时，应试人应稳定心态，针对说话题理清思路，想好准备说的内容的提纲、结构，对自己准备说的内容的先后次序进行梳理。如之前已有准备，可对准备好的内容加以回忆。

2. 说话的表达

（1）对语音的要求

①语音要尽量标准。

普通话水平测试关注的重点是语音的标准程度。在测试中，母语的影响在有文字凭借的情况下有可能得到比较有效地克服，但在没有文字凭借的说话项中会比较明显地体现出来。为此，应试人应该在语音标准上多下功夫。具体说，即根据普通话语音理论，力求每个字音的声、韵、调准确到位，变调、语调准确自然，尽量克服方音，努力做到语音标准合乎普通话的韵律。

例如：

我尊敬的人有很多，其中最尊敬的是我的爸爸。我的爸爸是一个支边干部，他年轻的时候从广西北部的桂林到广西西南来支边，一晃就是三十多年，从一个风度翩翩的帅小伙儿变成一个两鬓斑白的老者……

母语是壮语北部方言的人说这段话，容易出现的错误包括：

第一，送气声母和不送气声母相混，如“的、爸、个、支、边、干、部、他、轻、从、广、北、部、桂、到、多、度、翩、变、成、鬓、斑、白”等字；

第二，平翘舌相混，如“尊、中、是、支、时、从、三、十、从、帅、成、者”；

第三，h声母与合口呼韵母相拼读为零声母，如“晃、帅”；

第四，韵头丢失，如“尊、最、帅”；

第五，音变错误，如语句中的轻声、儿化韵、“一”的变调等。

②语调自然。

所谓自然是指说话口语化，不要带朗诵腔。部分来自方言区、民族语言区的应试人，由于自小难以接触规范的普通话日常口语，其所接触的普通话主要来自戏剧、影视及朗诵表演等，久而久之，形成了使用普通话时的“朗诵腔”。朗诵腔所导致的口语交际的不自然是显而易见的，应努力避免。

(2) 对词语、语法的要求

总体要求是词语、语法要规范。

①避免使用方言、民族语言的词语、语法。

使用方言、民族语言的词语、语法容易导致交流障碍，因此，测试中应避免使用方言、民族语言的词语、语法。在广西，使用方言、民族语言的词语、语法的现象是非常普遍的。词语上如：

a. 我这个人比较丑脸。

“丑脸”在百色部分官话中指“害羞”。

b. 我们上课随便用一条木当教鞭。

广西部分汉语方言、民族语言中有部分与普通话不一致的单音节词，这里的“木”应指“棍子”。

语法上如：

a. 我给十块钱他。

广西汉语方言的双宾句两个宾语与普通话语序相反，这个句子在普通话中是“我给他十块钱”。

b. 今天凉过昨天。

广西汉语方言和民族语言常以此来代替普通话中的比较句，这句话在普通话中应是“今天比昨天凉”。

②多用口语词，少用书面语词。

口语交际中，如果书面语词使用过多，交流同样不自然。因此，应尽量少使用书面语词。相应的说法应尽量改为口语。如“诸如”可改为“比方说”,“综上所述”可改为“从刚才所说的”,“直至”可改为“直到”。

此外,青少年往往喜欢使用流行语。但流行语有的不规范,有的使用时间不长,容易造成误解,应谨慎使用。由于在口语中没有文字材料做依托,遇到同音现象,容易造成误解。如“期中”和“期终”,“纪委”和“计委”等,因此同音词也应谨慎使用。

(3) 语句流畅

口语表达,语句流畅与否,对表达效果的影响是比较大的。语句流畅,不仅可以提高理解的程度,也可以提高吸引力。语句不流畅,断断续续,会影响理解程度和表达效果。

语句不流畅的原因主要有以下几方面。

一是内容准备不足,边想边说,思路不畅;二是不习惯普通话思维,不断进行“翻译”;三是普通话不标准,必须把很多精力用在纠音上。

为使语句流畅,可以采用下列方法。

第一,多用短句,多用单句。

口语交际的特点要求说话时不能过多使用长句、复句及复杂的句子。如果句子长了,或者结构太复杂,那么听话人的理解就难以达到。因此,能够拆分成单句的,不要合成复句,尽量不要使用欧化的句法。较长的修饰语也应尽量避免。

如将“我的家乡是一个风景优美、民风淳朴、物产丰富的位于祖国西南的一个与外国接壤的边陲小镇”,改成“我的家乡与外国接壤,是一个边陲小镇,它位于祖国西南,风景优美、民风淳朴、物产丰富”,这样,不仅更易于理解,而且更上口,表达效果更好。

第二,避免冗余成分,避免口头禅。

口语表达中,有时为了强调某个意思,常常有目的地对某些语词加以重复。如:“学习普通话首先要了解你自己所说的话和普通话的区别,这很重要,很重要。”有时在语句中夹杂少量起提示、强调作用的词语,也会增强表达效果。如:“学习普通话呢,首先要了解你自己所说的话和普通话的区别,这个啊,很重要。”

但有些人说话喜欢机械地做一些无意义的重复,或在句中夹杂一些无用的成分，如常常夹杂"这个""的话""这就是说"等。这些没有积极作用的冗余成分，会使语句时断时续，导致不流畅。在普通话水平测试中，应尽量避免。

第三，控制语速。

说话的正常速度是每分钟240个音节，可以说，一分钟150～300个音节是正常的。说话时，语速应尽可能适中。当然，依据内容、情景、语气等需要，有些部分稍快和稍慢也是正常的，正好可体现口语的特点。当然，因为没有文字凭借，说话时偶有短暂停顿、略有重复都是可以的。

（二）说话实例点评

以下对五个说话实例进行点评。

例1　我喜爱的植物

我喜爱的植物不少，只要是能美化环境，为我们人类生存环境做贡献的植物我都喜爱。这其中，我对桂花的感情更深一些。

印象当中我的家乡并没有桂花树，对桂花的认识更多地来自一些歌曲和一些书本知识，真正对桂花有感性认识是在念大学的时候。我念大学时所在的城市是一个世界闻名的旅游城市，这地方除了山美水美，更令我惊讶的是到处是桂花树。平时她们只是默默地染绿这个城市，倒不觉得她的出奇。出奇的是一到秋天，满城飘着桂花的芳香。这是一种并不浓烈，但沁人心脾的香。走在校园里，空气中飘着的香味就像一句句诗。我宿舍窗外就是一小片桂花林，于是每到那个季节，我可以枕着花香入梦，可以闻着花香醒来，这是一种多么惬意的日子。

花开一段时间以后，桂花开始落了，校园里到处飘飞着金黄的桂花，那是一种浓浓的诗意。更令我想不到的是，这时候，在桂花树下，有不少人展开塑料薄膜，收集落下的这些花儿。我好奇地向他们询问，他们告诉我，落下的桂花可以制作桂花糖、桂花酒、桂花糕……原来，桂花开的时候，她能美化我们的生活，给我们芬芳；当花期过去，她飘落枝头，还能给人类做那么大的贡献。一时之间，我对桂花的感情又添了许多。

记得当时古代文学老师曾经布置的作业是写几首格律诗，我其中的一首名叫《桂林秋色》,全诗已记不清了,但其中有两句“潇潇飞金雨,微微入暗香”,正体现了我当时对桂花的真实情感。

从桂花的花形来看,它并不出奇,花不大,不浓艳;从香味来看,也不浓烈。她开在枝头,默默地吐着芬芳;一旦花期过去,还能给人类做贡献。当时我念的是师范专业,我们总是以“春蚕到死丝方尽,蜡炬成灰泪始干”来鼓励自己,但我想,桂花不也像我将要从事的教师职业一样吗?所以,我喜爱桂花。

评点:应试人的普通话表达能力相当强,而且准备极为充分,因而这段话思路清晰、层次分明,词语、语法规范。由于真正是有感而发,所以内容充实、表述清晰、自然流畅。而应试人对故事细节的表述,使这段话更显生动形象。说话间偶有书面语色彩较明显的词语,但因说话人表达相当自然,并未给人生硬之感。同时,应试人对时间的把握、控制也很成功,在说满三分钟的时候,正好结尾,使得这段话的结构显得比较完整。这段话凸显了充分准备对此项测试的重要性。

例2 谈谈科技发展与社会生活

科技发展与社会生活息息相关,这是毫无疑问的。科技发展给社会生活带来非常大的变化,这是每个人都有切身感受的。

别的不说,光说通讯,就很明显地体现了这一点。记得上世纪八十年代,我在外求学,需要向家里人说些事情,必须通过书信,书信来回总是需要一定时间的,所以事情常常就给耽误了。记得念初中的时候,南宁市的一所中专学校要招收有美术特长的学生,班主任希望我报考,可是我很犹豫。我当时在班上是美术成绩最好的,但学习成绩也不错。美术虽然是我的爱好,可毕竟是中专,我想念高中,然后考大学。我把自己的心思写在信上,寄给家里。可是等到回信,时间已经过了。这之后,通信工具、通信手段的发展消除了这些遗憾。随着科技的发展,我们开始使用各种各样的先进的通信工具,从上世纪末期的寻呼机,到后来的手机;而当今网络的发展与普及,更是大大加强了通讯的快捷和信息量。前几年,我每次到南宁出差,南宁的好友见到我,会掏出手机,逐个给同学打电话,一轮下来,可能花上半个小时,已经相当便捷,但我想,老这么干,估计我这好友每月的话费少不了。去年,我再次到南宁的时候,我的这位好友和不少同学一块儿接待我,他告诉我,他说我要到南宁,他早早在群里发布消息,然后不断接到回应,同学们按约到场就可以了,既便捷又省钱。几天前,我的大学同学聚会,各种讨论,各个方案的发布,都是通过Q群进行,既民主,又透明,更重要的是还不花钱。聚会当中的一些图片,一些资料,也可以通过网络进行传送。这当中的方便是以前难以比拟的。

事实上,除了通讯,我们还能从各个方面看到科技发展给社会生活带来的影响。比如说交通、娱乐、饮食,等等,可以说,没有哪一个行业不在享受科技发展带来的成果,它们从不同方面影响着我们的生活。所以说,科技发展给社会生活带来的方便真是难以用语言来表达。我相信,随着科技的进一步发展,我们社会生活会越来越美好……

评点:说话人的普通话表达能力相当强,而且准备充分。因而结构完整、思路清晰、层次较分明,词语、语法规范。这个话题是一个议论性的题,对不少人来说是有一定难度的,但说话人注意了举例,不仅避免了纯说理的枯燥,还使得内容丰富充实。由于说话人真正是有感而发,所以表述清晰、层次感较强,形象生动、自然流畅。说话间有一些书面语色彩较明显的词语,但由于说话人表达比较自然,并未使人感觉生硬。

例3 我喜爱的职业

从小我就立志长大了当一名军人。但是随着年龄的增长,却慢慢地发现自己身体的各个方面,还有其他方面都不符合军人的条件,军人就只是一个梦了。

现在我最喜爱的职业是教师,你可能不知道这是为什么,这得从我的一位老师说起,是他坚定了我对教师这个职业的喜爱。教我们数学分析的是一位七十多岁的老教授,他叫×××。×老师可以用德高望重来形容,我觉得一点也不为过。他是从新疆大学退休以后才来我们学校的。后来一直在我们班待了两年,我记得那时候我是我们班的学习委员,主要就是负责收发作业,所以和老师的接触比较多。有一次×老师说他生病了,没办法到办公室批改作业,叫我把作业拿到他家里面。我拿到家里边儿以后,发现他的脚已经肿得不像样子了。回来的时候,我一直跟他说,老师那您多注意休息,他也只是笑笑而已。到晚上的时候，我估计他已经把作业给改完了，而我也没时间通知他，就悄悄地到了他门口，敲了门，出来开门的是他的爱人。他爱人开门以后，我进去，眼前的一幕让我很吃惊，×老师坐在桌边，然后，脚下放着一个大盆子，盆里应该是药水，颜色非常深，他把脚放在盆里边儿泡，而手中并没有停下来，一直在批改着作业。我想，像我们的这位老教授，完全可以功成身退了，但是他一直坚持，坚持在教师这个岗位上，一直坚持他喜爱的这个职业。慢慢地，这一幕就慢慢地触动了我的心弦，使我对教师这个职业也慢慢喜欢上了，在后边的接触当中，对×老师也越来越敬佩，他不仅……

评点：应试人从实例说明自己想从事教师职业的原因。因深有所感，且准备比较充分，整个说话过程结构完整，线索、思路清晰，内容较充实，有较详细的例证。虽然偶有磕巴、重复，有一些多余的成分，但总体不影响流畅；偶有语法不规范现象，但不属于方言语法，应是即席说话中的口误。

例4 我尊敬的人

我尊敬的人是我的爸爸，我爸爸非常的喜爱我。他从小时候对我就非常的好，他从来没有打过我，就算我做错了事，他也没有对我很生气的。记得小时候，有一次，我把家里的玻璃瓶给打坏了，然后，我非常的害怕。就在那天晚上，我竟然不敢回家，直到晚上七、八点，天已经很黑很黑了，爸爸妈妈就出来找我，找了好几遍，我曾经隐隐约约地听到了爸爸妈妈的喊声。可是我没有勇气出去答应他们，因为我害怕，我害怕挨打。可是，后来，我还是鼓起了勇气，走了出去。可当时，我看到了妈妈泪流满面，而爸爸却面无表情，我知道，当时我就知道爸爸是爱我的，因为我做错了事情，他都没有很生气地骂我，打我，我就知道爸爸是爱我的。后来，长大了以后，他为了我的学习，整天辛辛苦苦地工作，连黑眼圈都出来了，白色的皮肤变成了黑色。整个人都消瘦了，让我感觉非常地心疼，直到后来长大了，到我考上大学之后，他又辛辛苦苦地帮我找学校。我知道我来这个学校是他的目的之一。因为他觉得这里离家里比较近，他可以经常来看我。现在他几乎每个月都有来一次。我知道他是非常地疼爱我的。然后，他每次都来问我是否还有钱。然后，现在学习怎么样，还适应吗？可是，爸爸虽然没有说什么,我知道他是爱我的。

评点:应试人有一定准备,因而思路比较清晰,内容比较具体,基本流畅。但应试人的普通话思维不够顺畅,普通话表达能力存在不足,存在语病,如"他从小时候对我就非常的好"应该是"从我小的时候他就对我非常的好","现在他几乎每个月都有来一次"应该是"现在他几乎每个月都来一次"。

例5　记忆深刻的一次旅行

我最难忘的旅行是跟朋友一起去桂林。我虽然是桂林本地人,但桂林市也很难得去的。虽然是在山水甲天下的桂林,但我觉得它与众不同的是因为我跟我的同学、朋友一起去的。我—们—我们分开之后很难得聚在一起,旅行时品味着山水甲天下的特别之处。回想着过去难忘的点点滴滴,就像发生在昨天一样。我们过去的欢笑与快乐,时刻出现在眼前。我们一起坐摩托车旅行,去—兜风,走过一个又一个特别的地方。我们去购物,看着漂亮的衣服、漂亮的鞋子,大家都忍不住开始试穿起来。最特别的是去七星公园,里面有个漂亮的孔雀,很多其他的动物,以及爬山都是我们非常乐意做的事。最有意思的是跟孔雀合影。旁边站着两只孔雀,中间坐着一个人拍照,我们都高兴极了。这是一次难忘的但是不能用语言表达的特殊的旅行……

评点:三分钟的一段话仅三百余音节,内容偏少,这说明应试人准备不足。除了音节数量少之外,还有如下缺点:思路、线索不清晰,表述不连贯,语无伦次、时断时续,不流畅。语病有"但桂林市也很难得去的"等。由此可知,参加普通话水平测试,做好充分准备、想好提纲、理清思路是非常必要和重要的。

(三)普通话水平测试用话题

说明:第一,30则话题供普通话水平测试第四项——命题说话测试使用;第二,30则话题仅对话题范围作规定,并不规定话题的具体内容。

1. 我的愿望(或理想)
2. 我的学习生活
3. 我尊敬的人
4. 我喜爱的动物(或植物)

5. 童年的记忆
6. 我喜爱的职业
7. 难忘的旅行
8. 我的朋友
9. 我喜爱的文学(或其他)艺术形式
10. 谈谈卫生与健康
11. 我的业余生活
12. 我喜欢的季节(或天气)
13. 学习普通话的体会
14. 谈谈服饰
15. 我的假日生活
16. 我的成长之路
17. 谈谈科技发展与社会生活
18. 我知道的风俗
19. 我和体育
20. 我的家乡(或熟悉的地方)
21. 谈谈美食
22. 我喜欢的节日
23. 我所在的集体(学校、机关、公司等)
24. 谈谈社会公德(或职业道德)
25. 谈谈个人修养
26. 我喜爱的明星(或其他知名人士)
27. 我喜爱的书刊
28. 谈谈对环境保护的认识
29. 我向往的地方
30. 购物(消费)的感受

后　记

《普通话培训与测试》(智能测试版)是广西壮族自治区语言文字工作委员会办公室、广西普通话培训测试中心组织专家和有关管理人员,在自治区语委、自治区教育厅领导的直接指导下,依据教育部、国家语委2003年印发的《普通话水平测试大纲》和2008年印发的《计算机辅助普通话水平测试操作规程(试行)》要求,在总结广西十多年来普通话培训测试工作经验并补充了新的内容的基础上,重新编写的普通话培训测试专用教材。

本书的编写实行编委会负责制。主编:卞成林(百色学院院长,文学博士,教授,国家级普通话水平测试员,广西普通话水平测试视导员;负责全书提纲制订、审定、统稿、统审定稿工作)。副主编:陈卫(自治区教育厅语工处处长、自治区语委办主任;负责全书写作准则、提纲审订、审稿及修订工作),张跃(自治区语委办副主任、广西教育厅普通话培训测试中心主任;负责全书写作准则、提纲审订、审稿及修订工作),彭云帆(广西师范学院副教授,国家级普通话水平测试员,广西普通话水平测试视导员;负责全书提纲拟订、组织编写、统稿、审稿,以及第一章第三节、第四节的编写)。编委会成员:杨红华(广西大学副教授,国家级普通话水平测试员,广西普通话水平测试视导员;负责第一章第一节的编写),张晓勤(广西民族大学教授,国家级普通话水平测试员，广西普通话水平测试视导员；负责第一章第二节的编写），隋雯（广西幼儿师范专科学校高级讲师，国家级普通话水平测试员，广西普通话水平测试视导员；负责第一章第五节，第三章第一节、第二节、第三节第一和第二部分的编写），何建明（南宁职业技术学院副教授，国家级普通话水平测试员，广西普通话水平测试视导员；负责第二章第二节、第三章第三节第三部分的编写），吕嵩崧（百色学院副教授，国家级普通话水平测试员，广西普通话水平测试视导员；负责第二章第一节、第三章第三节第四部分的编写）。自治区语委办公室和普通话培训测试中心黄文毅、张华、王永娟、梁传海同志参加了修订工作。

由于水平有限，本书难免有不足之处，恳请广大读者提出宝贵意见，以便再版时修订。

编　者

2009年9月